2차 실기합격

임상심리사

2급 핵심유형 100제 한권으로 끝내기

시대에듀

2025 시대에듀 핵심유형 100제
임상심리사 2급 2차 실기합격 한권으로 끝내기

Always **with you**

사람의 인연은 길에서 우연하게 만나거나 함께 살아가는 것만을 의미하지는 않습니다.
책을 펴내는 출판사와 그 책을 읽는 독자의 만남도 소중한 인연입니다.
시대에듀는 항상 독자의 마음을 헤아리기 위해 노력하고 있습니다. 늘 독자와 함께하겠습니다.

PREFACE

머리말

임상심리사란 개인이나 집단이 경험하는 심리 · 생리적 문제나 정신건강과 관련된 다양한 영역의 문제를 이해 · 평가 · 치료하는 전문인력입니다. 임상심리사는 정신적 문제를 예방하기 위한 활동과 정신적 어려움을 겪은 사람이 사회에 적응할 수 있도록 돕는 재활활동을 중심으로, 정신건강 분야의 관계자나 기타 산업체 및 정부기관 관계자 등에게 필요한 심리상담 자문을 제공하기도 하며 우리 사회 곳곳에 공헌하고 있습니다. 최근에는 정신건강에 대한 개인 · 사회적 관심이 높아지면서 관련 분야의 자격시험 응시인원 역시 증가하였고, 그중에서도 임상심리사 자격시험은 한국산업인력공단에서 발표하는 종목별 자격시험 접수 건수 통계에서 매년 상위 10위 안에 들고 있습니다.

현대에는 정신질환이 아니어도 학교폭력 등의 사회적 문제로 인하여 극심한 스트레스를 경험하거나 심리적 고통을 호소하는 사람이 점차 증가하고 있으며, 이에 따른 심리상담 전문인력에 대한 사회적 요구 역시 급증하고 있습니다. 이러한 흐름 속에서 임상심리 분야의 시장은 더욱 성장할 것으로 보이며, 고용 규모 역시 더욱 확대될 것으로 전망됩니다. 특히 임상심리사는 개별 심리센터를 개업하여 상담서비스를 제공하는 것도 가능하기 때문에 상대적으로 연령 등의 제한 없이 오래 종사하는 것이 가능한 직군입니다. 최근에는 다양한 심리 관련 지식을 알려주는 임상심리사들의 유튜브 채널이 많은 구독자의 관심을 얻으며, 그 활동 범위를 점점 더 넓혀가고 있기도 합니다.

이처럼 새로운 가능성으로 떠오른 임상심리사 자격시험을 준비하는 수험생분들을 위해, 본 교재는 시대에듀의 12년간 노하우를 바탕으로 임상심리사 2급 실기시험 기출문제를 모두 분석하여 핵심유형 100제로 구성하였습니다. 이론서 및 기출문제집으로 학습한 후 완벽하게 학습을 마무리할 수 있는 문제집입니다. 또한 2024년 제1～3회 기출복원문제 및 해설을 수록하여 수험생 여러분이 임상심리사 2급 시험의 출제경향을 파악하실 수 있도록 구성하였습니다.

본 교재를 선택하여 주신 여러분이 꼭 합격하기를 기원합니다.

편저자 일동

시험안내

INFORMATION

임상심리사 개요

임상심리사는 인간의 심리적 건강 및 효과적인 적응을 다루어 궁극적으로는 심신의 건강 증진을 돕고, 심리적 장애가 있는 사람에게 심리평가와 심리검사, 개인 및 집단 심리상담, 심리재활 프로그램의 개발과 실시, 심리학적 교육, 심리학적 지식을 응용해 자문을 한다.
임상심리사는 주로 심리상담에서 인지, 정서, 행동적인 심리상담을 하지만 정신과 의사들이 행하는 약물치료는 하지 않는다.
정신과병원, 심리상담기관, 사회복귀시설 및 재활센터에서 주로 근무하며 개인이 혹은 여러 명이 모여 심리상담센터를 개업하거나 운영할 수 있다. 이 외에도 사회복지기관, 학교, 병원의 재활의학과나 신경과, 심리건강 관련 연구소 등 다양한 사회기관에 진출할 수 있다.

시험일정

구 분	제1회	제2회	제3회
1차 필기	2월 7일~3월 4일	5월 10일~5월 30일	8월 9일~9월 1일
2차 실기	4월 19일~5월 9일	7월 19일~8월 6일	11월 1일~11월 21일

※ 본 시험일정은 2025년도 국가기술자격검정 시행일정 사전공고를 바탕으로 작성하였습니다.
※ 자세한 내용은 큐넷 홈페이지(www.q-net.or.kr)를 확인하십시오.

시험형식

구 분	시험과목	문항수	시험방법	시험시간
1차 필기	• 심리학개론 • 이상심리학 • 심리검사 • 임상심리학 • 심리상담	100문항 (각 20문항)	객관식	2시간 30분
2차 실기	• 기초심리평가 • 기초심리상담 • 심리치료 • 자문 · 교육 · 심리재활	18~20문항	필답형	3시간

합격기준

구 분	합격기준
1차 필기	100점을 만점으로 하여 과목당 40점 이상/전과목 평균 60점 이상
2차 실기	100점을 만점으로 하여 60점 이상

응시현황

연 도	필 기			실 기		
	응시(명)	합격(명)	합격률(%)	응시(명)	합격(명)	합격률(%)
2023	7,941	5,833	73.5	7,521	2,965	39.4
2022	5,915	4,574	77.3	6,792	2,054	30.2
2021	6,469	5,465	84.5	6,461	2,614	40.5
2020	5,032	3,948	78.5	6,081	1,220	20.1
2019	6,016	3,947	65.6	5,858	1,375	23.5
2018	5,621	3,885	69.1	6,189	1,141	18.4
2017	5,294	4,360	82.4	6,196	1,063	17.2
소 계	42,288	32,012	75.8	45,098	12,432	27

필기 출제항목

1과목 심리학개론	2과목 이상심리학	3과목 심리검사	4과목 임상심리학	5과목 심리상담
심리학의 역사와 개관	이상심리학의 기본개념	심리검사의 기본개념	임상심리학의 역사와 개관	상담의 기초
발달심리학		지능검사	심리평가 기초	심리상담의 주요 이론
성격심리학		표준화된 성격검사	심리치료의 기초	심리상담의 실제
학습 및 인지 심리학		신경심리검사	임상심리학의 자문, 교육, 윤리	중독상담
심리학의 연구 방법론	이상행동의 유형	기타 심리검사	임상 특수분야	특수문제별 상담유형
사회심리학				
동기와 정서				

실기 출제항목

주요항목	세부항목	세세항목
기초심리평가	기초적인 심리검사 실시/ 채점 및 적용하기	• 지능검사를 지침에 맞게 실시 · 채점하고 해석할 수 있다. • 표준화된 성격검사를 지침에 맞게 실시 · 채점하고 해석할 수 있다. • 투사 검사를 지침에 맞게 실시 · 채점할 수 있다. • 신경심리검사를 지침에 맞게 실시 · 채점할 수 있다. • 다양한 행동 평가 방법을 활용하여 목표행동을 규정하고 자료를 수집할 수 있다.
기초심리상담	심리상담하기	• 내담자와 관계형성을 할 수 있다. • 내담자의 심리적 특성을 평가할 수 있다. • 상담 목표와 계획을 수립할 수 있다. • 수퍼비전하에 상담을 진행할 수 있다.
심리치료	심리치료하기	• 내담자와 치료관계를 형성할 수 있다. • 기초 행동수정법을 적용할 수 있다. • 대인관계증진법을 적용할 수 있다. • 아동지도법을 적용할 수 있다. • 아동청소년 스트레스 관리 프로그램을 실시할 수 있다.
자문 · 교육 · 심리재활	자문하기	기초적인 자문을 할 수 있다.
	교육하기	• 심리교육프로그램을 개발할 수 있다. • 심리교육을 시행할 수 있다. • 심리건강을 홍보할 수 있다.
	심리재활하기	• 심리사회적 기능을 평가할 수 있다. • 심리재활 계획을 수립할 수 있다. • 심리재활 프로그램을 실시할 수 있다. • 사례관리를 할 수 있다.

과목별 학습공략

STRATEGY

제1과목 기초심리평가

평균 7문제 정도의 가장 많은 문제가 출제되는 영역인 만큼 비중을 두어 학습해야 하는 과목입니다. 기존에 자주 출제되었던 MMPI 척도 분석 문제와 TCI의 하위척도 기질 문제는 올해에도 출제되었습니다. 대부분의 문제가 오래된 기출문제를 변형하여 출제되었고 TAT의 개념 및 해석 방식과 같은 신출 유형도 있었습니다. 여러 심리평가의 목적이나 특징 등의 전체적인 구조를 정확히 파악하고 각 심리평가의 세부내용을 꼼꼼히 암기해야 합니다.

제2과목 기초심리상담

평균적으로 5~6문제가 출제되었습니다. 얄롬의 집단상담의 치료적 요인, 자기표현훈련 등 이미 자주 출제된 익숙한 키워드의 문제가 유사한 유형으로 출제되었습니다. 상대적으로 큰 어려움은 없었으리라고 생각하지만, 기출문제와 같은 내용을 묻되 더 상세하거나 긴 답안을 요구하는 방식으로 변형된 문제들로 구성되어 배점은 큰 과목이었습니다. 아깝게 한두 문제에서 감점되지 않도록, 기출키워드에 관련된 내용을 교재에서 꼼꼼히 확인하고 기출문제보다 확장된 답안을 요구하는 문제에도 막힘없이 답안을 쓸 수 있도록 암기하시기 바랍니다.

제3과목 심리치료

작년과 달리 이번 2024년 시험에서는 출제비중이 크지 않았던 영역입니다. 기본적으로 방어기제, 인간중심상담, 로저스 관련 문제와 같은 빈출유형이 올해도 어김없이 출제되었습니다. 해당 문제의 모범 답안을 꼼꼼하게 암기하여, 개념을 이해하고 숙지해두실 것을 추천드립니다. 실전에서 답안 작성에 막힘이 없도록, 교재의 내용을 자신의 언어로 정리할 수 있을 정도의 명확한 개념 숙지가 필요합니다.

제4과목 자문 · 교육 · 심리재활

4과목에서는 상대적으로 적은 수의 문제가 출제되었습니다. 그중에서도 심리재활 관련 문제는 매회 1문제 이상 출제되었지만, 자문과 교육 관련한 문제는 2회차 시험을 제외하고는 출제되지 않았습니다. 재활치료의 주요 개념으로 손상, 핸디캡 등을 설명하라는 문제는 자주 출제되어 답안을 작성하는 데 어려움이 없었을 거라 사료됩니다. 제4과목에서는 이러한 경향이 거의 유지되고 있으므로, 본 교재에 수록된 기출복원문제와 최신 기출키워드를 다시 한번 눈여겨보시기 바랍니다.

이 책의 구성과 특징

STRUCTURES

문제편 핵심유형 100제 임상심리사 2급 2차 실기합격

제 1 과목 기초심리평가

★ : 1회 기출 ★★ : 2회 기출 ★★★ : 3회 기출 ★★★★ : 4회 이상

001 심리평가의 모델 ★★

심리평가에 대한 전통적 모델과 치료적 모델의 차이점을 설명하시오. 단, 각 모델의 평가 목표 및 평가자의 역할에 대해서만 기술하시오.

002 조현병(정신분열증) Ⅰ ★★★

다음 보기의 사례를 읽고 물음에 답하시오.

인천광역시에 사는 A씨는 올해 28세로 고등학교를 중퇴한 이후 뚜렷한 시회활동을 하고 있지 않은 상태이다. 평소 잠자는 시간이 불규칙하며, 공상에 사로잡혀 기이한 생각을 하는 경우가 많다. 최근에는 자신이 신의 계시를 받아 세상을 구원할 수 있다고 믿고 있다. A씨의 말에 따르면 자신이 "내가 너희를 구원하리라"라는 간판이 있는 곳에서 뛰어내리면, 자신과 세상이 구원된다는 것이다. A씨는 자신의 거사를 방해하려는 악의 세력이 곳곳에 퍼져있다고 주장하며, 특히 병원 직원들이 악을 추종하는 정보요원이므로 반드시 따돌려야 한다고 믿고 있다.

(1) 보기에서 내담자 A씨의 증상 및 징후를 3가지 기술하시

(2) A씨에게 가능한 진단명을 제시하시오.

PART 1

과목별 주요 유형 100제

- 임상심리사 실기시험의 각 과목별 주요 유형을 엄선하여 총 100문제를 수록하였습니다.
- 문제를 풀어보며 출제유형을 파악하고 이론을 정리하세요.

057 상담의 기술 Ⅰ ★★★★

다음 보기의 사례를 읽고 물음에 답하시오.

내담자 : 이건 정말 믿을 수가 없어요. 선생님. 지난번 상담을 받을 때 남편이 집에 일찍 들어오겠다고 약속했었잖아요? 그런데 정말로 남편이 제시간에 맞춰 집에 오더라고요. 그렇게 약속을 잘 지킬 줄 몰랐는데, 정말 깜짝 놀랐다니까요.

보기에서 내담자의 말에 대한 반영적 반응을 적절히 제시하시오.

PART 1

058 상담의 기술 Ⅱ ★★★

내담자의 말을 경청하는 데 있어서 좋은 상담자가 되기 위한 구체적인 방법을 5가지 쓰시오.

PART 1 문제편 33

문제별 빈출도 표시

- 모든 문제의 출제빈도를 분석하여 빈출도를 ★로 표시하였습니다.
- 문제별 빈출도를 확인하며 효율적인 학습이 가능합니다.

해설편 핵심유형 100제 임상심리사 2급 2차 실기합격

제3과목 심리치료

069 심리치료 I

심리치료의 이론과 기법은 매우 다양하다. 그러나 그와 같은 이론과 기법에도 치료효과를 가지는 공통요인이 존재한다. 심리치료의 공통요인을 3가지만 설명하시오.

점 수	• 6점 배점 문제로 출제됩니다. • '설명하시오' 문제이므로 설명이 누락되면 감점요인이 됩니다.
문제해결 키워드	'심리치료의 공통요인', '통합 심리치료의 공통요인', '심리치료의 공통적 치료요인' 등은 사실상 동일한 내용을 담고 있습니다. 그러나 이와 관련된 내용은 학자 · 교재마다 다양하게 제시되고 있으며, 400개가 넘는 심리치료 이론의 수에서 볼 수 있듯 공통요인의 수 또한 매우 많습니다.
기출 데이터 ★★	11, 17년 기출

모범답안

② 해석, 통찰, 이해

③ 정화와 방출

더 알아보기 심리치료의 통합적 관점

상세하고 명쾌한 해설

- PART 2 해설편에는 핵심유형 100제의 상세하고 명쾌한 해설을 수록하였습니다.
- 해설과 문제해결 키워드를 통해 핵심유형 문제를 완벽하게 습득하세요.

12 반복적으로 또래친구들을 괴롭히며 교사에게 반항하는 아동의 문제를 호소하는 초등학교 3학년 담임선생님에게 자문을 하고자 한다. 해당 아동의 문제를 해결하는 데 도움을 줄 수 있는 조언을 4가지 쓰시오. 08, 14년 기출

심화해설

① 학급의 규칙을 제시하도록 한다.

② 관심과 칭찬을 제공하도록 한다.

③ 토큰강화나 반응대가를 사용하도록 한다.

④ 고립을 사용하도록 한다.

⑤ 가정과 학교 간에 알림장을 통한 의사소통이 이루어지도록 한다.

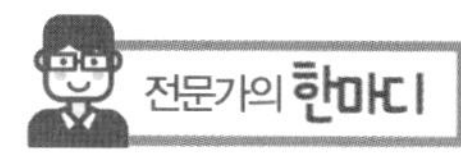

전문가의 한마디

- 임상심리 전문가에게 기출이론과 관련지식을 배울 수 있는 '전문가의 한마디'를 수록하였습니다.
- 헷갈리는 문제유형과 복잡한 이론체계까지 명쾌하게 이해하고 신출유형까지 대비하세요.

이 책의 구성과 특징

STRUCTURES

093 슈퍼비전

상담 슈퍼비전(Supervision)에서 회기 기록의 장점을 3가지 기술하시오.

점 수	6점 배점 문제로 출제됩니다.
문제해결 키워드	상담 슈퍼비전의 필요성이나 슈퍼비전의 기능에 관한 것인지, 일선 상담자의 상담 회기 기록이 상담 슈퍼비전에서 유용한 점에 관한 것인지, 아니면 슈퍼바이저의 슈퍼비전 회기 기록의 장점에 관한 것인지 모호한 경향이 있지만, 회기 기록의 장점 혹은 유용성에 관한 문제에 해당됩니다.
기출 데이터 ★	19년 기출

PART 2

모범답안

① 슈퍼바이지의 자기통찰
슈퍼바이지는 슈퍼비전 회기를 기록하면서 자신만의 편안한 공간에서 좀 더 깊은 통찰을 얻을 수 있다. 즉, 슈퍼비전 회기 중 자신이 통찰한 것을 토대로 생각을 더욱 발전시키며, 슈퍼바이저의 말을 참고하여 자신이 세운 가정과 임상적 판단에 대해 다시 한 번 점검한다.

② 슈퍼바이저의 슈퍼비전 점검 및 평가를 통한 향후 전략 수립
슈퍼바이저는 슈퍼비전 회기를 기록하면서 자신의 슈퍼비전 양식을 확인할 수 있다. 또한 회기 기록을 근거로 어떤 내용을 어떤 방식으로 다루었는지, 지난 슈퍼비전 회기에서 다룬 내용들이 다음 상담에 실제로 반영되고 있는지를 살펴보면서 슈퍼바이지를 평가하고 다음 슈퍼비전에 대한 전략을 세운다.

③ 교육적 · 행정적 자료
슈퍼바이지에 대한 종합적 평가가 교육적 · 행정적 결정에 중대한 영향을 미치는 상황에서는 슈퍼바이저의 세심한 기록이 추후 슈퍼바이저와 슈퍼바이지 간의 갈등을 줄이는 중요한 자료가 될 수 있다.

더 알아보기 in)

교육적 슈퍼비전(Supervision)의 핵심은 슈퍼비전을 받는 슈퍼바이지
상시키는 데 있다. 슈퍼바이저(Supervisor)는 기관의 기본가치, 임무
천이론 및 모델에 대한 교육을 통해 상담자의 문제해결 및 실천기술 향
• 관리적 · 행정적 기능
관리자로서 슈퍼바이지의 역할은 기관의 규정과 절차에 부합하는 서
상담자에게 특정 내담자의 사례를 위임하는 것을 비롯하여 상담자의
역할을 수행한다.
• 지지적 기능
슈퍼비전의 교육적 기능 및 관리적(행정적) 기능은 상담자의 수단적
개별적 욕구에 관심을 둔다. 슈퍼바이저는 슈퍼바이지인 상담자의 동
해결함으로써 업무만족을 높이는 데 초점을 둔다.

더 알아보기

▸ 문제해설과 함께 추가로 알아두면 유용한 이론을 '더 알아보기'로 수록하였습니다.

▸ 깊이 있는 학습으로 고득점을 노려보세요.

핵심유형 100제 임상심리사 2급 2차 실기합격

PART 3 사례형 10선

01 상담사례 I

다음 보기의 사례를 읽고 물음에 답하시오.

> 내담자 : 이건 정말 믿을 수가 없어요. 선생님, 지난번 상담을 받을 때 남편이 집에 일찍 들어오겠다고 약속했잖아요? 그런데 정말로 남편이 제시간에 맞춰 집에 오더라고요. 그렇게 약속을 잘 지킬 줄 몰랐는데, 정말 깜짝 놀랐다니까요.

보기에서 내담자의 말에 대한 상담자의 공감적 반응을 적절히 제시하시오.

점 수	5점 배점 문제로 출제됩니다.
문제해결 키워드	• '반영적 반응'과 '공감적 반응'은 동일한 것일까요? 대부분의 수험생 분들이 이 문제를 2014년 17번 기출문제와 동일한 것으로 착각한 것 같습니다. 그러나 '반영적 반응'과 '공감적 반응'은 서로 유사하지만 유의미한 차이가 있습니다. • '반영적 반응'은 내담자의 말과 행동에서 표현되는 감정 · 생각 · 태도를 상담자가 다른 참신한 말로 부연하는 기술입니다. 반면에 '공감적 반응'은 상담자가 직접 경험하지 않고도 내담자의 감정을 거의 같은 수준으로 이해하고 반응하는 기술입니다.
기출 데이터 ★★★★	03, 05, 12, 16, 18, 20년 기출

PART 3

모범답안

상담자 : 남편분께서 지난번 상담에서 한 집에 일찍 들어오겠다는 약속을 지켜 주어서 상담자인 저로서도 정말 놀랍고 기쁘네요.

더 알아보기 공 감

공감(Empathy)은 '감정이입적 이해'로도 불리는 것으로, 로저스(Rogers)는 공감을 "치료자가 내담자의 경험을 마치 자기 자신의 것처럼 지각하고 이해하며, 그 이해한 것을 내담자에게 전달하는 것"으로 정의하였다. 이러한 공감은 공감적 태도에서 공감적 경청을 한 뒤 공감적 반응을 하는 과정으로 연결되므로, 공감적 반응(Empathic Response)은 곧 내담자에게 전달되는 공감의 최종 산출물로 치료자의 특정한 반응을 도출하는 행위이다. 웩슬러(Wexler)는 공감적 반응에 대해 치료자가 "당신(내담자)과 같이 있다"는 감정 경험의 동반자적 입장을 전달하는 것 이상이어야 한다고 주장하였다.

PART 3 사례형 10선 191

사례형 10선

▸ 수험생들이 상대적으로 어려워할 수 있는 사례형 문제 10선을 수록하였습니다.

▸ 생소한 문제를 접하더라도 당황하지 않고 풀어나갈 수 있도록 연습하세요.

2024년 기출복원문제 및 해설

- 2024년 시행된 제1~3회 임상심리사 2급 실기시험의 기출복원문제와 해설을 수록하였습니다.
- 최신기출해설 1회분 무료 동영상 강의와 함께 출제경향 파악이 가능합니다.

최신기출해설 무료 동영상 강의 제공

2 0 2 4 | 2024년 4월 27일 ~ 5월 17일 시행

제1회 임상심리사 2급 실기 기출복원문제 및 해설

01 상담장면에서 내담자는 성격발달의 수준이나 불안의 정도에 따라 여러 가지 유형의 방어기제를 사용한다. 내담자에게서 나타날 수 있는 방어기제의 유형을 5가지만 쓰시오. 04, 07, 10, 17, 21, 22, 23년 기출

심화해설

① 억압(Repression)
죄의식이나 괴로운 경험, 수치스러운 생각을 의식에서 무의식으로 밀어내는 것으로서 선택적인 망각을 의미한다.
예 부모의 학대에 대한 분노를 억압하여 부모에 대한 이야기를 무의식적으로 꺼리는 경우

② 부인 또는 부정(Denial)
의식화되는 경우 감당하기 어려운 고통이나 욕구를 무의식적으로 부정하는 것이다.
예 애인이 교통사고로 사망했음에도 불구하고 그의 죽음을 인정하지 않은 채 여행을 떠난 것이라고 주장하는 경우

③ 합리화(Rationalization)
현실에 더 이상 실망을 느끼지 않기 위해 또는 정당하지 못한 자신의 행동에 그럴듯한 이유를 붙이기 위해 자신의 말이나 행동을 정당화하는 것이다.
예 여우가 먹음직스러운 포도를 발견하였으나 먹을 수 없는 상황에 처했을 때 "저 포도는 신 포도라서 안 먹는다"고 말하는 경우

④ 반동형성(Reaction Formation)
자신이 가지고 있는 무의식적 소망이나 충동을 본래의 의도와 달리 반대되는 방향으로 바꾸는 것이다.
예 미운 놈에게 떡 하나 더 준다.

⑤ 투사(Projection)
사회적으로 인정받을 수 없는 자신의 행동과 생각을 마치 다른
예 자기가 화가 난 것을 의식하지 못한 채 상대방이 자기에게 화

전문가의 한마디

방어기제의 유형에 관한 문제는 보통 3~5가지를 쓰고 설명하는 방식으
칭과 함께 간략한 내용까지 기억해 두시기 바랍니다. 다만, 이번 문제에
명칭만 답안으로 작성하도록 합니다. 또한 방어기제의 유형은 그 수가
여도 무방합니다. 참고로 방어기제는 지그문트 프로이트(Sigmund Fre
었으며, 이후 많은 정신분석 이론가들이 첨삭해 왔습니다.

전문가의 한마디

이 문제는 정확한 복원이 이루어지지 않아 실제 문제와 차이가 있을 수 있습니다. 수험생들의 의견에 따르면, 이 문제는 임상적 면접의 종류를 단답식으로 쓰는 것으로, 보기의 예시가 주어지고 그 내용에서 특히 환자의 과거력, 부모·형제 등 환자와 관련된 중요인물에 대해서도 면접이 이루어질 수 있다는 점이 부각되었다고 합니다.
일반적으로 '임상적 면접'이라 하면 환자가 왔을 때 그들의 치료에 대한 요구와 동기, 치료에 대한 소개 등을 다루는 접수 면접, 환자의 진단을 위해 필요한 제반 사항들을 면접하는 진단 면접이 널리 알려져 있습니다. 그러나 임상적 면접은 그 구체적인 목적에 따라 다양한 형태로 나타나는데, 위의 해설로 제시된 사례사 면접이나 정신상태검진 면접 이외에도 자문 면접, 위기 면접, 검사 전 면접, 이송 면접, 퇴원 면접, 선발 면접 등 여러 종류가 있습니다.
요컨대, 사례사 면접(혹은 생활사 면접)이 환자의 핵심문제나 핵심정서를 다루기보다 환자의 과거력, 즉 과거 사건과 사실에 주로 초점을 맞추는 이유는 객관적 보고가 가능한 것들에 중점을 둠으로써 환자 개인을 보다 정확히 이해하기 위함입니다. 이러한 사례사 면접은 환자 스스로 자신의 정신병적 증후를 밝히기를 꺼리거나 비협조적인 태도를 보이는 경우, 정도가 심한 정신병 환자나 우울증 환자, 함구증 환자, 연소한 아동이나 의사소통이 어려운 노인 환자를 대상으로 하는 경우 유용하게 사용될 수 있습니다.

더 알아보기 임상적 면접의 주요 종류

구분	내용
진단 면접 (Diagnostic Interview)	• 환자를 진단·분류하기 위한 것으로, 환자의 증상을 중심으로 그것이 어떠한 장애 범주에 해당하는지 장애 유형을 구분한다. • 정신질환자를 진료하는 임상장면에서 주로 사용하는 방법으로, 환자의 증상이 무엇인지, 언제부터 증상이 나타났는지, 과거력 및 경과는 어떠한지 등을 면접한다.
접수 면접 (Intake Interview)	• 환자가 도움을 받고자 내원했을 때 내원한 기관에 대한 소개 및 환자의 치료 동기에 대하여 면접한다. • 환자의 요구와 임상장면에 대한 기대, 임상장면의 특징에 대한 소개(예 치료기관, 치료절차 등), 치료적 동기와 대안적 치료방법 등에 초점을 둔다.
사례사 면접 (Case-history Interview)	• 환자의 개인적 혹은 사회적 과거력을 중심으로 환자와 환자의 문제의 배경 및 맥락을 파악하기 위한 것이다. • 환자의 핵심문제나 핵심정서를 다루기보다는 환자의 과거 사건과 사실에 주로 초점을 맞추는 것으로, 환자의 아동기 경험, 부모·형제와의 관계, 학교 및 직장생활, 결혼생활, 직업적 흥미와 적응 정도 등에 관한 정보를 얻는다.
정신상태검진 면접 (Mental Status Examination Interview)	• 진단 면접 시 부수적으로 사용하는 방법으로, 환자의 인지·정서·행동상의 문제점을 평가한다. • 직접 관찰이나 질문, 간단한 형태의 검사를 사용하여 환자의 정신병적 증후나 뇌 기능의 손상을 평가한다. 다만, 환자의 성격이나 신경증적 상태를 이해하기 위한 방법으로는 적합하지 않다.

PART 3 기출복원문제 및 해설 261

이 책의 목차

CONTENTS

PART 1 | 문제편

PART 2 | 해설편

PART 3 | 부록편

PART 1

문제편

행운이란 100%의 노력 뒤에 남는 것이다.

– 랭스턴 콜먼(Langston Coleman)

제 1 과목 기초심리평가

★ : 1회 기출　★★ : 2회 기출　★★★ : 3회 기출　★★★★ : 4회 이상

001 심리평가의 모델 ★★

심리평가에 대한 전통적 모델과 치료적 모델의 차이점을 설명하시오. 단, 각 모델의 평가 목표 및 평가자의 역할에 대해서만 기술하시오.

002 조현병(정신분열증) I ★★★

다음 보기의 사례를 읽고 물음에 답하시오.

> 인천광역시에 사는 A씨는 올해 28세로 고등학교를 중퇴한 이후 뚜렷한 사회활동을 하고 있지 않은 상태이다. 평소 잠자는 시간이 불규칙하며, 공상에 사로잡혀 기이한 생각을 하는 경우가 많다. 최근에는 자신이 신의 계시를 받아 세상을 구원할 수 있다고 믿고 있다. A씨의 말에 따르면 자신이 "내가 너희를 구원하리라"라는 간판이 있는 곳에서 뛰어내리면, 자신과 세상이 구원된다는 것이다. A씨는 자신의 거사를 방해하려는 악의 세력이 곳곳에 퍼져있다고 주장하며, 특히 병원 직원들이 악을 추종하는 정보요원이므로 반드시 따돌려야 한다고 믿고 있다.

(1) 보기에서 내담자 A씨의 증상 및 징후를 3가지 기술하시오.

(2) A씨에게 가능한 진단명을 제시하시오.

003 조현병(정신분열증) II ★

다음 보기의 사례를 읽고 물음에 답하시오.

> 올해 30세인 A씨는 지난 1년 전부터 주위 사람들을 비롯한 누군가가 자신을 감시하고 있고, 자신이 평소 하는 말이 언론을 통해 보도되고 있다며 몹시 불안해하고 있다. 또한 알아들을 수 없는 말을 혼자 중얼거리는가 하면, 종종 문을 걸어 잠근 채 다른 사람들과 만나는 것을 거부하곤 하였다.

위의 사례에서 A씨는 조현병(Schizophrenia)의 증상들을 나타내 보이고 있다. 조현병의 양성증상과 음성증상의 의미를 각각 설명하고, 위의 사례에서 두 증상에 해당되는 내용을 각각 구분하여 쓰시오.

(1) 양성증상(Positive Symptom)

(2) 음성증상(Negative Symptom)

004 주요 우울장애 ★★★★

다음 보기의 사례를 읽고 물음에 답하시오.

A씨는 20세 남성으로, 재수를 하여 올해 3월 대학에 입학했다. 재수를 시작한지 한 달 만에 기분이 우울하고 가슴이 두근거리며, 두통, 소화불량, 불면증을 보였다. 또한 매사에 짜증이 나고 집중력이 저하되어 공부를 하는 데 지장이 초래되었다. 올해 자신이 원하던 대학교에 입학해서도 그와 같은 증상이 지속되었고, 동네 의원을 방문하였으나 별다른 내과적 이상소견이 발견되지 않았다. 의사의 추천으로 심리상담소를 찾게 되어 MMPI, BDI, K-WAIS 검사를 받게 되었고, MMPI에서 L(52), F(58), K(60), Hs(59), D(75), Hy(58), Pd(62), Mf(35), Pa(54), Pt(66), Sc(46), Ma(48), Si(59), BDI에서 23점, K-WAIS의 언어성 IQ 125, 동작성 IQ 94, 전체 IQ 114의 결과점수를 보였다.

보기에서 내담자의 정신장애 및 감별진단을 요하는 정신장애 유형을 제시하고, 각각의 장애에 대한 임상적 양상을 기술하시오.

005 강박장애 ★★★

다음 보기의 사례를 읽고 물음에 답하시오.

40대 남성인 A씨는 오염에 대한 생각으로 반복적인 손 씻기 행동을 보이고 있다. A씨도 그와 같은 생각이 부적절하다는 것을 인식하고 있지만 잘 통제되지 않은 채 반복적으로 의식에 떠올라 고통을 호소하고 있다.

(1) A씨의 주요 증상을 토대로 진단명을 쓰시오.

(2) 적절한 치료기법을 쓰시오.

(3) 치료과정을 4단계로 약술하시오.

006 외상후스트레스장애 ★★★

다음 보기의 사례를 읽고 물음에 답하시오.

> 박모 씨는 올해 52세로 중졸이며, 목수일로 생계를 유지하고 있다. 박모 씨는 몇 달 전 오토바이를 타고 가다가 승용차와 충돌하여 의식을 잃고 병원으로 후송되었다. 다행히 40여 일 만에 의식을 회복했으나 이후로 어깨가 결리고, 사지가 아프며, 좀처럼 깊이 잠을 들 수 없다고 호소하였다.

(1) 박모 씨에게 나타날 수 있는 또다른 증상들을 2가지 제시하시오.

(2) 감별진단 2가지를 제시하시오.

(3) 심리검사 중 위스콘신 카드검사가 포함되었다. 이는 무엇을 확인하기 위한 것인지 2가지 제시하시오.

(4) 예후와 관련된 요인을 2가지 제시하시오.

007 반응성애착장애 ★★

다음 보기의 사례를 읽고 물음에 답하시오.

올해 10세로 초등학교 3학년인 A군은 부모나 또래친구들과의 사회적 관계에서 문제증상을 나타내 보이고 있다. A군의 부모는 A군이 부모인 자신들을 회피하려는 모습을 보인다고 주장하면서, A군의 사회성에 문제가 있는 것은 아닌지 알아보고자 내원하였다. 면담과정에서 A군의 부모가 A군이 어렸을 때부터 맞벌이를 하였고, 그로 인해 A군이 할머니에게서 양육되었다는 사실이 알려졌다. A군에 대한 검사결과 반응성애착장애의 진단이 내려졌다.

(1) DSM-5 진단기준에 의한 반응성애착장애의 2가지 양상을 기술하시오.

(2) 양육의 병리성 여부를 판단하는 기준 3가지를 기술하시오.

008 기억장애 ★★★★

기능적 기억장애와 기질적 기억장애의 특징 및 차이점에 대해 기술하시오.

009 신경인지장애(치매) ★★

다음 보기의 신경심리검사들이 평가하는 인지기능 영역을 쓰시오.

- Contrasting Program
- Go-No-Go Test
- Fist-Edge-Palm
- Alternating Hand Movement
- Alternating Square and Triangle
- Luria Loop
- Controlled Oral Word Association Test(COWAT)
- Korean-Color Word Stroop Test(K-CWST)

010 주의력결핍 및 과잉행동장애(ADHD) ★★★

주의력결핍 및 과잉행동장애(ADHD)의 치료방법 중 행동치료의 기법을 3가지 쓰고 간략히 설명하시오.

011 자폐스펙트럼장애 ★

자폐스펙트럼장애의 진단기준 중 사회적 의사소통 및 사회적 상호작용상의 결함기준을 2가지 쓰고, 자폐스펙트럼장애로 통합된 DSM-Ⅳ 분류기준상의 진단명 2가지를 쓰시오.

012 심리평가 Ⅰ ★

심리평가에서 심리검사를 시행하는 주요 목적을 5가지 쓰시오.

013 심리평가 II

★★★

심리평가자의 역할과 관련하여 심리평가자의 '과학자로서의 자질'과 '예술가로서의 자질'에 대해 설명하시오.

014 심리평가 III

★★★★

심리평가 보고서를 작성할 때 심리검사 결과와 생활사적 정보를 통합하는 중요한 이유에 대해 기술하시오.

015 심리검사 I

★★★

어떤 환자에게 MMPI를 실시한 결과 L척도와 K척도의 T점수가 70 이상으로 높게 나타났다. 방어적 성향이 강하여 검사 결과를 해석하기 어려울 정도였으나, 이 환자에게 심리검사는 꼭 필요한 것으로 판단되었다. 이때 임상심리사가 취할 수 있는 방법을 2가지로 구분하여 설명하시오.

016 심리검사 II

★★★

심리검사 결과의 올바른 해석을 위한 해석지침을 4가지 쓰시오.

017 객관적 검사와 투사적 검사 ★★★★

MMPI나 BDI와 같은 객관적 자기보고형검사의 장점과 단점을 3가지씩 제시하시오.

018 신뢰도와 타당도 I ★★

심리검사의 신뢰도를 추정하는 방법을 3가지 쓰고, 각각에 대해 설명하시오.

019 신뢰도와 타당도 II

★★★

다음 보기의 사례를 읽고 연구절차상의 문제점 및 대안을 4가지 제시하시오.

> 한 임상심리학자는 최근 자신이 개발한 사회공포증 치료법의 효과성 여부를 검증하기 위한 실험을 실시하였다. 사회공포증이 의심되는 20명의 인원을 대상으로 5회기에 걸쳐 치료를 시행한 후 그 변화를 살펴보았다. 치료효과를 검증하기 위한 방법으로 치료시작 전과 치료종료 후 실험대상자들에게 자신의 증상에 대한 심각성 수준을 7점 척도상에 평정하도록 하였다. 임상심리학자는 치료종료 후 실험대상자들에 의한 척도상의 평정점수가 유의미하게 낮게 나왔다는 사실을 토대로 자신의 치료법이 효과가 있다고 주장하였다.

020 지능에 대한 이해 I

★★★

지능을 평가할 때의 주요 쟁점으로 임상적 접근과 개념적 접근에 대해 설명하시오.

021 지능에 대한 이해 II ★

지능검사를 시행한 후 병전 지능을 추정할 수 있는 방법을 3가지 쓰시오.

022 지능에 대한 이해 III ★★★★

웩슬러(Wechsler)가 정의한 지능의 개념을 쓰고, 유동성 지능과 결정성 지능의 특징을 각각 2가지씩 기술하시오.

023 웩슬러지능검사의 분석 ★★★

웩슬러지능검사(K-WAIS)의 양적 분석에 포함되어야 할 내용을 3가지 쓰시오.

024 웩슬러지능검사의 소검사 ★★

웩슬러지능검사(K-WAIS)의 언어성 소검사 중 기본지식(Information)이 측정하는 측면 5가지를 쓰시오.

025 웩슬러아동용지능검사 제4판(K-WISC-Ⅳ) ★★

K-WISC-Ⅳ의 4가지 지표와 각 지표별 소검사를 1개씩 쓰시오.

026 웩슬러지능검사 결과 해석 ★

다음 보기는 웩슬러지능검사의 대략적인 검사 결과이다. 이와 같은 결과를 보이는 환자의 유형을 쓰시오.

- 상식(Information), 어휘(Vocabulary), 토막짜기(Block Design) 점수는 상대적으로 높은 수준을 보이는 반면, 공통성(Similarities), 모양 맞추기(Object Assembly) 점수는 낮은 수준을 보인다.
- 언어성 지능(VIQ)이 동작성 지능(PIQ)보다 높은 양상을 보인다.

027 웩슬러지능검사 ★

K-WAIS-Ⅳ의 4가지 주요 지수를 쓰고, 각각에 대해 설명하시오.

028 지능과 학습 ★★★★

다음 보기의 사례를 읽고 물음에 답하시오.

A군은 만 7세 4개월로 올해 대구에 있는 **초등학교에 갓 입학하였다. A군은 초등학교에 입학하기 이전 유치원에 다녔으며, 당시에는 유치원 선생님의 보살핌으로 별다른 문제를 보이지 않았었다. 그러나 초등학교에 입학하면서 수업에 집중을 하지 못한 채 수업시간 중에도 돌아다니는 모습을 보였고, 학업성과도 저조한 것으로 나타났다. 또한 같은 반 아이들도 A군에게 가깝게 다가가기를 거부하였다. A군의 어머니는 A군의 특이한 성향을 의식하여 그동안 어느 정도 과잉보호를 한 점을 인정하였다.

다음은 A군에 대한 KEDI-WISC 프로파일이다. 이를 토대로 임상심리사가 할 수 있는 자문이나 치료적 개입에 대한 조언을 5가지 기술하시오.

하위검사명	평가치	하위검사명	평가치
상 식	3	빠진곳찾기	6
공통성	8	기호쓰기	6
산 수	4	차례맞추기	6
어 휘	9	토막짜기	9
이 해	9	모양맞추기	8
숫자(보충)	6	미로(보충)	7

• 언어성 IQ : 79　• 동작성 IQ : 78　• 전체 : 76

029 성격의 심리검사 ★★★

로샤검사(Rorschach Test)나 다면적인성검사(MMPI)와 같은 진단적 심리검사는 그 결과가 일치하지 않을 수 있다. 그 이유에 대해 간략히 설명하시오.

030 미네소타다면적인성검사 Ⅰ ★

MMPI-2에서 이상으로 간주되는 점수와 그 이유에 대해 설명하시오.

031 미네소타다면적인성검사 II ★★

MMPI-2에서 ? 척도가 상승하는 경우를 5가지 쓰시오.

032 미네소타다면적인성검사 III ★

다음은 20대 남성의 다면적인성검사(MMPI-2) 결과이다. 이 결과를 타당도척도와 임상척도의 코드유형(Code Type)에 근거하여 각각 설명하시오.

- 타당도 프로파일 : VRIN(46), TRIN(50), F(73), F_B(52), F_P(50), L(45), K(37), S(40)
- 임상 프로파일 : Hs(57), D(76), Hy(64), Pd(66), Mf(48), Pa(65), Pt(74), Sc(56), Ma(49), Si(61)

033 미네소타다면적인성검사 Ⅳ ★

MMPI의 일반적인 해석과정은 다음과 같이 구분할 수 있다. 다음의 빈칸에 제시된 2~7단계의 내용을 간략히 기술하시오(단, 타당도척도와 임상척도를 중심으로 기술할 것).

- 제1단계 – 검사태도에 대한 검토
- 제2단계 –
- 제3단계 –
- 제4단계 –
- 제5단계 –
- 제6단계 –
- 제7단계 –

034 미네소타다면적인성검사 Ⅴ ★★★★

MMPI 2개 척도에 대한 분석에서 6-8/8-6 유형의 일반적인 특성 5가지와 가능성 있는 장애 진단명 2가지를 쓰시오.

035 로샤검사 Ⅰ ★★★

로샤검사(Rorschach Test)나 다면적인성검사(MMPI)와 같은 진단적 심리검사는 그 결과가 일치하지 않을 수 있다. 그 이유에 대해 간략히 설명하시오.

036 로샤검사 Ⅱ ★

아동 로샤검사에서 기호화하는 항목을 6가지만 쓰시오.

037 집-나무-사람 그림검사(HTP) Ⅰ ★★

투사적 그림검사인 집–나무–사람 그림검사(HTP)에서 그림의 크기와 위치가 나타내는 의미를 2가지씩 제시하시오.

038 집-나무-사람 그림검사(HTP) Ⅱ ★★

HTP검사에서 사람(Person) 그림을 통해 평가할 수 있는 측면 3가지를 쓰시오.

039 홀랜드유형 직업적성검사(CAT) ★

다음은 **심리상담소에서 실시한 A군의 홀랜드유형 직업적성검사의 결과이다. 이를 토대로 다음에 제시된 물음에 답하시오.

성격유형	R	I	A	S	E	C
결 과	17	39	72	81	45	14

(1) A군의 성격유형 특성과 함께 이상적인 직업을 한 가지 이상 제시하시오.

(2) A군에게 적합하지 않은 직업을 한 가지 이상 제시하시오.

040 종결 과제 ★★

청소년 상담을 포함하여 일반적인 상담의 종결 과정에서 다루어야 할 사항을 5가지 기술하시오.

041 아동·청소년 행동평가척도(K-CBCL) ★★★★

아동평가에서 특정 문제영역이 아닌 전반적인 광범위한 문제영역에 대해 보호자의 보고를 토대로 평가할 수 있는 평정척도가 있다. 그에 해당하는 평정척도를 2가지 쓰시오.

042 사회성숙도검사(SMS) ★★★

사회성숙도검사에서 아동의 측정영역을 6가지 기술하시오.

043 놀이치료 ★★★

놀이치료에서 놀이는 치료적 가치가 있다. 놀이의 치료적 가치를 3가지 쓰시오.

044 신경심리평가 ★

신경심리평가에서 일반적으로 다루어야 하는 주요 평가영역을 6가지 쓰시오.

045 종합심리검사 I ★★

임상장면에서는 환자의 신경심리평가를 위해 종합심리검사인 풀배터리(Full Battery)를 실시한다. 이러한 풀배터리에는 보통 지능검사가 포함되는데, 풀배터리에 지능검사를 넣는 이유를 5가지 쓰시오.

046 종합심리검사 II ★★

흔히 일반 종합심리검사(Full Battery)에서 사용하는 검사 중 신경심리검사로서의 역할을 할 수 있는 검사를 2가지 쓰시오.

제2과목 기초심리상담

047 초기면담 ★★★★

초기면담 과정에 포함되어야 할 내담자에 대한 행동관찰의 요소 7가지를 쓰시오.

048 면접의 방법 ★

상담을 위한 면접에서는 내담자의 문제와 상담의 목표에 관계없이 모든 면접에서 공통적인 기본방법이 있다. 면접의 기본방법을 5가지 쓰시오.

049 상담목표 설정 ★★★

상담과정에서 내담자의 주요 호소문제가 명확해지면 상담의 구체적인 목표를 설정하게 된다. 상담목표 설정 시 지켜야 할 기준을 6가지 제시하시오.

050 상담관계 ★★★★

다음은 상담초기에 흔히 볼 수 있는 대화이다. 보기의 내용을 읽고 질문에 답하시오.

> 내담자 : 선생님, 저는 솔직히 확신이 서지 않습니다. 상담 받고 나면 과연 좋아질까요?
> 상담자 : 그렇게 말씀하시니 다행이군요. 솔직하게 이야기 한다는 것 자체가 쉽지 않거든요.
> 내담자 : 오해는 마세요. 선생님을 믿지 못해서가 아니에요. 단지, 상담을 받아도 나아지지 않는다면 어떻게 해야 할지 불안해서요.
> 상담자 : ______________

보기에서 내담자는 상담의 효과에 대한 의문과 회의를 표명하였다. 이와 같은 경우 상담자는 어떻게 반응해야 하며, 그러한 반응의 근거는 무엇인지 설명하시오.

051 상담의 초기단계 ★★★

상담의 초기단계에 반드시 이루어져야 하는 내용을 3가지 쓰시오.

052 상담전문가의 윤리원칙 ★★★★

상담자가 상담 시 내담자와의 관계에 대해 알고 있어야 할 윤리문제에 대한 기본원칙을 쓰고, 행동지침을 5가지 기술하시오.

053 심리상담사의 윤리원칙 ★★

심리상담사가 준수해야 할 윤리적인 의무 중 '이중관계 지양'에 대해 설명하시오.

054 임상심리사의 윤리원칙 ★★★★

임상심리사의 윤리원칙으로서 유능성의 의미를 설명하고, 이를 위반하는 이유를 3가지 쓰시오.

055 집단상담 I ★★★★

집단치료의 치료적 요인을 5가지 기술하시오.

056 집단상담 II ★★

집단상담의 집단과정에서 집단구성 시 현실적 고려사항을 5가지 쓰시오.

057 상담의 기술 I ★★★★

다음 보기의 사례를 읽고 물음에 답하시오.

> 내담자 : 이건 정말 믿을 수가 없어요. 선생님, 지난번 상담을 받을 때 남편이 집에 일찍 들어오겠다고 약속했었잖아요? 그런데 정말로 남편이 제시간에 맞춰 집에 오더라고요. 그렇게 약속을 잘 지킬 줄 몰랐는데, 정말 깜짝 놀랐다니까요.

보기에서 내담자의 말에 대한 반영적 반응을 적절히 제시하시오.

058 상담의 기술 II ★★★

내담자의 말을 경청하는 데 있어서 좋은 상담자가 되기 위한 구체적인 방법을 5가지 쓰시오.

PART 1

059 상담의 기술 Ⅲ ★★

다음 보기의 내담자의 진술에 대한 상담자의 반응은 각각 어떤 개입기술에 해당하는지 (　) 안에 쓰시오.

> 내담자 : 저는 지난 밤 너무도 기이한 꿈을 꾸었어요. 아버지와 함께 숲으로 사냥을 나섰는데요, 사냥감에 온통 주의를 기울이느라 깊숙한 곳까지 다다르게 되었죠. 그런데 갑자기 바위 뒤편에서 커다란 물체가 튀어나오는 거예요. 저는 순간 사슴인 줄 알고 방아쇠를 당겼지요. 어렴풋이 그 물체가 쓰러진 듯이 보였고, 저는 두근거리는 가슴을 부여잡은 채 서서히 다가갔어요. 가까이 가보니 그 물체는 사슴이 아닌 아버지였어요. 아버지가 숨을 쉬지 않은 채 죽어 있더라고요. 저는 너무도 황당하고 두려워서 잠에서 깨어났는데요, 등에서는 식은땀이 줄줄 흐르더라고요.

(1) "당신은 지난 밤 꿈으로 인해 정말 많이 놀랐나 보군요." (①)

(2) "황당하고 두려웠다는 것은 구체적으로 어떤 죄책감이 들었다는 의미인가요?" (②)

(3) "평소 아버지를 미워했나요?" (③)

(4) "아버지에 대한 적개심이 총을 오작동하도록 만든 것은 아닌가요?" (④)

060 상담의 기술 Ⅳ ★★★★

심리상담의 과정에서 내담자가 침묵을 지키는 이유 6가지를 기술하시오.

061 상담의 기술 V ★★★★

내담자의 반응을 해석할 때 주의사항을 5가지 제시하시오.

062 상담의 종결 I ★

상담 종결 상황의 3가지 유형을 쓰고, 각각에 대해 설명하시오.

063 상담의 종결 Ⅱ ★★

바람직한 상담 종결을 위해 상담관계를 마무리하면서 해야 할 일을 3가지 쓰시오.

064 단기상담 ★★★

단기상담에 적합한 내담자의 특성 5가지를 기술하시오.

065 단회상담 ★★★★

단회상담은 다른 일반적인 심리상담과 달리 극히 제한된 시간 내에 문제상황을 처리해야 하는 경우가 많다. 이러한 단회상담에서 강조되는 원리 또는 기술을 7가지만 제시하시오.

066 행동관찰 ★★★★

초기면담 과정에 포함되어야 할 내담자에 대한 행동관찰의 요소 5가지를 쓰시오.

067 자기표현훈련 ★★★★

자기표현훈련이 필요한 내담자의 특성을 5가지 쓰고, 자기표현훈련을 통해 내담자가 인식해야 할 사항을 2가지 쓰시오.

068 사회기술훈련 ★★★

사회기술훈련을 집단으로 시행하는 경우의 장점을 3가지 제시하시오.

심리치료

069 심리치료 I ★★

심리치료의 이론과 기법은 매우 다양하다. 그러나 그와 같은 이론과 기법에도 치료효과를 가지는 공통요인이 존재한다. 심리치료의 공통요인을 3가지만 설명하시오.

070 심리치료 II ★★

성인을 대상으로 한 심리치료와 구분되는 아동심리치료의 특징을 5가지 기술하시오.

071 심리치료 Ⅲ ★

다음 보기는 심리치료의 일반적인 수행단계를 나타내고 있다. A에서 D까지 빈칸에 들어갈 내용을 각각 쓰시오.

(A) → 문제 및 상황평가 → (B) → 치료실시 → (C) → 치료종결 → (D)

072 정신분석적 상담 Ⅰ ★★★★

정신분석적 상담과정에서 나타나는 전이와 역전이에 대해 설명하시오.

073 정신분석적 상담 II ★★★★

방어기제의 의미를 쓰고, 방어기제의 유형을 5가지 간략히 설명하시오.

PART 1

074 행동치료 I ★★★

강박장애의 심리적 치료방법으로서 노출 및 반응방지법(ERP)의 원리 및 시행순서를 기술하시오.

075 행동치료 II ★★★★

불안장애에 대한 행동치료의 근거와 그 구체적인 치료기법을 예를 들어 설명하시오.

076 행동치료 III ★★

행동치료에서 치료자들은 내담자의 행동을 간접 측정하기보다는 직접 측정하는 것을 선호한다. 이와 같이 행동을 직접 측정하는 경우 일반적으로 포함시키는 특성 6가지를 쓰시오.

077 행동치료 Ⅳ ★★★★

체계적 둔감법의 3단계 과정에 대해 간략하게 기술하시오.

078 인지·정서·행동치료(REBT) Ⅰ ★★

인지 · 정서 · 행동적 상담(REBT)의 ABCDE 모델에 기초하여 치료계획을 세우시오.

PART 1

079 인지·정서·행동치료(REBT) II ★★★★

다음 보기의 사례를 읽고 물음에 답하시오.

올해 15세로 중학교 3학년인 A군은 평소 학교 친구들과 어울리지 못하며, 거의 매일 아침 등교시간마다 학교 가기를 거부하고 있다. A군은 학교에서 아이들이 자신과 놀아주기는커녕 괴롭히고 따돌린다면서, 학교에 가는 것이 죽고 싶을 만큼 싫다고 불평을 늘어놓았다. A군은 또래 아이들에 비해 골격이 크고 당당한 체구이며, 어려서부터 태권도를 좋아하여 현재까지 도장에 다니고 있다. 그러나 A군은 중학교에 진학한 이후 성적이 최하위권으로 떨어졌으며, 현재 A군의 담임선생님은 최근 실시한 집단지능검사의 결과와 함께 A군의 일반계 고등학교 진학이 어렵다는 이야기를 A군의 어머니에게 알려 주었다고 한다. A군의 어머니는 자신의 아들이 담임선생님의 이야기처럼 고등학교 진학이 어려울 만큼 심각한 상태인지, A군이 학교생활에 적응하지 못하는 것을 어떻게 해결할 수 있을지, 앞으로 A군을 어떠한 방식으로 훈육해야 할 것인지 등의 문제를 호소하고 있다. 심리평가를 위해 A군과 A군의 어머니가 내원했을 때, A군은 무표정한 표정에 약간 어눌한 말투를 보였으며, 발음도 부정확했다. 또한 대답하는 것을 귀찮아하는 듯 매우 짧은 답변으로 일관했으며, 자신의 문제들을 쉽게 포기하려는 모습을 보였다.

보기의 내용에 제시된 내담자 A군과 A군 어머니의 호소문제에 대한 치료적 개입으로서 인지적, 정서적, 행동적 요소들을 토대로 한 개략적인 치료방향에 대해 제언하시오.

080 인지·정서·행동치료(REBT) Ⅲ ★★★★

엘리스(Ellis)가 제시한 비합리적인 신념을 5가지 쓰시오.

081 인지치료 Ⅰ ★★★★

벡(Beck)의 인지적 오류 6가지를 쓰고 설명하시오.

PART 1

082 인지치료 II ★★

벡(Beck)의 인지치료의 핵심과제로서 자기점검은 5개의 칼럼으로 구성된 사고기록지를 통해 가능하다. 벡과 그의 동료들이 제안하여 널리 사용되고 있는 사고기록지의 칼럼 내용을 5가지 쓰시오.

083 인지치료 III ★★★★

소크라테스식 대화의 특징을 3가지 제시하고, 소크라테스식 대화의 구체적인 예를 2가지 쓰시오.

084 인지치료 IV ★★★★

인지치료에서는 내담자의 자동적 사고를 수정하기 위해 소크라테스식 질문을 사용한다. 소크라테스식 질문을 사용할 때 유의사항을 6가지 쓰시오.

PART 1

085 인간중심 심리치료 ★★★★

인간중심상담(인간중심 심리치료)에서 강조되는 상담자의 3가지 태도를 기술하시오.

086 가족치료 Ⅰ ★

다음 보기에서 설명하는 내용이 공통적으로 어떤 가족치료 이론에 관한 것인지를 쓰시오.

- 헤일리(Haley)가 제안한 가족치료모델이다.
- 인간행동의 원인보다는 문제행동의 변화를 위한 해결방법에 초점을 둔다.
- 목표설정에 있어서 가족이 호소하는 문제를 포함하며, 가족의 문제를 해결하기 위한 다양한 전략을 모색한다.
- 단기치료에 해당하며, 증상처방 등 역설적 방법을 활용한다.

087 가족치료 Ⅱ ★★

일반적으로 가족치료를 권하게 되는 경우를 2가지 쓰시오.

088 우울증 ★★★★

다음 보기의 사례를 읽고 물음에 답하시오.

> 서울시 마포구에 사는 A씨는 30대 중반의 전업주부로, 결혼 후 직장을 그만두고 별다른 사회활동을 하지 않고 있다. 결혼 후 몇 년이 지나 남편이 회사일을 이유로 거의 매일 늦게 귀가하고, 주말에도 집에 머무는 경우가 극히 드물었다. A씨는 자신의 사회경력으로부터도 자신이 꿈꾸던 결혼생활로부터도 멀어지게 되었다고 생각하면서, 자신이 사회와 무관한 존재, 더 이상 아무런 가치도 없는 존재로 전락해 버렸다는 생각을 떨칠 수 없었다. 그와 같은 생각은 날이 갈수록 더해졌고, 이제는 하루 중 거의 대부분의 시간을 우울한 기분으로 보내야 했다. 결국 A씨는 더 이상 삶이 아무런 의미가 없다는 생각에 자살을 할 결심을 하게 되었다.

(1) A씨의 증상은 주요 우울장애를 시사한다. 주요 우울장애의 진단 기준에서 주요 우울증상을 4가지 기술하시오.

(2) 자살 위험성(가능성)에 대한 평가 항목을 3가지 기술하시오.

(3) 자살 위험이 높을 경우 해야 할 대처방법을 3가지 기술하시오.

089 인터넷중독 ★★★

최근 인터넷중독이 사회적인 관심으로 대두되고 있다. 인터넷중독이 의심되는 내담자로 하여금 인터넷 중독에서 벗어날 수 있도록 일반적으로 추천하는 방법을 4가지만 쓰시오.

제4과목 자문·교육·심리재활

090 자 문 I ★★

자문의 정신건강모델과 행동주의모델의 차이점을 설명하시오.

091 자 문 II ★

성폭행 사건과 관련하여 그 피해자로 지목된 한 여성이 수사기관에 의해 성폭력 상담소에 의뢰되었다. 그러나 정작 피해자는 자신의 성 피해 사실을 부인하고 있다. 전문상담사로서 자문을 한다고 가정할 때 적절한 자문내용 및 조치방법을 기술하시오.

092 자 문 Ⅲ ★★

다음 보기는 임상심리학에서 일반적인 자문의 순서를 나타낸 것이다. 빈칸에 들어갈 내용을 각각 쓰시오.

- 제1단계 : 질문의 이해
- 제2단계 : (A)
- 제3단계 : (B)
- 제4단계 : 종결
- 제5단계 : (C)

093 슈퍼비전 ★

상담 슈퍼비전(Supervision)에서 회기 기록의 장점을 3가지 기술하시오.

PART 1

094 청소년 상담 ★★★

다음 보기의 사례를 읽고 물음에 답하시오.

> 충북 청주시의 **초등학교 5학년 학생인 박모 군은 평소 또래 친구들과 어울리지 못하고 집단따돌림을 당하던 중 일주일 전 자신이 거주하는 아파트에서 뛰어내려 스스로 목숨을 끊었다. 같은 반 학생들은 집단따돌림에 대한 가담 여부를 떠나 박모 군의 자살소식을 듣고 실의에 잠겼으며, 심지어 박모 군의 죽음에 대해 죄책감까지 느끼게 되었다. 박모 군의 담임선생님은 이러한 사실을 교장선생님께 전하였고, 교장선생님은 아이들의 심리적 안정을 위해 임상심리사를 학교로 초대하였다.

(1) 보기의 내용과 관련된 임상심리사의 주요 역할 및 기능에 대해 기술하시오.

(2) 임상심리사가 학생들을 도울 수 있는 방법을 구체적으로 4가지 기술하시오.

095 정신재활 및 정신사회재활 I ★★★

다음 보기의 사례를 읽고 물음에 답하시오.

> 올해 30세인 A씨는 인천광역시에 위치한 **회사에 다니고 있다. A씨는 지난 1년 전부터 회사 직원들을 비롯한 주위 사람들이 자신을 감시하고 있고, 자신이 평소 하는 말이 언론을 통해 보도되고 있다며 몹시 불안해하고 있다. 또한 알아들을 수 없는 말들을 혼자 중얼거리는가 하면, 종종 문을 걸어 잠근 채 다른 사람들과 만나는 것을 거부하곤 하였다.

당신은 임상심리사로서 A씨와 같이 정신질환을 가진 사람들을 모아서 정신재활프로그램을 운영하고자 한다. 이러한 정신재활에 있어서 가장 기본적인 원리에 해당하는 것을 5가지 기술하시오.

096 정신재활 및 정신사회재활 II ★★

만성 정신질환자를 위한 정신사회재활의 일반적인 목표를 3가지 쓰시오.

097 재활치료와 재활모형 ★★★★

재활모형에서 손상, 장애, 핸디캡의 의미를 쓰고, 개입방법상의 차이점을 설명하시오.

098 만성 정신질환자의 회복과 치료 Ⅰ ★★★

만성 정신질환을 가지고 있는 환자의 치료 및 재활을 위한 가족성원의 올바른 태도와 피해야 할 태도를 각각 5가지 제시하시오.

099 만성 정신질환자의 회복과 치료 II

★★★★

학습 및 환경변화를 통해 만성 정신질환자의 사회적 기능을 최대한 회복시키는 것을 '정신사회재활'이라고 한다. 정신사회재활에서 환자를 대상으로 한 치료적 개입에 포함되는 내용(구성요소)을 4가지 쓰시오.

100 정신치료

★★★

시간-제한적 집단정신치료의 주요 특징을 3가지 쓰시오.

교육이란 사람이 학교에서 배운 것을
잊어버린 후에 남은 것을 말한다.

– 알버트 아인슈타인 –

해설편

아이들이 답이 있는 질문을 하기 시작하면
그들이 성장하고 있음을 알 수 있다.

– 존 J. 플롬프

제 1 과목 기초심리평가

001 심리평가의 모델

심리평가에 대한 전통적 모델과 치료적 모델의 차이점을 설명하시오. 단, 각 모델의 평가 목표 및 평가자의 역할에 대해서만 기술하시오.

점 수	4점 배점 문제로 출제됩니다.
문제해결 키워드	심리평가에 대한 전통적 모델의 가장 큰 문제점은 '진단'을 주된 기능으로 함으로써 평가 과정 및 효과 측면에서 환자를 비인간화시킬 수 있고, 잘못된 진단적 명명으로 인해 환자의 기본권을 침해할 가능성이 있다는 점이었습니다. 그에 대한 대안으로 제시된 치료적 모델은 전통적 모델에서 심리평가자의 제한적인 역할을 뛰어넘어 평가 방식에 있어서 협력적이고 대인관계적이며, 평가 과정에 있어서 보다 유연하면서도 도전적인 역할로서의 임상적 기술을 요구합니다.
기출 데이터 ★★	07, 22년 기출

모범답안

(1) 전통적 모델

① 평가 목표

현존하는 문제와 관련하여 그 차원과 범주를 명확히 기술한다. 또한 환자에 대한 치료적 결정을 도우며, 전문가들 간의 의사소통을 원활히 한다.

② 평가자의 역할

심리평가자는 객관적인 관찰자이자 반숙련된 전문가로서 비교적 제한적인 역할을 수행한다.

(2) 치료적 모델

① 평가 목표

환자가 자신과 타인에 대해 생각하고 느끼는 새로운 방식을 학습할 수 있도록 하며, 문제에 대한 이해를 확장시켜 자신의 삶의 문제를 해결할 수 있도록 돕는다.

② 평가자의 역할

심리평가자는 관찰자인 동시에 참가자로서 초기 과정에서부터 상담을 통해 핵심문제를 탐색하고 치료적인 개입을 하는 등 보다 능동적인 역할을 수행한다. 또한 심리평가자는 검사도구는 물론 인간의 성격 및 정신병리에 대한 지식과 기술을 갖춘 전문가로서의 역할을 수행한다.

002 조현병(정신분열증) Ⅰ

다음 보기의 사례를 읽고 물음에 답하시오.

인천광역시에 사는 A씨는 올해 28세로 고등학교를 중퇴한 이후 뚜렷한 사회활동을 하고 있지 않은 상태이다. 평소 잠자는 시간이 불규칙하며, 공상에 사로잡혀 기이한 생각을 하는 경우가 많다. 최근에는 자신이 신의 계시를 받아 세상을 구원할 수 있다고 믿고 있다. A씨의 말에 따르면 자신이 "내가 너희를 구원하리라"라는 간판이 있는 곳에서 뛰어내리면, 자신과 세상이 구원된다는 것이다. A씨는 자신의 거사를 방해하려는 악의 세력이 곳곳에 퍼져있다고 주장하며, 특히 병원 직원들이 악을 추종하는 정보요원이므로 반드시 따돌려야 한다고 믿고 있다.

(1) 보기에서 내담자 A씨의 증상 및 징후를 3가지 기술하시오.

(2) A씨에게 가능한 진단명을 제시하시오.

점 수	• 5점 또는 8점 배점 문제로 출제됩니다. • 2개 하위문제 중 하나라도 답변이 누락될 시 점수가 감점됩니다.
문제해결 키워드	이 문제는 보기의 사례 내용에 대한 정확한 복원이 이루어지지 않아 혹은 문제 자체가 완벽하지 못하여 몇 가지 다른 답안도 가능합니다. 여기서는 사례 내용의 특징적인 증상들에 초점을 두어 진단명을 제시하였습니다.
기출 데이터 ★★★	09, 11, 15년 기출

모범답안

(1) 보기에서 내담자 A씨의 증상 및 징후를 3가지 기술하시오.

① 외부세계에 대한 잘못된 추론과 불합리한 추상적 · 주관적 신념에서 비롯된 망상

② 개인의 행동이나 생각에 지속적으로 영향을 미치는 환각 및 환청

③ 사고가 목표를 향하지 못한 채 비논리적이고 엉뚱한 방향으로 전개되는 와해된 언어(혼란스러운 언어)

(2) A씨에게 가능한 진단명을 제시하시오.

조현병 또는 정신분열증(Schizophrenia)

더 알아보기 정신분열스펙트럼 및 기타 정신증적 장애의 증상

DSM-5 분류기준에서 정신분열스펙트럼 및 기타 정신증적 장애를 그 증상의 심각도에 따라 낮은 수준에서 높은 수준으로 배열하는 경우 다음과 같이 제시할 수 있다.

심각도 낮음				심각도 높음
분열형(성격)장애	망상장애	단기 정신증적 장애	정신분열형장애	정신분열증 및 분열정동장애

003 조현병(정신분열증) II

다음 보기의 사례를 읽고 물음에 답하시오.

> 올해 30세인 A씨는 지난 1년 전부터 주위 사람들을 비롯한 누군가가 자신을 감시하고 있고, 자신이 평소 하는 말이 언론을 통해 보도되고 있다며 몹시 불안해하고 있다. 또한 알아듣을 수 없는 말을 혼자 중얼거리는가 하면, 종종 문을 걸어 잠근 채 다른 사람들과 만나는 것을 거부하곤 하였다.

위의 사례에서 A씨는 조현병(Schizophrenia)의 증상들을 나타내 보이고 있다. 조현병의 양성증상과 음성증상의 의미를 각각 설명하고, 위의 사례에서 두 증상에 해당되는 내용을 각각 구분하여 쓰시오.

(1) 양성증상(Positive Symptom)

(2) 음성증상(Negative Symptom)

점 수	• 6점 배점 문제로 출제됩니다. • 정신분열증(조현병)의 양성증상과 음성증상을 구분하여 작성하고, 사례에서 나타난 구체적인 증상 또한 작성해야만 감점되지 않습니다.
문제해결 키워드	• 일반적으로 정신분열증(조현병) 환자들에게서 나타나는 증상들을 '양성증상(Positive Symptom)'과 '음성증상(Negative Symptom)'으로 대별하는 경향이 있으나, 최근 임상장면에서는 그 2가지 증상 구분에 '파과(破瓜)증상(Hebephrenic Symptom)'을 추가하여 삼분하는 경향이 있습니다. • 파과증상(※ '파괴증상'이 아님)은 지각과 행동이 현실과 괴리가 있는 경우의 증상으로, 망상, 환각, 환청 등의 양성증상과 다른 양상을 보이는 분열증상, 비논리적 · 비체계적인 언어와 사고(와해된 언어 포함), 체계적이지 못한 행동 등을 포함합니다.
기출 데이터 ★	15년 기출

모범답안

(1) 양성증상(Positive Symptom)

① 의 미

망상, 환각, 환청, 와해된 언어나 행동 등 정상적인 기능의 과잉 혹은 왜곡을 반영한다. 보통 조현병의 급성 일화 시 나타나는 것으로서, 정상인들에게서는 보이지 않는다.

② 사 례

㉠ 누군가 자신을 감시하고 있고, 자신이 평소 하는 말이 언론을 통해 보도되고 있다는 망상

㉡ 알아듣을 수 없는 말들을 혼자 중얼거리는 등의 와해된 언어 혹은 행동

(2) 음성증상(Negative Symptom)

① 의 미

정서적 둔마, 무논리증 또는 무언어증(언어의 빈곤), 무욕증(의욕의 저하), 대인관계의 무관심 등 적응적 기능의 결핍을 반영한다. 즉, 정상인들이 나타내는 적응적인 기능의 상실 혹은 감소를 의미한다.

② 사 례

문을 걸어 잠근 채 다른 사람들과의 만남을 거부하는 대인관계의 무관심(사회기술의 결핍)

더 알아보기 **DSM-5 에 의한 조현병 또는 정신분열증(Schizophrenia)의 주요 증상**

다음 중 2가지 이상이 1개월의 기간(또는 성공적으로 치료된 경우 그 이하의 기간) 동안 상당 부분의 시간에 나타난다. 다만, 이들 중 하나는 망상, 환각 또는 와해된 언어이어야 한다.

- 망 상
- 환 각
- 와해된 언어(예 빈번한 주제의 이탈이나 지리멸렬함)
- 심하게 와해된 행동 또는 긴장증적 행동
- 음성증상들(예 정서적 둔마 또는 무욕증)

004 주요 우울장애

다음 보기의 사례를 읽고 물음에 답하시오.

A씨는 20세 남성으로, 재수를 하여 올해 3월 대학에 입학했다. 재수를 시작한지 한 달 만에 기분이 우울하고 가슴이 두근거리며, 두통, 소화불량, 불면증을 보였다. 또한 매사에 짜증이 나고 집중력이 저하되어 공부를 하는 데 지장이 초래되었다. 올해 자신이 원하던 대학교에 입학해서도 그와 같은 증상이 지속되었고, 동네 의원을 방문하였으나 별다른 내과적 이상소견이 발견되지 않았다. 의사의 추천으로 심리상담소를 찾게 되어 MMPI, BDI, K-WAIS 검사를 받게 되었고, MMPI에서 L(52), F(58), K(60), Hs(59), D(75), Hy(58), Pd(62), Mf(35), Pa(54), Pt(66), Sc(46), Ma(48), Si(59), BDI에서 23점, K-WAIS의 언어성 IQ 125, 동작성 IQ 94, 전체 IQ 114의 결과점수를 보였다.

보기에서 내담자의 정신장애 및 감별진단을 요하는 정신장애 유형을 제시하고, 각각의 장애에 대한 임상적 양상을 기술하시오.

점 수	• 10점 배점 문제로 출제됩니다. • 각각의 유형을 몇 가지 제시하고 설명을 덧붙여야만 감점되지 않습니다.
문제해결 키워드	• 이 문제의 해설내용은 DSM-5 진단기준에 부합하도록 새롭게 변경한 것입니다. • 이 문제는 완전한 복원이 이루어지지 않아 실제 문제와 약간의 차이가 있을 수 있습니다. 또한 명확한 정답이 있는 것이 아니므로 서로 다른 답안이 도출될 수 있습니다.
기출 데이터 ★★★★	03, 07, 08, 17년 기출

모범답안

(1) 정신장애 유형

① 주요 우울장애(Major Depressive Disorder)

㉠ 보기의 사례 내용에서 내담자 A씨가 보이는 평상시의 우울감, 가슴 두근거림, 짜증스러움(흥미 또는 활력의 상실), 불면증, 집중력 감소 등은 주요 우울증 삽화(Major Depressive Episode)의 증상에 해당하는 것으로서, 해당 증상들의 심각성이 명확히 제시되어 있지 않지만 공부를 하는 데 있어서 지장을 초래하는 것으로 제시되어 있다.

㉡ 또한 MMPI의 척도 2 D(Depression, 우울증)가 다른 소척도에 비해 높은 수준을 나타내 보인다는 점, K-WAIS에서 언어성 지능이 높은 데 비해 동작성 지능이 상대적으로 매우 낮은 양상을 나타내 보인다는 점, BDI(Beck Depression Inventory) 우울증 테스트에서 23점의 '중한 우울상태'를 나타내 보인다는 점에서 내담자 A씨의 우울한 기분상태를 짐작할 수 있다.

(2) 감별진단을 요하는 정신장애 및 임상적 양상

① 신체증상장애(Somatic Symptom Disorder)

㉠ 신체증상장애는 하나 이상의 신체적 증상으로 고통을 호소하거나 그로 인해 일상생활이 현저히 방해를 받는 경우를 말한다.

㉡ 내담자 A씨의 경우 문제증상의 지속으로 인해 동네 의원을 방문하였으나, 그것이 신체증상이나 그와 결부된 건강에 대한 과도한 사고, 감정 또는 행동에서 비롯된 것인지는 명확하지 않다. 다만, 신체증상장애가 우울장애와 연관되어 있으며, 그 증상이 두통, 복통과 같은 통증이나 막연한 피로감 등으로 나타날 수 있음을 주목할 필요가 있다.

② 범불안장애(Generalized Anxiety Disorder)

㉠ 범불안장애는 과도한 불안과 긴장을 지속적으로 경험하는 상태를 말한다. 불안의 대상이 분명하지 않지만, 만성적인 불안으로 인한 긴장의 고조, 피로감, 주의집중의 어려움, 과민한 기분상태, 근육긴장, 수면장해 등을 특징적인 증상으로 한다.

㉡ 내담자 A씨의 경우 신체증상과 함께 만성적인 기분장해를 보이지만, 그것이 자기 스스로 통제할 수 없는 과도한 불안이나 걱정에서 비롯된 것인지는 명확하지 않다.

③ 적응장애(Adjustment Disorder)

㉠ 적응장애는 심리사회적 스트레스 사건에 대한 반응으로 정서적 또는 행동적 부적응 증상을 나타내는 장애를 말한다.

㉡ 내담자 A씨의 경우 재수경험에 의한 심리사회적 스트레스로 인해 부적응적인 증상들이 나타난 것으로 볼 수도 있다. 다만 DSM-5 진단기준에서는 개인의 스트레스 요인에 대한 반응으로 주요 우울장애의 기준을 충족하는 경우 적응장애의 진단을 적용할 수 없도록 하고 있음을 유의해야 한다.

더 알아보기 **DSM-5 진단기준에 의한 주요 우울장애의 주요 감별진단**

- 과민한 기분을 동반한 조증삽화 혹은 혼재성삽화(Manic Episodes with Irritable Mood or Mixed Episodes)
- 다른 의학적 상태로 인한 기분장애(Mood Disorder due to Another Medical Condition)
- 물질/약물로 유도된 우울장애 혹은 양극성장애(Substance/Medication-Induced Depressive or Bipolar Disorder)
- 주의력결핍 및 과잉행동장애(Attention-Deficit/Hyperactivity Disorder)
- 우울 기분을 동반한 적응장애(Adjustment Disorder with Depressed Mood)
- 슬픔(Sadness)

005 강박장애

다음 보기의 사례를 읽고 물음에 답하시오.

> 40대 남성인 A씨는 오염에 대한 생각으로 반복적인 손 씻기 행동을 보이고 있다. A씨도 그와 같은 생각이 부적절하다는 것을 인식하고 있지만 잘 통제되지 않은 채 반복적으로 의식에 떠올라 고통을 호소하고 있다.

(1) A씨의 주요 증상을 토대로 진단명을 쓰시오.

(2) 적절한 치료기법을 쓰시오.

(3) 치료과정을 4단계로 약술하시오.

점 수	10점 배점 문제로 출제됩니다.
문제해결 키워드	이 문제는 그 자체로 완벽하지 못하여 몇 가지 다른 답안도 가능합니다. 일단 사례를 통해 A씨가 강박사고와 강박행동을 가진 것으로 제시되고 있으므로 '강박장애(OCD)'를 진단명으로 제시할 수 있으나, 강박장애의 치료기법은 '노출 및 반응방지법(ERP)' 이외에도 매우 다양하기 때문입니다. 따라서 어떤 치료기법을 제시하느냐에 따라 치료과정 또한 다양한 방식으로 제시할 수 있습니다.
기출 데이터 ★★★	17, 20, 23년 기출

모범답안

(1) A씨의 주요 증상을 토대로 진단명을 쓰시오.

강박장애(Obsessive-Compulsive Disorder)

(2) 적절한 치료기법을 쓰시오.

노출 및 반응방지법(ERP ; Exposure and Response Prevention)

(3) 치료과정을 4단계로 약술하시오.

① 노 출

강박적 사고를 유발하는 자극에 대해 충분한 시간 동안 직면하도록 한다. A씨의 경우 오염에 대한 강박적 사고에 의해 반복적인 손 씻기 행동을 보이고 있으므로, 치료자가 의도적으로 더러운 물질을 만져 보도록 요구한다.

② 상 상

강박적 행동을 하지 않으면 발생할 것이라고 생각하는 비극적인 결말에 대해 상상하게 한다. A씨는 더러운 물질을 만짐으로써 손에 병균이 묻었을 것이고, 그로 인해 질병에 걸릴 것이라 생각할 수 있다.

③ 행동방지

강박적 사고에 의해 나타나는 강박적 행동을 제지한다. A씨는 오염에 대한 강박을 가지고 있으므로, 치료자는 A씨에게 과도한 손 씻기 행동을 금지시킨다.

④ 치료유지

약 10회 내외의 내원이나 전화상담을 통해 환자가 그와 같은 치료효과를 지속시키도록 고무한다.

006 외상후스트레스장애

다음 보기의 사례를 읽고 물음에 답하시오.

> 박모 씨는 올해 52세로 중졸이며, 목수일로 생계를 유지하고 있다. 박모 씨는 몇 달 전 오토바이를 타고 가다가 승용차와 충돌하여 의식을 잃고 병원으로 후송되었다. 다행히 40여 일 만에 의식을 회복했으나 이후로 어깨가 결리고, 사지가 아프며, 좀처럼 깊이 잠을 들 수 없다고 호소하였다.

(1) 박모 씨에게 나타날 수 있는 또다른 증상들을 2가지 제시하시오.

(2) 감별진단 2가지를 제시하시오.

(3) 심리검사 중 위스콘신 카드검사가 포함되었다. 이는 무엇을 확인하기 위한 것인지 2가지 제시하시오.

(4) 예후와 관련된 요인을 2가지 제시하시오.

점 수	• 8점 배점 문제로 출제됩니다. • 요소당 2점씩 채점됩니다. • 하위문제 중 하나라도 누락 시 감점요인이 됩니다.
문제해결 키워드	이 문제는 보기의 사례 내용에 대한 완벽한 복원이 이루어지지 않아 실제문제와 약간의 차이가 있을 수 있습니다. 다만, 보기의 사례에 핵심적인 내용들이 모두 포함되어 있고 4가지 하위문제들의 경우 비교적 정확한 것으로 보이므로, 이 점 감안하여 학습하시기 바랍니다.
기출 데이터 ★★★	04, 06, 14년 기출

모범답안

(1) 박모 씨에게 나타날 수 있는 또다른 증상들을 2가지 제시하시오.

답안 1

① 외상적 사건에의 기억상실 혹은 외상의 중요한 부분에의 회상 불능
② 불안, 공포, 무력감
③ 두부외상에 의한 뇌기능장애 혹은 일반적인 지적능력 손상
④ 주의집중력 저하
⑤ 운동기능 저하 등

답안 2

① 외상성 사건과 관련된 반복적이고 고통스러운 회상, 꿈 등의 지속적인 재경험
② 외상과 연관된 자극에의 지속적인 회피 및 고립감, 정서 범위의 제한 등 일반적인 반응상의 마비
③ 과민성, 주의집중 곤란, 과도한 경계심 등 증폭된 각성반응

(2) 감별진단 2가지를 제시하시오.

① 외상 후 스트레스 장애(Post Traumatic Stress Disorder)

자신 또는 타인의 실제적이거나 위협적인 상해, 신체적인 안녕을 해치는 사건을 경험하거나 목격하는 경우 발생한다. 외상 후 스트레스 장애는 외상 사건과 관련된 기억이나 감정이 의식 속에 침투하여 재경험되는 침투증상(Intrusion Symptoms), 외상 사건과 관련된 자극에 대한 회피(Avoidance)를 특징적 증상으로 하며, 그 밖의 외상 사건과 관련된 각성 및 반응성에서의 현저한 변화, 즉 과도한 경계나 놀람, 주의집중 곤란, 수면장해 등의 증상을 보인다.

② 외상성 뇌손상으로 인한 신경인지장애(Neurocognitive Disorder due to Traumatic Brain Injury)

신경인지장애는 두부에 충격이나 폭발상해 등으로 인한 의식상실, 외상 후 기억상실, 지남력장애와 혼돈, 그 밖의 다양한 신경학적 징후 등의 증상을 보이는 장애이다. 특히 외상 후 스트레스 장애와 외상성 뇌손상으로 인한 신경인지장애의 증상들은 서로 겹칠 수 있으나, 외상성 뇌손상으로 인한 신경인지장애의 경우 외상 후 스트레스 장애의 특징적 증상으로서 침투증상과 회피를 보이지 않는다.

(3) 심리검사 중 위스콘신 카드검사가 포함되었다. 이는 무엇을 확인하기 위한 것인지 2가지 제시하시오.

① 위스콘신 카드검사(WCST ; Wisconsin Card Sorting Test)는 정신기능의 뇌 해부학적 관련성을 파악하기 위한 신경심리학적 도구이다. 색깔, 모양, 수가 다른 원, 별, 십자형, 삼각형 등 기하학적 도형이 그려진 카드를 제시하여 수검자에게 어떻게 카드를 맞출 것인지 계획하도록 하며, 그 결과에 따라 다음의 계획을 수정하도록 하는 일련의 과정으로 전개된다.

② 위스콘신 카드검사는 수검자의 개념 형성 및 문제해결 능력을 비롯하여, 추상적 사고, 선택적 주의력, 분류기억 및 작업기억 등을 평가한다.

(4) 예후와 관련된 요인을 2가지 제시하시오.

① 의식상실의 유무 및 의식회복 기간
② 연령과 직업에 따른 감각운동기능
③ 노화에 의한 인지기능의 쇠퇴
④ 대뇌피질에서 기억, 언어, 청각 등을 담당하는 측두엽의 손상 정도
⑤ 처방약물의 적절한 사용 및 약물사용에 따른 부작용

PART 2

더 알아보기

이 문제는 출제자 혹은 채점자의 의도에 따라 다양한 답안이 가능합니다. 특히 (1)의 경우, 사례의 내담자에게 나타날 수 있는 또 다른 증상을 제시하라고 요구하고 있으나, 그것이 일반적으로 나타날 수 있는 가능성 차원에서의 다양한 제 증상을 기술하라는 것인지, 아니면 출제자가 처음부터 내담자의 사고와 관련하여 '외상 후 스트레스 장애'를 염두에 두고 해당 장애의 진단기준에 따른 증상을 기술하라는 것인지 보기의 사례 내용만으로 명확히 알 수 없습니다. 따라서 이와 관련하여 전자의 경우 **답안 1** 로, 후자의 경우 **답안 2** 로 제시하였습니다. 또한 (2)의 경우, 감별진단은 특수한 경우에 한해『정신장애의 진단 및 통계편람(DSM)』에 별도로 제시되기도 하지만, 사실상 그 이외의 경우를 제외하고는 명확히 규정되어 있지 않으므로 다양하게 나타날 수 있습니다. 참고로 여기서는 문제상에 뇌기능장애 및 기억력, 주의력 측정과 연관된 '위스콘신 카드검사(WCST)'가 제시되어 있는 점에 착안하여, 외상성 뇌손상으로 인한 신경인지장애를 답안으로 제시하였습니다.

007 반응성애착장애

다음 보기의 사례를 읽고 물음에 답하시오.

올해 10세로 초등학교 3학년인 A군은 부모나 또래친구들과의 사회적 관계에서 문제증상을 나타내 보이고 있다. A군의 부모는 A군이 부모인 자신들을 회피하려는 모습을 보인다고 주장하면서, A군의 사회성에 문제가 있는 것은 아닌지 알아보고자 내원하였다. 면담과정에서 A군의 부모가 A군이 어렸을 때부터 맞벌이를 하였고, 그로 인해 A군이 할머니에게서 양육되었다는 사실이 알려졌다. A군에 대한 검사결과 반응성애착장애의 진단이 내려졌다.

(1) DSM-5 진단기준에 의한 반응성애착장애의 2가지 양상을 기술하시오.

(2) 양육의 병리성 여부를 판단하는 기준 3가지를 기술하시오.

점 수	• 7점 배점 문제로 출제됩니다. • '기술하시오' 문제이므로 간략히 풀어서 답안을 작성합니다.
문제해결 키워드	• 애착 외상을 경험한 아동에게서 나타나는 애착장애의 유형은 크게 다른 사람과의 관계를 두려워하거나 이를 회피하려고 하는 '억제형(Inhibited Type)', 반대로 다른 사람과의 관계에서 부적절하게 친밀감을 나타내는 '탈억제형(Disinhibited Type)'으로 구분됩니다. • 이 문제는 본래 DSM-IV를 기준으로 제시된 문제이나, 여기서는 최신 경향에 부합하도록 DSM-5로 문제를 변형하였습니다. 참고로 애착장애의 진단기준이 DSM-IV와 DSM-5에서 차이가 있음을 염두에 두시기 바랍니다.
기출 데이터 ★★	09, 14년 기출

모범답안

(1) DSM-5 진단기준에 의한 반응성애착장애의 2가지 양상을 기술하시오.

① 성인 양육자에 대해 시종일관 정서적으로 억제되고 위축된 행동 양상을 보인다. 이는 아동이 스트레스를 느낄 때 성인 양육자에게 위안을 구하지 않거나, 성인 양육자의 위안에 대해 거의 반응을 보이지 않는 형태로 나타난다.

② 지속적인 사회적 · 정서적 장해 양상을 보인다. 이는 다른 사람에 대해 최소한의 사회적 · 정서적 반응을 보이거나, 긍정적 정서가 제한적으로 나타나거나, 성인 양육자에 대한 이유 없는 짜증이나 슬픔 혹은 두려움의 형태로 나타난다.

(2) 양육의 병리성 여부를 판단하는 기준 3가지를 기술하시오.

① 위안, 자극, 애정 등 기본적 욕구의 지속적 결핍으로 인한 사회적 방임이나 박탈

② 주된 양육자의 반복된 변경으로 인한 애착형성의 제한

③ 비정상적인 환경으로 인한 선택적 애착형성의 제한

더 알아보기 **반응성애착장애(Reactive Attachment Disorder)에 대한 DSM-5의 진단기준**

① 성인 양육자에 대해 시종일관 정서적으로 억제되고 위축된 행동이 다음의 2가지 양상으로 나타난다.
  ㉠ 아동이 스트레스를 느낄 때 거의 위안을 구하지 않거나 최소한의 위안만을 구한다.
  ㉡ 아동이 스트레스를 느낄 때 위안에 거의 반응하지 않거나 최소한의 반응만을 나타낸다.
② 지속적인 사회적 · 정서적 장해가 다음의 사항들 중 최소 2가지 이상으로 나타난다.
  ㉠ 다른 사람에 대해 최소한의 사회적 · 정서적 반응만을 보인다.
  ㉡ 긍정적인 정서가 제한적으로 나타난다.
  ㉢ 성인 양육자와의 비위협적인 상호작용 중에도 이유 없이 짜증이나 슬픔 혹은 두려움을 나타낸다.
③ 아동의 불충분한 양육으로 인한 극단적인 형태의 경험이 다음의 사항들 중 최소 한 가지 이상으로 나타난다.
  ㉠ 위안, 자극, 애정에 대한 기본적인 욕구가 성인 양육자에 의해 지속적으로 결핍되어 사회적 방임이나 박탈의 형태로 나타난다.
  ㉡ 주된 양육자의 반복된 변경으로 인해 안정적인 애착을 형성할 기회가 극히 제한된다(예 위탁가정의 잦은 교체).
  ㉢ 비정상적인 환경에서 선택적인 애착을 형성할 기회가 극히 제한된다(보육자 수에 비해 아동의 수가 많은 기관).
④ 진단기준 ③(불충분한 양육)이 진단기준 ①의 장해 행동(위축된 행동)을 초래한 것으로 추정된다.
⑤ 진단기준이 자폐스펙트럼장애에 해당하지 않는다.
⑥ 이러한 장해가 5세 이전에 현저히 나타난다.
⑦ 아동의 발달연령은 최소 9개월 이상이다.

008 기억장애

기능적 기억장애와 기질적 기억장애의 특징 및 차이점에 대해 기술하시오.

점 수	• 5점 배점 문제로 출제됩니다. • '기술하시오' 문제이므로 간략히 풀어서 답안을 작성합니다.
문제해결 키워드	기능적 기억장애는 심리적 요인, 기질적 기능장애는 뇌의 병변이나 감각기관장애를 그 원인으로 합니다.
기출 데이터 ★★★★	07, 09, 17, 20년 기출

모범답안

① 기능적 기억장애는 뇌의 병변이 아닌 심리적 요인에 의해 기억기능이 억제되거나 기억력이 저하되는 것인 반면, 기질적 기억장애는 뇌의 병변이나 감각기관의 장애 등으로 인해 기억력이 저하되는 것이다.

② 기능적 기억장애는 급작스럽고 완전하게 기억이 회복되는 경우가 많은 반면, 기질적 기억장애는 기억이 회복되더라도 그 속도가 느리고 불완전한 경우가 대부분이다.

더 알아보기 기능적 기억장애·기질적 기억장애

기능적 기억장애와 기질적 기억장애를 한눈에 비교 · 분석하면 다음과 같습니다.

- 기능적 기억장애
  - 뇌 손상이나 뇌 기능장애와 같은 뇌의 병변이 아닌 심리적인 요인에 의해 기억기능이 억제되거나 기억력이 저하되는 것이다. 즉, 기억이 불안과 두려움을 야기하는 경우 이를 망각을 통해 방어함으로써, 견디기 힘든 경험에 대한 기억 및 그로 인해 발생할 수 있는 결과로부터 도피하는 과정으로 볼 수 있다.
  - 기능적 기억장애는 급작스럽고 완전하게 기억이 회복되는 경우가 많으며, 심리치료나 최면술 등에 의한 효과적인 치료가 가능하다.
- 기질적 기억장애
  - 기억 및 회상에 관계하는 뇌세포나 신경세포의 병변 또는 감각기관의 장애 등으로 인해 기억력이 저하되는 것이다.
  - 기질적 기억장애는 기억이 회복되더라도 그 속도가 느리고 불완전한 경우가 대부분이며, 이후 기능적 기억장애를 수반할 수도 있다.

009 신경인지장애(치매)

다음 보기의 신경심리검사들이 평가하는 인지기능 영역을 쓰시오.

Contrasting Program / Go-No-Go Test / Fist-Edge-Palm
Alternating Hand Movement / Alternating Square and Triangle / Luria Loop
Controlled Oral Word Association Test(COWAT) / Korean-Color Word Stroop Test(K-CWST)

점 수	2점 배점 문제로 출제됩니다.
문제해결 키워드	위의 문제 보기에 제시된 신경심리검사들은 서울신경심리검사(SNSB ; Seoul Neuropsychological Screening Battery)에서 전두엽 집행기능(전두엽 관리기능)을 측정하는 검사들에 해당합니다.
기출 데이터 ★★	15, 20년 기출

모범답안

전두엽 집행기능(전두엽 관리기능)

더 알아보기 서울신경심리검사(SNSB ; Seoul Neuropsychological Screening Battery)의 구성

인지영역	신경심리검사
주의집중능력	Digit Span : Forward / Backward Letter Cancellation
언어 및 관련 기능	Spontaneous Speech / Comprehension / Repetition Korean-Boston Naming Test(K-BNT) Reading / Writing Finger Naming / Right-Left Orientation / Calculation Body Part Identification Praxis Test : Buccofacial, Ideomotor
시공간 기능	K-MMSE : Drawing Rey Complex Figure Test(RCFT) : Copy
기억력	K-MMSE : Registration / Recall Seoul Verbal Learning Test(SVLT) RCFT : Immediate & Delayed Recalls / Recognition
전두엽 집행기능	Contrasting Program / Go-no-go Test Fist-edge-palm / Alternating Hand Movement Alternating Square and Triangle / Luria Loop Controlled Oral Word Association Test(COWAT) : - Semantic(Animal, Supermarket) - Phonemic(ㄱ, ㅇ, ㅅ) Korean-Color Word Stroop Test(K-CWST)
기타 지표	K-MMSE Geriatric Depression Scale(GDS) Barthel Activities of Daily Living(B-ADL) Clinical Dementia Rating Scale(CDR)

010 주의력결핍 및 과잉행동장애(ADHD)

주의력결핍 및 과잉행동장애(ADHD)의 치료방법 중 행동치료의 기법을 3가지 쓰고 간략히 설명하시오.

점 수	• 6점 배점 문제로 출제됩니다. • 요소당 2점씩 채점됩니다. • '설명하시오' 문제이므로 간략히 풀어서 답안을 작성합니다.
문제해결 키워드	• ADHD는 주의력결핍 또는 부주의(Inattention), 과잉행동과 충동성(Hyperactivity and Impulsivity)을 핵심증상으로 합니다. • ADHD의 행동수정과 관련된 행동치료의 기법은 매우 다양하므로 여러 가지 답안이 도출될 수 있습니다.
기출 데이터 ★★★	09, 16, 21년 기출

모범답안

① 타임아웃(Time-out)

문제행동을 중지시킬 목적으로 문제가 일어나는 상황으로부터 내담자를 일정시간 분리시키는 기법이다.

② 토큰경제(Token Economy)

내담자와 행동계약을 체결하여 적응적 행동을 하는 경우 토큰(보상)을 주어 강화하는 기법이다.

③ 반응대가(Response Cost)

내담자가 특정 행동을 한 것에 대해 대가를 지불하도록 하는 기법이다.

④ 과잉교정(Overcorrection)

잘못된 행동이 과도한 양상을 보이는 경우 또는 강화로 제공될 대안행동이 거의 없거나 효과적인 강화인자가 없는 경우 유용한 기법이다.

⑤ 조건부 계약(Contingency Contract)

조건부 계약은 내담자의 표적행동과 그에 따른 결과의 관계를 구체적으로 문서화한 동의서에 해당한다. 표적행동, 표적행동의 수행결과, 그리고 각 표적행동과 그 결과에 대한 명확한 조건이 명료하게 정의되어 계약 참여자의 서명을 거치게 되므로, 참여자로서 내담자는 계약서의 내용대로 역할을 잘 수행하기 위해 노력하게 된다.

더 알아보기 DSM-5에 의한 주의력결핍 및 과잉행동장애(ADHD)의 주요 증상

• 주의력결핍(부주의)

다음 중 6가지 이상의 증상들이 최소 6개월 이상 지속됨

- 종종 세밀하게 주의를 기울이지 못하거나 학업, 직업 또는 다른 활동에서 빈번히 실수를 저지른다.
- 종종 과제를 하거나 놀이를 할 때 지속적으로 주의를 집중하지 못한다.
- 종종 다른 사람이 직접 말을 할 때 경청하지 않는 것처럼 보인다.
- 종종 주어진 지시를 수행하지 못하며, 학업, 잡일, 작업장에서의 임무들을 완수하지 못한다.
- 종종 과업과 활동을 체계화하지 못한다.
- 종종 지속적인 정신적 노력을 요구하는 과업들에 참여하기를 회피하거나 싫어하거나 혹은 마지못해 한다.
- 종종 과제나 활동을 하는 데 필요한 물건들을 잃어버린다.
- 종종 외부 자극에 의해 쉽게 산만해진다.
- 종종 일상적인 활동을 잊어버린다.

• 과잉행동-충동성

다음 중 6가지 이상의 증상들이 최소 6개월 이상 지속됨

- 종종 손발을 가만히 두지 못하거나 의자에 앉아서도 몸을 꼼지락거린다.
- 종종 가만히 앉아 있어야 할 상황에서 자리를 떠나 돌아다닌다.
- 종종 상황에 부적절하게 뛰어다니거나 높은 곳을 기어오른다(※ 청소년이나 성인의 경우 좌불안석을 경험하는 것으로 제한될 수 있음).
- 종종 조용한 여가활동에 참여하거나 놀지 못한다.
- 종종 끊임없이 활동하거나 자동차에 쫓기는 것처럼 행동한다.
- 종종 지나칠 정도로 수다스럽게 말을 한다.
- 종종 질문이 채 끝나기도 전에 성급히 대답한다.
- 종종 줄서기 상황에서 자신의 차례를 기다리지 못한다.
- 종종 다른 사람의 활동을 방해하거나 간섭한다.

011 자폐스펙트럼장애

자폐스펙트럼장애의 진단기준 중 사회적 의사소통 및 사회적 상호작용상의 결함기준을 2가지 쓰고, 자폐스펙트럼장애로 통합된 DSM-Ⅳ 분류기준상의 진단명 2가지를 쓰시오.

점 수	• 4점 배점 문제로 출제됩니다. • 결함기준과 진단명을 각각 2가지씩 작성하라고 하였으므로 누락 시 감점요인이 됩니다.
문제해결 키워드	• DSM-Ⅳ의 분류기준상 자폐성장애(Autistic Disorder)는 레트장애(Rett's Disorder), 아동기붕괴성장애(Childhood Disintegrative Disorder), 아스퍼거장애(Asperger's Disorder)와 더불어 '유아기, 아동기 또는 청소년기에 통상 처음 진단되는 장애'의 하위유형으로 분류되었습니다. • DSM-5에서는 레트장애를 제외한 3가지 하위유형이 신경발달장애의 하위유형인 '자폐스펙트럼장애(Autism Spectrum Disorder)'로 통합되었습니다. 레트장애의 경우 그 고유한 유전적 원인이 밝혀짐으로써 DSM-5에서 삭제되었습니다.
기출 데이터 ★	15년 기출

모범답안

(1) 사회적 의사소통 및 사회적 상호작용상의 결함기준(DSM-5 진단기준)

① 사회적-정서적 상호작용에 있어서 결함을 나타낸다.

② 사회적 상호작용을 위해 사용되는 비언어적 의사소통 행동에 있어서 결함을 나타낸다.

③ 대인관계의 발전, 유지, 이해에 있어서 결함을 나타낸다.

(2) 자폐스펙트럼장애로 통합된 DSM-Ⅳ 분류기준상의 진단명

① 아동기붕괴성장애(Childhood Disintegrative Disorder)

② 아스퍼거장애(Asperger's Disorder)

③ 자폐성장애(Autistic Disorder)

더 알아보기 DSM-5에 따른 신경발달장애(Neurodevelopmental Disorders)의 주요 하위유형

• 지적장애(Intellectual Disabilities)
• 의사소통장애(Communication Disorders)
• 자폐스펙트럼장애(Autism Spectrum Disorder)
• 주의력결핍 및 과잉행동장애(Attention-Deficit/Hyperactivity Disorder)
• 특정학습장애(Specific Learning Disorder)
• 운동장애(Motor Disorders) 등

012 심리평가 Ⅰ

심리평가에서 심리검사를 시행하는 주요 목적을 5가지 쓰시오.

점 수	• 5점 배점 문제로 출제됩니다. • 요소당 1점씩 채점됩니다.
문제해결 키워드	심리검사는 지능, 성격, 적성, 흥미 등 인간의 지적 능력이나 심리적 특성을 파악하기 위해 양적 또는 질적으로 측정 및 평가를 수행하는 일련의 절차를 말합니다.
기출 데이터 ★	15년 기출

PART 2

모범답안

① 내담자가 표면적으로 드러내지 않은 문제를 확인하고 진단하기 위해 심리검사를 시행한다.
② 내담자의 문제증상이나 행동의 심각성 및 그 정도를 파악하기 위해 심리검사를 시행한다.
③ 변별진단을 위해 심리검사를 시행한다.
④ 특수한 영역에서의 기능평가를 위해 심리검사를 시행한다.
⑤ 내담자의 성격적인 측면이나 전반적인 기능 수준을 평가하기 위해 심리검사를 시행한다.

더 알아보기 심리검사의 일반적인 목적

이 문제는 임상적 진단과 심리평가를 위한 심리검사의 시행 목적 혹은 기능을 쓰도록 하고 있다는 점에서 심리검사의 일반적인 목적을 쓰는 문제와 차이가 있다고 말할 수 있습니다. 물론, 그 2가지가 내용상 일부 겹치는 부분도 있으나 이는 결코 동일한 문제가 아님을 유념하시기 바랍니다.

- **기술적 진단** : 심리검사는 개인의 행동상 나타나는 문제나 요인들에 대한 원인적 요인을 진단한다. 즉, 심리검사를 사용함으로써 개인의 결함이나 결점을 파악할 수 있는 것은 물론 그 원인을 발견할 수 있다.
- **미래행동의 예측** : 심리검사는 한 개인의 행동을 예측하도록 한다. 즉, 심리검사 결과의 개인 간 상호비교를 통해 특정 개인이 수행할 행동을 확률적으로 예측한다.
- **개성 및 적성의 발견** : 심리검사는 개인의 개성과 적성을 발견하도록 한다. 특히 청소년을 대상으로 한 심리검사에서는 진로적성 및 학업성취도를 객관적으로 제시함으로써 개인의 발전을 도모하도록 한다.
- **조사 및 연구** : 심리검사는 개인은 물론 집단의 일반적인 경향을 파악하도록 한다. 특정 집단의 심리적 성향이나 행동적 양상에 대한 조사 및 연구를 통해 해당 집단의 특징을 기술하거나 인과관계를 규명할 수 있다.

013 심리평가 II

심리평가자의 역할과 관련하여 심리평가자의 '과학자로서의 자질'과 '예술가로서의 자질'에 대해 설명하시오.

점 수	• 6점 배점 문제로 출제됩니다. • 요소당 3점씩 채점됩니다.
문제해결 키워드	심리평가자의 '과학자로서의 자질'은 객관적이고 타당한 방법에 의해 평가할 수 있는 능력을 말하는 반면, '예술가로서의 자질'은 다양한 경험을 토대로 평가내용을 해석 및 설명할 수 있는 능력을 말합니다.
기출 데이터 ★★★	11, 14, 20년 기출

모범답안

(1) 과학자로서의 자질

① 과학은 사물이나 현상에 대한 실험과 체계적인 이해를 통해 인과관계를 규명하고 반복적인 실험과 검증의 과정을 통해 이론으로 정립하며, 이를 토대로 미래를 예측하고 문제를 적절히 통제하는 것을 목표로 한다.

② 심리평가는 심리검사와 상담, 행동관찰 등을 토대로 자료를 수집하며, 이를 토대로 종합적인 평가를 내리는 전문적인 작업과정이라는 점에서 그 자체로 과학적인 방법에 해당한다고 볼 수 있다.

③ 따라서 심리평가자는 과학자로서 전문적인 지식과 객관적인 실험, 논리적인 검증을 통해 내담자(수검자)에 대한 종합적이고 체계적인 해석과 판단을 내려야 한다.

(2) 예술가로서의 자질

① 인간의 심리는 보편적인 법칙에 따라 규명할 수 있는 성질의 것이 아니다. 이는 인간의 사고나 행동이 논리적이고 일관적인 방향으로 전개되지 않기 때문이며, 실제로 심리평가를 현실장면에 직접적으로 적용하기에는 많은 어려움이 있다.

② 동일한 문제일지라도 내담자의 특성에 따라 서로 상이한 가설에 의해 설명될 수 있으므로, 심리평가자는 다양한 평가경험과 치료경험에 근거하여 통찰력을 발휘해야 한다.

③ 또한 심리평가자는 내담자에 대한 해석과 판단에 앞서 내담자를 선의와 용기로써 이해하고 희망과 에너지로써 치료전략을 수립하며, 전문적인 관계형성을 통해 내담자를 치료적인 관계로 유도해야 한다.

더 알아보기 심리평가의 일반적인 목적

• **임상적 진단** : 임상적 진단을 명료화 · 세분화하며, 증상 및 문제의 심각성 정도를 구체화한다.
• **자아기능 평가** : 성격 및 정신병리에 대한 이해를 위해 내담자의 자아기능, 자아강도, 인지기능 등을 측정 및 평가한다.
• **치료전략 평가** : 적절한 치료유형, 치료전략, 치료적 개입에 의한 효과 등을 평가한다.

014 심리평가 Ⅲ

심리평가 보고서를 작성할 때 심리검사 결과와 생활사적 정보를 통합하는 중요한 이유에 대해 기술하시오.

점 수	• 5점 배점 문제로 출제됩니다. • '기술하시오' 문제이므로 간략히 풀어서 답안을 작성합니다.
문제해결 키워드	심리평가 보고서의 구성형식(구성요소)은 학자 · 교재마다 다양하게 제시되고 있으며, 명확한 정답이 있는 것은 아닙니다. 다만 더 알아보기 에서 제시하고 있는 7가지 요소들은 공통적으로 포함되는 내용이므로 반드시 숙지하고 넘어가시기 바랍니다.
기출 데이터 ★★★★	05, 12, 16, 20년 기출

모범답안

① 객관적 검사나 투사적 검사로 제시되는 심리검사는 내담자의 검사에 대한 직접적인 반응을 통해 내담자의 심리적 특성과 현재의 상태를 표출하지만, 이는 내담자의 반응에 의한 주관적인 정보에 불과하다.

② 반면에 상담자가 관찰자 또는 치료자로서 수집하는 내담자에 대한 직접적인 관찰정보, 생활사적 · 발달사적 정보, 다양한 기록자료 등은 내담자의 심리적 상태를 파악하는 데 유효한 객관적인 정보에 해당한다.

③ 주관적인 정보와 객관적인 정보는 서로 통합됨으로써 오류를 최소화할 수 있으며, 내담자에 대한 보다 정확한 진단 및 평가가 가능하다. 따라서 내담자의 심리에 대한 전반적인 이해를 위해 심리검사의 결과와 생활사적 정보를 통합해야 한다.

더 알아보기 심리평가 보고서의 구성형식(구성요소)

- **제목 및 내담자에 관한 정보** : 제목, 작성자 및 내담자의 이름, 평가한 날짜 및 장소, 내담자의 성별, 생년월일, 결혼상태, 참고자료, 의학적 기록 등
- **의뢰된 이유 및 원천** : 내담자의 의뢰와 연관된 사람, 장소(기관), 의뢰된 이유, 특별히 의뢰된 질문 등
- **평가도구 및 절차** : 사용되는 평가의 목록, 평가의 절차 등
- **행동관찰** : 내담자의 용모 및 외모, 말과 표현, 면담태도, 언어적 · 비언어적 의사소통능력 등
- **평가결과에 대한 해석** : 내담자의 신체적 · 정신적 · 정서적 기능, 인지능력, 행동수행능력, 대인관계능력 등
- **생활사적 정보와 평가결과의 통합** : 내담자의 현재 상태에 대한 심리적 평가, 잠정적 결론을 유추하기 위한 과정 등
- **요약 및 권고** : 보고서의 중요 부분에 대한 정리 · 기술, 진단에 대한 정보 제공, 치료적 개입에 대한 건의 및 그로 인해 발생할 수 있는 문제 등

015 심리검사 I

어떤 환자에게 MMPI를 실시한 결과 L척도와 K척도의 T점수가 70 이상으로 높게 나타났다. 방어적 성향이 강하여 검사 결과를 해석하기 어려울 정도였으나, 이 환자에게 심리검사는 꼭 필요한 것으로 판단되었다. 이때 임상심리사가 취할 수 있는 방법을 2가지로 구분하여 설명하시오.

점 수	5점 배점 문제로 출제됩니다.
문제해결 키워드	• 이 문제와 관련하여 눈여겨보아야 할 것은 MMPI의 타당도척도 중 F척도에 대해 아무런 언급이 없다는 점입니다. 이 경우 출제자가 MMPI 타당도척도의 형태와 관련하여 이른바 'V자형'에 대한 해석을 염두에 두었다거나, '긍정왜곡(Faking-good)'을 염두에 둔 것은 아님을 짐작할 수 있습니다. • 여기서는 '박영숙, 『심리평가의 실제』, 하나의학사 刊'의 해당 내용을 토대로 답안을 작성하였습니다.
기출 데이터 ★★★	14, 18, 20년 기출

모범답안

① 프로파일의 신뢰성이 극단적으로 결여된 경우

수검자가 솔직하지 못한 태도를 취함으로써 타당도 프로파일에서 극단적인 신뢰성 결여를 나타낼 경우 임상척도들에 대한 해석 자체를 보류하여야 한다.

② 방어적 태도가 문제시 되는 경우

타당도 프로파일이 비록 덜 극단적이지만 방어적 태도가 문제시 될 경우 임상척도들의 프로파일에 대해서 잠정적으로 해석을 내리지만 수검자의 방어적 수검태도를 고려하면서 해석을 내려야 한다.

더 알아보기 MMPI의 해석전략

임상가는 일반적으로 다음과 같은 질문에 대한 해답을 구하면서 해석을 시도하고 가설을 설정해 나간다.

- 수검자의 검사수행 태도는 어떠한가?
- 수검자의 일반적인 적응수준은 어떠한가?
- 어떠한 심리적 특징이 수검자에 대해서 추론될 수 있는가?
- 수검자에게 가장 적절한 임상진단(Clinical Diagnosis)은 무엇인가?
- 수검자의 행동 저변에 어떤 정신역동이 존재하고 있는가?
- 수검자의 치료에 관한 제언은 무엇인가?

016 심리검사 II

심리검사 결과의 올바른 해석을 위한 해석지침을 4가지 쓰시오.

점 수	• 4점 배점 문제로 출제됩니다. • 문제에서 요구하는 답안의 수에 따라 부분점수가 부과됩니다.
문제해결 키워드	이 문제는 출제자 혹은 채점자의 기준에 따라 서로 다른 답안이 도출될 수 있습니다. 그 이유는 심리검사 결과의 해석과 관련된 해석지침이 교재에 따라 매우 다양하게 제시되고 있기 때문입니다.
기출 데이터 ★★★	14, 20, 23년 기출

모범답안

답안 1

① 해석의 기본관점의 수립
② 통계학적 해석에 대한 설명
③ 개인 간 차이와 개인 내적 차이의 명료화
④ 측정오차를 고려한 해석

답안 2

① 검사 결과에 대해 내담자가 어떻게 기대하고 있는지를 우선적으로 탐색한다.
② 검사 결과는 하나의 잠정적인 결과임을 인식하고 이를 내담자에게 설명한다.
③ 한두 개의 숫자나 타입 정보만 알려주고 결과를 해석했다고 생각하지 않는다.
④ 심리검사는 내담자를 이해하기 위한 여러 가지 방법 중 하나일 뿐임을 명심한다.
⑤ 심리검사 결과가 평소의 행동관찰 결과와 다를 경우 검사가 틀렸다고 생각하지 말고, 그와 같은 차이를 보이는 이유에 대해 궁금해 하고 탐색하도록 한다.

더 알아보기 심리검사 결과 해석 상담 시 주의해야 할 사항

- 내담자가 검사 결과를 이해하고 이용할 수 있는 능력이 있음을 보여 주며, 내담자가 자신이 직면한 의사결정에 도움을 얻기 위해 검사 정보를 직접 이용하는 것이 중요하다는 사실을 강조한다.
- 해석 과정이 시작되기 전에 내담자에게 자신이 받은 검사에 대해 어떻게 느끼는지 물어보도록 한다.
- 논의될 검사가 어떤 것인가를 내담자에게 상기시키면서 검사 결과에 대해 논의하도록 한다.
- 검사 결과를 내담자가 가진 다른 정보와의 관계 속에서 논의하도록 한다.
- 전문적인 용어를 삼가고 이해하기 쉬운 용어로써 검사의 목적을 제시한다.
- 검사 결과에 대한 언어적인 해석과 함께 도식적인 제시를 병행한다.
- 내담자의 검사 결과를 지나치게 규정짓는 것을 삼간다.
- 면접이 끝날 무렵 전체 면접의 결과를 요약하되 내담자 스스로 직접 요약해 보도록 한다.

017 객관적 검사와 투사적 검사

MMPI나 BDI와 같은 객관적 자기보고형 검사의 장점과 단점을 3가지씩 제시하시오.

점 수	• 6점 배점 문제로 출제됩니다. • 장점과 단점 중 하나라도 누락 시 감점요인이 됩니다.
문제해결 키워드	객관적 검사뿐만 아니라 투사적 검사의 장점과 단점도 숙지하시기 바랍니다.
기출 데이터 ★★★★	09, 17, 22, 24년 기출

모범답안

(1) 장 점

① 검사의 시행 · 채점 · 해석이 간편하며, 응답이 용이하다.
② 부호화와 분석이 용이하므로 시간과 노력이 절약된다.
③ 검사자나 상황변인의 영향을 덜 받으며, 검사결과의 객관성이 보장된다.
④ 검사제작 과정에서 신뢰도 및 타당도에 대한 증거를 확보할 수 있다.
⑤ 수검자의 무응답이나 검사목적에 부합하지 않는 응답을 줄일 수 있다.

(2) 단 점

① 수검자의 사회적 바람직성이 응답결과에 영향을 미친다.
② 수검자는 일정한 흐름에 따라 응답할 수 있다.
③ 수검자가 자기 이해와 관계없이 협조적인 대답으로 일관할 수 있다.
④ 검사문항이 특정 상황에서의 특성과 상황 간의 상호작용 내용을 밝히기에 한계가 있다.
⑤ 응답의 범위가 제한되어 있으므로 수검자의 진술기회가 상대적으로 적다.

더 알아보기 투사적 검사의 장점과 단점

• 장 점
- 수검자의 독특한 투사적 검사반응이 수검자에 대한 이해에 매우 효과적이다.
- 수검자의 의도된 방어적 반응에 적절히 대처할 수 있다.
- 모호한 자극에 의해 수검자의 다양한 반응이 나타난다.
- 수검자의 전의식적이거나 무의식적인 심리적 반응을 유도한다.

• 단 점
- 검사의 신뢰도가 전반적으로 결여되어 있다.
- 검사결과의 해석에 대한 타당도 검증이 빈약하다.
- 여러 상황적 요인들이 검사반응에 영향을 미친다.

018 신뢰도와 타당도 Ⅰ

심리검사의 신뢰도를 추정하는 방법을 3가지 쓰고, 각각에 대해 설명하시오.

점 수	6점 배점 문제로 출제됩니다.
문제해결 키워드	심리검사의 신뢰도 추정방법에 관한 문제는 임상심리사 1차 필기시험에 빈번히 등장하는 문제이기도 합니다. 관련 이론을 충분히 암기하도록 합니다.
기출 데이터 ★★	19, 22년 기출

모범답안

① 검사-재검사 신뢰도(Test-retest Reliability)

㉠ 동일한 검사를 동일한 수검자에게 일정 시간 간격을 두고 두 번 실시하여 얻은 두 검사 점수의 상관계수에 의해 신뢰도를 추정하는 방법이다.

㉡ 가장 기초적인 신뢰도 추정방법으로서, 동일한 대상에 동일한 측정도구를 서로 상이한 시간에 두 번 측정한 다음 그 결과를 비교한다.

㉢ 검사 점수가 시간의 변화에 따라 얼마나 일관성이 있는지를 의미하므로, 시간에 따른 안정성을 나타내는 '안정성 계수(Coefficient of Stability)'라고도 부른다.

② 동형검사 신뢰도(Equivalent-form Reliability)

㉠ 동일한 수검자에게 첫 번째 시행한 검사와 동등한 유형의 검사를 실시하여 두 검사 점수 간의 상관계수에 의해 신뢰도를 추정하는 방법이다.

㉡ 새로 개발한 검사와 여러 면에서 거의 동일한 검사를 하나 더 개발해서 두 검사 점수 간의 상관계수를 구한다.

㉢ 상관계수가 두 검사의 동등성 정도를 나타낸다는 점에서 '동등성(동형성) 계수(Coefficient of Equivalence)'라고도 부른다.

③ 반분신뢰도(Split-half Reliability)

㉠ 전체 문항 수를 반으로 나눈 다음 상관계수를 이용하여 두 부분이 모두 같은 개념을 측정하는지 일치성 또는 동질성 정도를 비교하는 방법이다.

㉡ 검사를 한 번 실시한 후 이를 적절한 방법에 의해 두 부분의 점수로 분할하여 그 각각을 독립된 2개의 척도로 사용함으로써 신뢰도를 추정한다.

㉢ 둘로 구분된 문항들의 내용이 얼마나 일관성이 있는가를 측정한다는 점에서 '내적합치도 계수(Coefficient of Internal Consistency)'라고도 부른다.

019 신뢰도와 타당도 II

다음 보기의 사례를 읽고 연구절차상의 문제점 및 대안을 4가지 제시하시오.

> 한 임상심리학자는 최근 자신이 개발한 사회공포증 치료법의 효과성 여부를 검증하기 위한 실험을 실시하였다. 사회공포증이 의심되는 20명의 인원을 대상으로 5회기에 걸쳐 치료를 시행한 후 그 변화를 살펴보았다. 치료효과를 검증하기 위한 방법으로 치료시작 전과 치료종료 후 실험대상자들에게 자신의 증상에 대한 심각성 수준을 7점 척도상에 평정하도록 하였다. 임상심리학자는 치료종료 후 실험대상자들에 의한 척도상의 평정점수가 유의미하게 낮게 나왔다는 사실을 토대로 자신의 치료법이 효과가 있다고 주장하였다.

점 수	• 8점 배점 문제로 출제됩니다. • 문항당 2점씩 채점됩니다.
문제해결 키워드	이 문제는 명확한 정답이 있는 것이 아니므로 다양한 답안이 도출될 수 있습니다. 다만, 실험연구설계와 관련된 이론에 대해 확실히 알고 있어야만 답안을 작성할 수 있는 문제입니다.
기출 데이터 ★★★	11, 13, 20년 기출

모범답안

① 집단설정 과정 및 표본의 대표성 문제

임상심리학자는 사회공포증이 의심되는 20명을 실험대상자로 선정하였다. 그러나 비교적 소수의 인원으로 실험을 하는 만큼 통계적 검증력이 결여될 수밖에 없다. 더욱이 실험대상자들의 연령이나 성별, 증상의 심각성 정도 및 주호소 불안의 유형(발표불안 또는 대인불안)에 대한 구체적인 기준도 없이 막연히 사회공포증 의심자들을 실험대상자로 선정함으로써 실험결과를 일반화하는 데 한계를 보인다. 따라서 임상심리학자는 집단설정 과정에서 표본의 크기 및 표본의 대표성에 문제가 없는지 확인해야 한다.

② 통제집단의 결여

실험설계는 기본적으로 실험집단, 통제집단, 자극의 3요소로 이루어진다. 집단을 실험집단과 통제집단으로 나누는 것은 보다 정확한 인과관계의 추리를 위한 것이므로 반드시 필요한 과정이라고 할 수 있다. 다만, 실험대상자들을 두 집단으로 구분할 때 이들을 무작위로 배치함으로써 두 집단을 동질적으로 구성하며, 실험과정에서 두 집단에 대한 적절한 통제가 이루어지도록 주의해야 한다.

③ 조사반응성(반응효과)

실험대상자들은 제한된 실험환경에서 자신이 연구자나 다른 실험대상자들의 관찰대상이 된다는 사실을 인식함으로써 평소 자신의 모습과 다르게 반응할 수 있다. 따라서 임상심리학자는 연구결과가 제한된 연구환경을 벗어나 보다 현실적이면서 다양한 환경에서도 적용될 수 있는지 검토해야 한다.

④ 비교 및 검증과정의 결여

실험설계는 사전 · 사후 검사결과 변수 간 의미 있는 변화를 비교 · 검토하는 과정이 요구된다. 실험결과에 따른 치료적 효과는 단순히 자기보고식 평정척도만으로 검증될 수 있는 것이 아니다. 연구자의 객관적 관찰자로서의 진단, 실험과정상 포착된 실험대상자의 생리적 · 행동적 반응의 변화, 치료적 효과의 임상적 유의성에 대한 판단 등이 종합적으로 고려되어야 한다.

020 지능에 대한 이해 I

지능을 평가할 때의 주요 쟁점으로 임상적 접근과 개념적 접근에 대해 설명하시오.

점 수	6점 배점 문제로 출제됩니다.
문제해결 키워드	• 지능에 관한 '임상적 접근'과 '개념적 접근'의 논쟁을 다루고 있으므로, 2가지 접근의 대비되는 특징을 기술하여야 정답으로 인정받을 수 있는 문제입니다. • 지능의 평가와 관련된 2가지 접근방법인 '임상적 접근'과 '개념적 접근'은 서로 무관할 수 없다고 보는 것이 타당합니다. 임상가는 어떤 구성개념이 정의되기 이전에는 이를 적절히 평가할 수 없으며, 연구자 또한 기존의 지능에 대한 경험적 정의가 없다면 지능을 평가하는 데 사용되는 도구의 타당도를 적절히 평가할 수 없을 것입니다.
기출 데이터 ★★★	18, 21, 24년 기출

모범답안

① 임상적 접근

지능평가의 합리성을 강조하는 것으로, 지능이 측정 가능한 구체적인 실체라고 가정하는 입장이다. 따라서 심리학자는 현재 주로 사용되는 지능검사 도구들을 가지고 어떻게 지능을 측정할 것인가의 실용적인 측면에 초점을 두게 된다.

② 개념적 접근

지능을 가설적 혹은 이론적 구성개념으로 가정하면서, 지능의 구성개념이 매우 복잡하므로 현재 사용되는 지능검사로는 완전히 측정될 수 없다고 보는 입장이다. 따라서 심리학자는 지능의 정의와 분석방법을 연구하는 데 초점을 두는 반면, 현재 주로 사용되는 지능검사의 활용에 대해서는 그다지 관심을 가지지 않는다.

더 알아보기 지능에 대한 임상적 평가 시 유념해야 할 사항

• 지능의 본질이나 정의와 연관된 문제들을 인식하고 있어야 한다.
• 지능검사 결과를 무비판적으로 타당한 측정치로 받아들여서는 안 된다.

021 지능에 대한 이해 II

지능검사를 시행한 후 병전 지능을 추정할 수 있는 방법을 3가지 쓰시오.

점 수	• 6점 배점 문제로 출제됩니다. • 문제에서 요구하는 답안의 수에 따라 부분점수가 부과됩니다.
문제해결 키워드	• 지능검사를 시행하고 난 다음 수검자의 원래의 지능수준을 추정하여 현재의 지능수준과의 차이를 계산해 봄으로써 급성적 혹은 만성적 병적 경과, 지능의 유지 혹은 퇴보 정도 등을 파악할 수 있습니다. • 지능검사 시행 후 병전 지능을 추정하는 방법에 대해서는 교재에 따라 약간씩 다르게 제시되고 있으나, 여기서는 3가지를 쓰도록 하고 있다는 점에 착안하여 '김재환 外, 『임상심리검사의 이해(제1판)』, 학지사 刊'의 해당 내용과 2019년 1회 필기시험에 출제된 문제의 지문을 참고하여 답안을 작성하였습니다.
기출 데이터 ★	19년 기출

모범답안

① 지능검사의 소검사에 근거한 추정

웩슬러지능검사에서 상황적 요인에 의해 잘 변화하지 않는 소검사(예 어휘, 상식 또는 기본지식, 토막짜기 등) 점수를 활용한다.

② 현재 언어능력에 근거한 추정

대개의 경우 어휘나 언어능력은 보존될 가능성이 높으므로, NART(National Adult Reading Test)와 같이 읽기능력에 특화된 검사를 이용한다.

③ 인구통계학적 특성을 활용한 추정

교육수준, 연령, 성별, 학업 성취도(학력), 이전의 직업기능 수준(직업력) 등을 참조한다.

022 지능에 대한 이해 III

웩슬러(Wechsler)가 정의한 지능의 개념을 쓰고, 유동성 지능과 결정성 지능의 특징을 각각 2가지씩 기술하시오.

점 수	• 6점 배점 문제로 출제됩니다. • 개념과 각각의 특징을 작성하라고 제시하였으므로 누락 시 감점요인이 됩니다.
문제해결 키워드	유동성 지능(유동적 지능)은 주로 선천적 능력, 결정성 지능(결정적 지능)은 주로 후천적 능력과 연관됩니다. 유동성 지능과 결정성 지능의 측정영역에 대한 내용은 교재에 따라 다르게 제시되기도 합니다.
기출 데이터 ★★★★	04, 10, 15, 19년 기출

모범답안

(1) 웩슬러(Wechsler)의 지능의 개념

지능은 개인이 합목적적으로 행동하고 합리적으로 사고하며, 자신을 둘러싼 환경을 효율적으로 다룰 수 있는 종합적 · 전체적인 능력이다.

(2) 유동성 지능과 결정성 지능의 특징

① 유동성 지능(Fluid Intelligence)

㉠ 유전적 · 선천적 능력으로서 경험이나 학습의 영향을 거의 받지 않으며, 청년기 이후부터 퇴보현상이 나타나기 시작한다.

㉡ 속도, 기계적 암기, 지각능력, 일반적 추론능력 등과 연관된다.

② 결정성 지능(Crystallized Intelligence)

㉠ 후천적 능력으로서 환경이나 경험, 문화적 영향에 의해 발달되며, 나이를 먹으면서도 발달이 지속될 수 있다.

㉡ 언어이해능력, 문제해결능력, 상식, 논리적 추리력 등과 연관된다.

더 알아보기 **혼(Horn)의 유동성 지능과 결정성 지능에 대한 연구**

- 카텔(Cattell)은 인간의 지능을 유동성 지능(Fluid Intelligence)과 결정성 지능(Crystallized Intelligence)으로 구분하였으며, 혼(Horn)은 이를 토대로 각 지능별 특징적 양상에 대해 연구하였다.
- 혼은 변형된 지능모델을 통해 웩슬러지능검사의 소검사들을 다음과 같이 4개의 범주로 분류하였다.

결정성(Crystallized)	유동성(Fluid)	기억(Retrieval)	속도(Speed)
• 기본지식 • 어휘문제 • 이해문제 • 공통성문제	• 빠진곳찾기 • 차례맞추기 • 토막짜기 • 모양맞추기 • 공통성문제 • 숫자외우기	• 기본지식 • 산수문제 • 숫자외우기	바꿔쓰기

- 환경의 영향을 받는 결정성 지능에는 언어성 소검사 4개가 포함되며, 유동성 지능에는 공통성문제와 숫자외우기의 언어성 소검사 2개와 함께 동작성 소검사들이 포함된다.
- 공통성문제는 결정성 지능과 유동성 지능 모두와 관계가 있으며, 기억과 관련된 소검사로서 기본지식은 결정성 지능, 숫자외우기는 유동성 지능과 연관된다.
- 소검사 특유의 변량이 큰 바꿔쓰기는 운동속도와 연관된다.

023 웩슬러지능검사의 분석

웩슬러지능검사(K-WAIS)의 양적 분석에 포함되어야 할 내용을 3가지 쓰시오.

점 수	• 6점 배점 문제로 출제됩니다. • 요소당 2점씩 채점됩니다. • 간략한 설명도 함께 작성하는 것이 좋습니다.
문제해결 키워드	웩슬러지능검사에서 병전 지능의 추정을 위해 흔히 사용되는 소검사로는 기본지식(Information), 어휘문제(Vocabulary), 토막짜기(Block Design) 등이 있습니다.
기출 데이터 ★★★	11, 13, 18년 기출

PART 2

모범답안

① 현재 지능의 파악

현재 지능은 언어성 IQ(VIQ) · 동작성 IQ(PIQ) · 전체 IQ(FIQ), 지능수준(최우수 · 우수 · 평균상 · 평균 · 평균하 · 경계선 · 정신지체), 백분위, 측정의 오차범위 등을 밝히는 방식으로 기술된다.

② 병전 지능의 파악

수검자의 현재 지능수준이 본래 가지고 있던 지능수준과 차이가 있는지를 파악함으로써 수검자의 지능이 퇴화 혹은 유지된 상태인지, 수검자의 병리가 만성적 혹은 급성적인 양상을 보이는지 추정한다.

③ 언어성 검사와 동작성 검사 간의 비교

개인이 속한 연령집단에서의 유의미한 점수차이를 근거로 하여 언어성 IQ와 동작성 IQ 간의 점수차를 이용한 해석이 가능하다.

④ 소검사 간 점수들의 분산분석

각각의 소검사 점수가 다른 소검사들의 경향으로부터 이탈한 정도를 비교해 봄으로써 수검자의 지적 기능의 세부적인 양상을 파악하도록 하는 것은 물론, 이를 통해 수검자의 성격구조상 특징을 추론해 볼 수 있도록 한다.

더 알아보기 소검사 간 점수들에 대한 분산분석의 3가지 방식

어휘 분산 (Vocabulary Scatter)	어휘문제(Vocabulary) 소검사 점수를 기준으로 하여 다른 소검사 점수들이 해당 기준에서 어느 정도 이탈해 있는지를 살펴보는 방식이다. 이는 어휘문제 소검사가 수검자의 지능수준을 가장 잘 대표하며, 다른 소검사들에 비해 부적응 상태에서도 비교적 퇴화되지 않는 가장 안정적인 검사이기 때문이다.
평균치 분산 (Mean Scatter)	언어성 소검사들은 언어성 소검사들의 평균에서, 동작성 소검사들은 동작성 소검사들의 평균에서 어느 정도 이탈해 있는지를 살펴보는 방식이다. 이는 해당 기능영역에서 각 세부기능들에 어떠한 유의미한 차이가 있는지를 알 수 있도록 한다.
변형된 평균치 분산 (Modified Mean Scatter)	과도한 점수차이를 보이는 한두 개의 소검사 점수를 제외한 채 평균을 산출하여 그 수치를 기준으로 다른 소검사들의 이탈 정도를 살펴보는 방식이다. 이는 너무 높거나 낮은 점수가 평균에 미치는 부적절한 영향을 배제하기 위한 것이다.

024 웩슬러지능검사의 소검사

웩슬러지능검사(K-WAIS)의 언어성 소검사 중 기본지식(Information)이 측정하는 측면을 5가지 쓰시오.

점 수	• 5점 배점 문제로 출제됩니다. • 요소당 1점씩 채점됩니다.
문제해결 키워드	이 문제는 맞히기 매우 어려운 고난이도의 문제에 해당합니다. 그 이유는 웩슬러지능검사의 특정 소검사가 측정하는 일반적인 내용들을 나열하는 방식으로 출제된 문제와 달리, 이 문제에서는 정확히 5가지를 제시하도록 명시하고 있기 때문입니다. 이는 출제자가 특정 교재의 내용을 염두에 두고 문제를 낸 것으로 볼 수 있으며, 그에 따라 답안도 출제자의 의도 혹은 출제자가 사용한 교재의 내용을 가급적 정확하게 제시하여야 정답으로 인정될 가능성이 있습니다. 이를 고려하여 '박경 外, 『심리검사의 이론과 활용』, 학지사 刊'의 해당 내용을 토대로 답안을 작성하였습니다.
기출 데이터 ★★	14, 20년 기출

모범답안

① 일상의 사실적 지식의 범위
② 과거의 학습 및 학교교육
③ 지적 호기심 혹은 지식추구 충동
④ 일상생활에서의 기민성 혹은 일상세계에 대한 관심
⑤ 장기기억

유사문제유형

• 웩슬러지능검사(K-WAIS)의 동작성 소검사 중 빠진곳찾기(Picture Completion)가 측정하는 측면을 6가지 쓰시오.

★ ① 시각적 기민성
② 시각적 재인 및 동일시(시각적 장기기억)
③ 환경의 세부사항에 대한 인식
④ 부분에 대한 전체의 인식(시각적 인식능력)
⑤ 본질과 비본질을 구분하는 능력
⑥ 시각적 조직화 능력과 연결된 시각적 주의집중력

• WAIS-Ⅳ의 소검사 중 이해(Comprehension)의 주요 내용을 5가지 쓰시오.

★ ① 사회적 상황의 이해력 및 사회적 성숙도
② 관습적 행동규준에 관한 지식 정도
③ 과거 경험을 평가하고 사용하는 능력
④ 실질적 지식과 판단력
⑤ 언어적 추론 및 개념화

더 알아보기

웩슬러지능검사(K-WAIS)의 언어성 검사 중 기본지식(Information)의 측정과 관련하여 임상적 측면에서 고려해야 할 사항

- 응답에 실패하는 이유에 대해 특정 지식이나 경험의 부족 탓으로 돌리는 수검자가 많다.
- 구성문항들은 정서적으로 중립적이므로, 정서적인 응답이 나오는 경우 유의미한 분석대상이 된다.
- 만성적인 불안이 있는 경우 앞쪽 문항들에서부터 실패하여 낮은 점수를 얻는 경향이 있다.
- 쉬운 문항에서 실패하면서도 어려운 문항에서 성공하는 경우 기억의 인출과정에서의 문제를 시사한다.
- 정신지체의 경우 특히 점수가 낮게 나타나므로, 정신지체에서 상대적으로 높은 점수를 얻는다면 진정한 이해 없이 과잉학습한 결과일 수 있다.
- 기괴한 응답은 극히 드물기 때문에 만약 그와 같은 반응이 나타난다면 성격적인 문제 혹은 정신병리를 시사한다.
- 지나치게 세부적이고 자세하게 대답하는 것은 강박증을 시사한다.
- 낮은 점수는 갈등과 관련되어 있는 사실들을 의식의 밖으로 밀어내는 억압(Repression)의 방어기제와 연관되어 있을 수 있다.
- 높은 점수는 보통 지적 야심을 반영하며, 경우에 따라 주지화(Intellectualization)의 방어기제와 연관되어 있을 수 있다.
- 수검자가 쉽게 포기하는 성향이나 학업에 대한 적대감을 가지고 있는 경우 낮은 점수를 받을 수 있다.
- 수검자가 완벽주의적인 경향을 가지고 있는 경우 대답에의 회피로 인해 불완전한 대답을 할 수도 있다.

025 웩슬러아동용지능검사 제4판(K-WISC-Ⅳ)

K-WISC-Ⅳ의 4가지 지표와 각 지표별 소검사를 1개씩 쓰시오.

점 수	4점 배점 문제로 출제됩니다.
문제해결 키워드	• 답안 작성 시 가급적 보충 소검사보다는 주요(핵심) 소검사를 쓰는 것이 바람직합니다. • 'Index'를 K-WAIS-Ⅳ에서는 '지수'로, K-WISC-Ⅳ에서는 '지표'로 부르기도 하며, 'Core Subtests'를 K-WAIS-Ⅳ에서는 '핵심 소검사'로, K-WISC-Ⅳ에서는 '주요 소검사'로 부르기도 하는 등 관련 매뉴얼에서 서로 다른 우리말 용어를 사용하는 경우들을 볼 수 있으나, 이는 번역상의 차이일 뿐입니다.
기출 데이터 ★★	17, 22년 기출

모범답안

① 언어이해지표(VCI ; Verbal Comprehension Index)
- ㉠ 주요(핵심) 소검사 : 공통성(Similarities), 어휘(Vocabulary), 이해(Comprehension)
- ㉡ 보충 소검사 : 상식(Information), 단어추리(Word Reasoning)

② 지각추론지표(PRI ; Perceptual Reasoning Index)
- ㉠ 주요(핵심) 소검사 : 토막짜기(Block Design), 공통그림찾기(Picture Concepts), 행렬추리(Matrix Reasoning)
- ㉡ 보충 소검사 : 빠진곳찾기(Picture Completion)

③ 작업기억지표(WMI ; Working Memory Index)
- ㉠ 주요(핵심) 소검사 : 숫자(Digit Span), 순차연결(Letter-Number Sequencing)
- ㉡ 보충 소검사 : 산수(Arithmetic)

④ 처리속도지표(PSI ; Processing Speed Index)
- ㉠ 주요(핵심) 소검사 : 기호쓰기(Coding), 동형찾기(Symbol Search)
- ㉡ 보충 소검사 : 선택(Cancellation)

유사문제유형

K-WISC-Ⅳ의 척도별 구성 중 언어이해, 지각추론, 처리속도에 각각 포함되는 핵심 소검사 항목을 모두 쓰시오.

026 웩슬러지능검사 결과 해석

다음 보기는 웩슬러지능검사의 대략적인 검사 결과이다. 이와 같은 결과를 보이는 환자의 유형을 쓰시오.

- 상식(Information), 어휘(Vocabulary), 토막짜기(Block Design) 점수는 상대적으로 높은 수준을 보이는 반면, 공통성(Similarities), 모양 맞추기(Object Assembly) 점수는 낮은 수준을 보인다.
- 언어성 지능(VIQ)이 동작성 지능(PIQ)보다 높은 양상을 보인다.

점 수	3점 배점 문제로 출제됩니다.
문제해결 키워드	• 눈여겨보아야 할 것은 병전 지능 추정의 기준이 되는 대표적인 소검사, 즉 상식 또는 기본지식(Information), 어휘(Vocabulary), 토막짜기(Block Design)가 부각되어 있다는 점입니다. • 커밍스와 벤슨(Cummings & Benson)은 지적 능력의 저하를 5가지 인지기능 중 3가지 이상의 침범이 있는 경우로 정의한 바 있습니다. 여기에는 기억장애, 언어장애, 고등기능장애, 시공간 능력 저하, 성격 및 감정의 변화 등이 포함되는데, 특히 기억능력, 언어능력, 시공간 능력은 웩슬러지능검사를 통해 측정할 수 있는 영역이기도 합니다.
기출 데이터 ★	20년 기출

모범답안

뇌손상 장애

더 알아보기 웩슬러지능검사에 의한 뇌손상 장애의 진단

- 웩슬러지능검사의 소검사 중 상식(Information), 어휘(Vocabulary), 토막짜기(Block Design)는 병전 지능 추정의 기준이 되는 소검사이다. 이 소검사들의 점수를 기준으로 추정한 병전 지능과 수검자의 연령, 학력, 학교성적, 직업 등을 함께 고려해 보았을 때 수검자의 현재 지능이 15점 이상 저하되어 있는 경우 수검자에게 유의미한 지능 저하가 있는 것으로 추정할 수 있다.
- 검사 프로파일 분석에서 상식(Information), 어휘(Vocabulary), 그리고 뇌손상 환자의 병전 지능의 좋은 지표가 되는 이해(Comprehension) 문제는 급성 뇌기능 장애에 가장 적게 영향을 받는 것으로 알려져 있다. 따라서 소검사 프로파일의 전반적인 분석을 통해 환자의 기능 수준에 대한 추정을 할 수 있다. 예를 들어, 공통성(Similarities)의 낮은 점수는 언어적 개념형성능력이나 논리적 · 추상적 추론능력의 결함을, 모양 맞추기(Object Assembly)의 낮은 점수는 시각-운동 협응능력의 결함을 시사한다.
- 일반적으로 뇌손상 장애를 가진 환자들은 소검사 평가치상 변산이 큰 경향이 있으며, 언어성 지능(VIQ)과 동작성 지능(PIQ) 간에 유의미한 점수 차이를 보이는 경향이 있다. 또한 뇌손상 장애의 양상은 개념적 · 논리적 수행상의 어려움, 시각-운동 협응의 어려움 등 질적인 지표로 나타나기도 하는데, 이는 인지적 비효율성 및 인지적 통제의 어려움은 물론 뇌손상에 대한 보상적 적응능력을 반영해 주기도 한다.

027 웩슬러지능검사

K-WAIS-Ⅳ의 4가지 주요 지수를 쓰고, 각각에 대해 설명하시오.

점 수	8점 배점 문제로 출제됩니다.
문제해결 키워드	K-WAIS-Ⅳ는 4개의 지수척도(Index Scales), 즉 '언어이해지수 척도', '지각추론지수 척도', '작업기억지수 척도', '처리속도지수 척도'로 구성되어 있으며, 각각의 지수척도에 속하는 소검사들로 해당 지수점수(Index Scores)를 산출하게 됩니다. 그리고 4개의 지수를 산출하는 데 포함된 소검사 환산점수들을 합하여 '전체지능지수(FSIQ ; Full Scale IQ)'를 산출하게 됩니다.
기출 데이터 ★	16년 기출

모범답안

① 언어이해지수(VCI ; Verbal Comprehension Index)

㉠ 핵심 소검사로 '공통성(Similarity)', '어휘(Vocabulary)', '상식(Information)'이 있으며, 보충 소검사로 '이해(Comprehension)'가 있다.

㉡ 언어적 이해능력, 언어적 정보처리능력, 언어적 기술 및 정보의 새로운 문제해결을 위한 적용 능력, 어휘를 이용한 사고능력, 결정적 지식, 인지적 유연성, 자기감찰 능력 등을 반영한다.

② 지각추론지수(PRI ; Perceptual Reasoning Index)

㉠ 핵심 소검사로 '토막짜기(Block Design)', '행렬추론(Matrix Reasoning)', '퍼즐(Visual Puzzles)'이 있으며, 보충 소검사로 '무게비교(Figure Weights)', '빠진곳찾기(Picture Completion)'가 있다.

㉡ 지각적 추론능력, 시각적 이미지에 대한 사고 및 처리능력, 시각-운동 협응능력, 공간처리능력, 인지적 유연성, 제한된 시간 내에 시각적으로 인식된 자료를 해석 및 조직화하는 능력, 유동적 추론능력, 비언어적 능력 등을 반영한다.

③ 작업기억지수(WMI ; Working Memory Index)

㉠ 핵심 소검사로 '숫자(Digit Span)', '산수(Arithmetic)'가 있으며, 보충 소검사로 '순서화(Letter-Number Sequencing)'가 있다.

㉡ 작업기억, 청각적 단기기억, 주의집중력, 수리능력, 부호화 능력, 청각적 처리기술, 인지적 유연성, 자기감찰 능력 등을 반영한다.

④ 처리속도지수(PSI ; Processing Speed Index)

㉠ 핵심 소검사로 '동형찾기(Symbol Search)', '기호쓰기(Coding)'가 있으며, 보충 소검사로 '지우기(Cancellation)'가 있다.

㉡ 시각정보의 처리속도, 과제 수행속도, 시지각적 변별능력, 정신적 수행의 속도 및 정신운동 속도, 주의집중력, 시각-운동 협응능력, 인지적 유연성 등을 반영한다.

더 알아보기 **K-WAIS-Ⅳ 프로파일의 기본적인 분석절차**

- 제1단계 : 전체지능지수(FSIQ)에 대한 검토

  전체지능지수(FSIQ)는 개인의 지적 수준과 기능에 대한 가장 안정적이고 타당한 측정치이다. 다만, 전체지능지수(FSIQ)를 구성하는 4가지 지수점수 중 가장 높은 지수와 가장 낮은 지수 간의 차이가 1.5 표준편차(약 23점) 미만인 경우에만 신뢰성 있고 타당한 측정치로 인정된다. 만약 그 차이가 1.5 표준편차(약 23점) 이상인 경우 단일점수로서 의미가 없는 것으로 간주하여 전체지능지수(FSIQ)를 산출하기는 하되 해석에는 사용하지 않으며, 각각의 4가지 지수에 대해 별도로 해석해야 한다.

- 제2단계 : 각 지수점수에 대한 검토

  다음으로 언어이해지수(VCI), 지각추론지수(PRI), 작업기억지수(WMI), 처리속도지수(PSI) 순으로 지수점수를 검토한다. 이 경우에도 각각의 세부지수에 포함되는 소검사들 간의 차이가 1.5 표준편차(약 5점) 미만인 경우에만 유의미한 것으로 간주하며, 그 차이가 1.5 표준편차(약 5점) 이상인 경우 단일한 지수로 해석하는 것은 적절하지 않다. 각 지수의 해석이 가능한 것으로 판단될 경우, 해당 지수의 수준을 통해 현재 수검자가 보이는 능력이 어느 정도인지 기술한다.

- 제3단계 : 차이값의 비교, 강점과 약점의 평가 등

  다음으로 지수점수들 간 차이값의 비교, 강점과 약점의 평가, 소검사 점수들 간 차이값의 비교 등을 수행한다. 또한 소검사 내의 점수 패턴에 대한 평가, 전반적인 과정분석 등을 선택적으로 수행한다.

028 지능과 학습

다음 보기의 사례를 읽고 물음에 답하시오.

> A군은 만 7세 4개월로 올해 대구에 있는 **초등학교에 갓 입학하였다. A군은 초등학교에 입학하기 이전 유치원에 다녔으며, 당시에는 유치원 선생님의 보살핌으로 별다른 문제를 보이지 않았었다. 그러나 초등학교에 입학하면서 수업에 집중을 하지 못한 채 수업시간 중에도 돌아다니는 모습을 보였고, 학업성과도 저조한 것으로 나타났다. 또한 같은 반 아이들도 A군에게 가깝게 다가가기를 거부하였다. A군의 어머니는 A군의 특이한 성향을 의식하여 그동안 어느 정도 과잉보호를 한 점을 인정하였다.

다음은 A군에 대한 KEDI-WISC 프로파일이다. 이를 토대로 임상심리사가 할 수 있는 자문이나 치료적 개입에 대한 조언을 5가지 기술하시오.

하위검사명	평가치	하위검사명	평가치
상 식	3	빠진곳찾기	6
공통성	8	기호쓰기	6
산 수	4	차례맞추기	6
어 휘	9	토막짜기	9
이 해	9	모양맞추기	8
숫자(보충)	6	미로(보충)	7
• 언어성 IQ : 79		• 동작성 IQ : 78	• 전체 : 76

점 수	5점 또는 10점 배점 문제로 출제됩니다.
문제해결 키워드	기출복원문제 특성상, 특히 사례가 제시되는 문제의 경우 그 세부적인 내용이나 수치 등은 실제와 다를 수 있습니다. 또한 이 문제는 명확한 정답이 있는 것이 아니므로 다양한 답안이 도출될 수 있습니다.
기출 데이터 ★★★★	06, 13, 18, 21년 기출

모범답안

① KEDI-WISC 결과에서 A군은 언어성 IQ와 동작성 IQ가 각각 '79', '78'로서 통계적으로 유의미한 차이를 보이지 않았다. 따라서 A군의 경우 언어능력과 시각-운동 협응능력 모두에서 전반적으로 낮은 지적 능력 수준을 가진 것으로 볼 수 있다.

② A군의 전체 IQ는 '76'으로, 지능의 진단적 분류상 경계선(Borderline)에 해당한다고 볼 수 있다. 특히 언어성 소검사 중 상식과 산수에서 저조한 점수를 나타내는 것으로 보아, 기본지식이나 학습에 의해 누적된 실제적인 지식이 매우 제한적이며, 수리력 및 사고력 또한 부족한 것으로 볼 수 있다.

③ 보기상의 내용으로는 A군이 초등학교 입학 전까지 별다른 이상 증상을 보이지 않은 것으로 제시되어 있다. 또한 선천적인 정신지체를 가진 것으로도 보이지 않는다. 다만, 지적 잠재력을 평가할 수 있는 공통성과 어휘 등의 소검사에서 또래 학생들의 수행수준과 비교하여 약간 낮은 수준을 나타내는 것으로 보아, 기본적으로 A군이 지능 및 기초학습능력 등의 인지적 요인에서 또래 학생들에 비해 상대적으로 약간 저조한 것으로 볼 수 있다.

④ A군의 저조한 학업성과의 또 다른 원인으로서 주의집중력 부족을 들 수 있다. 이는 주의집중 및 산만성을 반영하는 소검사에 해당하는 산수, 숫자, 기호쓰기에서 상대적으로 낮은 점수를 보이는 것으로 알 수 있다. 특히 A군 어머니의 과잉보호와 유치원 선생님의 특별한 보살핌이 있었던 것으로 보아, A군이 어려서부터 주의력결핍 및 과잉행동장애(ADHD)를 가지고 있었던 것으로 의심할 수 있다.

⑤ A군은 또래 학생들에 비해 기초학습능력과 주의집중력이 부족하다. 따라서 A군에게 적합한 학습전략 및 학습방법을 적용할 필요가 있다. 특히 A군의 학습에 대한 집중도를 향상시키기 위해 학습동기와 흥미를 불러일으킬 수 있는 프로그램을 적용할 필요가 있다. 또한 A군의 부모가 A군에 대한 과잉보호 사실을 인정한 만큼, A군이 또래 친구들과 잘 어울릴 수 있도록 대인관계 개선훈련이나 사회기술훈련을 받도록 할 필요가 있다.

더 알아보기 **학습상담에서 상담자가 갖추어야 할 자질**

- 학습문제의 요인에 대한 고려
- 학습문제에 대한 진단 및 학습과정에 대한 이해
- 자기주도 학습을 위한 교육
- 전문적인 지식의 활용

029 성격의 심리검사

로샤검사(Rorschach Test)나 다면적인성검사(MMPI)와 같은 진단적 심리검사는 그 결과가 일치하지 않을 수 있다. 그 이유에 대해 간략히 설명하시오.

점 수	• 5점 배점 문제로 출제됩니다. • 문제에서 몇 가지를 쓰라고 제시하지 않고 있기 때문에 적절하게 간략히 작성하시면 됩니다.
문제해결 키워드	'성격'은 환경에 대한 개인의 독특한 적응을 결정하는 개인 내의 신체적 · 정신적 체계들의 역동적 조직으로 환경과 상호작용하면서 나타나는 독특하고 일관성이 있으며, 인지적이고 정동적인 안정된 행동양식입니다.
기출 데이터 ★★★	08, 10, 16년 기출

모범답안

① 인간의 성격은 복합적인 구조로 이루어져 있으며, 개인차가 다양한 양상으로 나타난다.

② 각각의 심리검사는 성격의 상이한 수준을 측정한다. 예를 들어 로샤검사는 개인의 무의식에 기초한 독특한 반응을, 다면적인성검사는 개인마다 가지고 있는 공통된 특성들을 평가한다.

③ 각각의 심리검사는 측정방법과 관련된 다양한 요인들에 의해 영향을 받는다. 예를 들어 로샤검사는 투사적 방식에 의해 개인의 내면적 특성을 표출하도록 하는 반면, 다면적인성검사는 객관적 방식에 의해 개인이 일정한 형식에 반응하도록 하고 있다.

④ 각각의 측정방법은 검사결과의 산출에도 영향을 미친다. 예를 들어 로샤검사의 경우 검사자 또는 채점자의 전문성, 검사의 상황변인 등에 따라 평가가 달라지는 반면, 다면적인성검사의 경우 사회적 바람직성, 반응경향성 등에 따라 평가결과에 차이를 나타낸다.

더 알아보기

이와 관련된 문제가 2010년 1차 필기시험에 출제되었습니다. 확인학습을 위해 다음의 문제도 풀어 보시기 바랍니다.

성격을 측정하는 자기보고식 방식에 관한 설명으로 옳은 것은?

① 개인의 심층적인 내면을 탐색하는 데 많이 사용된다.
② 개인의 반응경향성에 민감하지 않다.
③ 강제선택형 문항은 개인의 묵종경향성을 배제하는 데 효과적인 문항제작기법이다.
④ 사회적으로 바람직하게 응답하려는 경향을 배제하기 어렵다.

답 ④

030 미네소타다면적인성검사 I

MMPI-2에서 이상으로 간주되는 점수와 그 이유에 대해 설명하시오.

점 수	• 5점 배점 문제로 출제됩니다. • 이상으로 간주되는 점수와 그 이유를 모두 작성하여야 합니다.
문제해결 키워드	이 문제는 원판 MMPI의 개정판인 MMPI-2를 기준으로 출제된 문제입니다. 2가지 버전에서 검사의 채점 및 해석을 위한 표준점수인 T점수의 구체적인 수치가 달리 제시된다는 점을 알고 있어야 합니다.
기출 데이터 ★	16년 기출

PART 2

모범답안

(1) MMPI-2에서 이상으로 간주되는 점수

65T 이상(단, 40T 이하의 낮은 점수는 보수적으로 해석)

(2) 이 유

원판 MMPI에서는 +2 표준편차에 해당하는 70T 이상의 점수를 높은 점수로 간주하였으나, 검사제작 과정에서 MMPI 프로파일을 구성하는 기준으로 삼은 기본 규준집단(Normative Group)에서 정신장애 집단(임상집단)을 의도적으로 배제한 채 비정신장애 집단(비임상집단)만을 선별하였으며, 수검자들의 무응답에 대해서도 검사완료를 격려하지 않은 채 이를 묵인하였다. 이와 같은 절차상의 문제로 인해 원판 MMPI의 T점수 평균은 약 5점 정도 상승되는 효과가 있었다. 따라서 절차를 달리하여 제작된 MMPI-2의 65T는 결과적으로 MMPI의 70T에 해당하는 것으로 볼 수 있다.

더 알아보기 MMPI-2 척도 점수의 해석

- 일반적으로 MMPI의 경우 70T 이상을 높은 점수로, 30T 이하를 낮은 점수로 간주하는 데 반해, MMPI-2의 경우 65T 이상을 높은 점수로, 40T 이하를 낮은 점수로 간주한다. 그러나 이와 같은 수치는 정확한 기준에 근거한 것이 아니며, 각 척도의 특성에 따라 혹은 다른 척도와의 관계에 따라 다양한 양상으로 나타날 수 있다.
- MMPI 연구의 권위자이자 MMPI 재표준화 위원회의 위원이기도 했던 그레이엄(John R. Graham)은 개정판인 MMPI-2 임상척도의 이상 범주 점수의 결정과 관련하여 일반적으로 65T 이상을 높은 점수로 간주할 것을 제안하였다. 그러나 임상척도의 점수가 어느 정도일 때 낮은 점수라고 정의할 수 있는가에 대해서는 MMPI 및 MMPI-2 문헌마다 다르다는 점을 지적하면서, 낮은 점수가 의미하는 바에 대한 경험적인 연구자료가 비일관적이므로, MMPI-2 임상척도에서 얻어진 낮은 점수를 해석할 경우 보수적으로 접근할 것을 권유하였다.

031 미네소타다면적인성검사 II

MMPI-2에서 ? 척도가 상승하는 경우를 5가지 쓰시오.

점 수	• 5점 배점 문제로 출제됩니다. • 문항당 1점씩 채점됩니다.
문제해결 키워드	'? 척도'는 응답하지 않은 문항 또는 '그렇다', '아니다' 모두에 응답한 문항들의 총합으로, 내담자의 심각한 정신병리로 인한 반응상의 어려움, 검사 및 검사자에 대한 비협조적 태도, 개인적 정보 노출에 대한 방어적 태도 등을 측정합니다.
기출 데이터 ★★	11, 15년 기출

모범답안

① 수검자가 강박성으로 인해 문항내용에 대한 정확한 응답에 과도하게 집착하는 경우
② 수검자가 정신적 부주의나 혼란으로 인해 문항을 빠뜨리는 경우
③ 수검자가 방어적인 태도로 자신을 드러내는 것에 대해 거부감을 느끼거나 검사 및 검사자에 대해 불신하는 경우
④ 수검자가 검사자에게 비협조적이고 반항적인 태도를 보이는 경우
⑤ 수검자가 극도의 불안이나 우울증상을 보이는 경우

유사문제유형

미네소타다면적인성검사(MMPI)에서 ? 척도의 상승을 야기할 수 있는 이유를 5가지 쓰시오.

032 미네소타다면적인성검사 Ⅲ

다음은 20대 남성의 다면적인성검사(MMPI-2) 결과이다. 이 결과를 타당도척도와 임상척도의 코드유형(Code Type)에 근거하여 각각 설명하시오.

- 타당도 프로파일 : VRIN(46), TRIN(50), F(73), F_B(52), F_P(50), L(45), K(37), S(40)
- 임상 프로파일 : Hs(57), D(76), Hy(64), Pd(66), Mf(48), Pa(65), Pt(74), Sc(56), Ma(49), Si(61)

점 수	• 6점 배점 문제로 출제됩니다. • 이 문제는 정확한 복원이 이루어지지 않아 문제에서 제시된 검사 점수에서 약간의 차이가 있을 수 있습니다.
문제해결 키워드	'VRIN'은 무선반응 비일관성 척도, 'TRIN'은 고정반응 비일관성 척도, 'F_B'는 비전형-후반부 척도, 'F_P'는 비전형-정신병리 척도, 'S'는 과장된 자기제시 척도를 의미합니다.
기출 데이터 ★	15년 기출

모범답안

(1) 타당도 프로파일 분석

① MMPI-2의 타당도척도 중 F척도(Infrequency, 비전형척도)가 대략 65~80T 정도인 경우 수검자의 신경증이나 정신병, 현실검증력장애를 의심할 수 있다. 프로파일에서는 VRIN 척도(Validity Response INconsistency, 무선반응 비일관성 척도)와 TRIN 척도(True Response INconsistency, 고정반응 비일관성 척도) 점수가 정상수준이므로 무선반응이나 고정반응에 의해 F척도 점수가 상승된 것으로 볼 수 없으며, F_B척도(Back inFrequency, 비전형-후반부척도)와 F_P척도(inFrequency Psychopathology, 비전형-정신병리척도) 점수 또한 정상수준이므로 수검자의 수검태도에 이상이 있는 것으로 볼 수 없다.

② 다만, L척도(Lie, 부인척도)와 K척도(Correction, 교정척도)에서 45T 미만의 비교적 낮은 점수는 수검자가 자신의 정신병리를 약간 과장한 것일 수 있음을 시사한다. 그러나 이 경우에도 과대보고에 민감한 F_P척도에서 이상 반응이 나타나지 않았으므로, 그것이 비정상적인 상태라기보다는 도움을 요청하는 상태로 보이며, S척도(Superlative Self-presentation, 과장된 자기제시 척도)에서의 낮은 점수가 수검자의 정신병리로 인한 주관적인 고통의 정도를 나타내 주고 있다.

(2) 임상 프로파일 분석

① 임상척도의 코드유형(Code Type)에서는 척도 2 D(Depression, 우울증)와 척도 7 Pt(Psychasthenia, 강박증) 이 다른 임상척도에 비해 유의미하게 높은 것으로 나타나고 있다. 특히 65T 이상(혹은 70T 이상)으로 상승하는 임상척도로서 가장 높은 2개의 척도를 하나의 상승척도쌍으로 묶어 분석을 수행할 수 있다.

② 2-7 유형의 상승척도는 정신과 장면에서 흔히 볼 수 있는 것으로, 불안과 긴장이 수반된 우울, 초조, 걱정, 예민함을 특징으로 한다. 특히 스트레스를 받는 경우 식욕부진, 불면증 등의 신체적인 증상을 호소하는데, 이는 환자의 만성적인 긴장상태를 반영한다. 완벽주의 성향으로 인해 사소한 문제에 집착하며, 자신의 결함에 대해 열등감과 죄책감을 느낀다. 또한 대인관계에 있어서 수동적 · 의존적인 양상을 보이며, 특히 다른 사람들로부터 보호적인 행동을 유도한다.

③ 정서적 고통의 척도(Distress Scales)로 불리는 척도 2와 척도 7의 상승은 환자가 정서적으로 어려움을 느끼고 다른 사람으로부터 도움을 받으려는 동기가 강함을 나타내므로, 치료에 대한 예후가 좋다. 그러나 그 상승이 80T 이상인 경우 단순히 심리치료만으로 도움을 주기는 어려울 수 있으므로, 심리치료를 시작하기 전에 약물치료가 선행되어야 한다.

④ 우울장애(Depressive Disorders), 불안장애(Anxiety Disorders), 강박장애(Obsessive-compulsive Disorder)의 진단이 가능하다.

더 알아보기

2015년 1회 실기시험까지는 MMPI 원판을 적용한 문제가 출제되었으나, 2015년 3회 실기시험에 처음으로 개정판인 MMPI-2를 적용한 문제가 출제되었습니다. MMPI-2는 기존 원판의 문제점을 개선하고 최신의 규준을 확보하여 새로운 문항과 척도들을 추가한 것입니다. 개발의 기본원칙에 따라 원판 MMPI의 기본 타당도척도 및 임상척도의 틀을 그대로 유지하고 검사 결과의 해석에 있어서 기존의 해석 내용들을 그대로 적용할 수 있도록 하였으나, 타당도척도를 보강하고 재구성 임상척도, 내용척도, 보충척도, 성격병리 5요인척도(PSY-5 척도)를 추가하는 등 구성적인 측면에서 보다 진화된 모습을 보이고 있습니다.

033 미네소타다면적인성검사 Ⅳ

MMPI의 일반적인 해석과정은 다음과 같이 구분할 수 있다. 다음의 빈칸에 제시된 2~7단계의 내용을 간략히 기술하시오(단, 타당도척도와 임상척도를 중심으로 기술할 것).

- 제1단계 – 검사태도에 대한 검토
- 제2단계 –
- 제3단계 –
- 제4단계 –
- 제5단계 –
- 제6단계 –
- 제7단계 –

점 수	• 6점 배점 문제로 출제됩니다. • 누락 시 감점요인이 됩니다. • '기술하시오' 문제이므로 간략히 풀어서 답안을 작성합니다.
문제해결 키워드	MMPI 관련 문제는 2차 실기시험뿐만 아니라 1차 필기시험에서도 자주 출제되는 경향입니다. 전반적인 개념을 모두 숙지해 놓으시기 바랍니다.
기출 데이터 ★	15년 기출

모범답안

① 제1단계 : 검사태도에 대한 검토

검사태도의 양적 측면과 질적 측면을 검토한다.

② 제2단계 : 척도별 점수에 대한 검토

타당도척도와 임상척도 점수를 검토하여 각 척도의 상승 정도를 파악하며, 유력한 해설에 대한 가설을 만들어 본다.

③ 제3단계 : 척도 간 연관성에 대한 검토

개별 척도의 점수에 관한 가설들을 종합한 후 그것을 토대로 다른 척도와의 연관성이나 인과성 정도를 분석한다.

④ 제4단계 : 척도 간 응집 및 분산에 대한 분석

척도 간의 응집이나 분산을 구분하여 그에 적합한 해석상의 가설을 형성한다.

⑤ 제5단계 : 낮은 임상척도에 대한 검토

점수가 매우 낮은 임상척도에 대해서도 검토한다.

⑥ 제6단계 : 형태적 분석

타당도척도 및 임상척도들을 집단으로 묶어 형태분석을 수행한다.

⑦ 제7단계 : 전체 프로파일 형태에 대한 분석

타당도척도 및 임상척도들의 전체 프로파일에 대한 형태분석을 수행한다.

더 알아보기

MMPI의 해석과정은 교재에 따라 다양하게 제시되고 있습니다.

• 박영숙 外, 『최신 심리평가』, 하나의학사 刊

- 제1단계 : 수검자의 특징적인 검사태도를 고려한다.
- 제2단계 : 개별척도에 대한 해석을 시도한다.
- 제3단계 : 2코드 해석을 시도한다.
- 제4단계 : 낮은 임상척도에 대해 고려한다.
- 제5단계 : 전체 프로파일에 대해 형태분석을 시도한다.

• 김재환 外, 『임상심리검사의 이해』, 학지사 刊

- 제1단계 : 수검자의 태도를 평가한다.
- 제2단계 : 검사결과에 반영된 심리적 고통의 전반적인 수준을 평가한다.
- 제3단계 : 수검자의 정서적 · 행동적 통제력의 전반적인 적절성을 평가한다.
- 제4단계 : 임상척도의 프로파일이 4가지 일차적 패턴 중 어느 것과 부합하는지 개략적으로 살펴본다.
- 제5단계 : 검사결과에서 시사되는 증상이나 호소문제, 귀인양식, 행동 등을 한층 더 구체화한다.

034 미네소타다면적인성검사 V

MMPI 2개 척도에 대한 분석에서 6-8/8-6 유형의 일반적인 특성 5가지와 가능성 있는 장애 진단명 2가지를 쓰시오.

점 수	• 7점 배점 문제로 출제됩니다. • 요소당 1점씩 채점됩니다.
문제해결 키워드	• 문제해설로 제시한 미네소타다면적인성검사(MMPI) 상승척도쌍 6-8/8-6 유형의 특성은 일반적인 특성을 나열한 것이며, 이외에도 다양하게 제시할 수 있으므로 착오 없으시기 바랍니다. • MMPI의 척도 6 Pa(Paranoia)은 편집증, 척도 8 Sc(Schizophrenia)은 조현병을 검출하기 위한 것이므로, 편집증과 분열성을 답안에 반영하는 것이 중요합니다.
기출 데이터 ★★★★	07, 10, 16, 22년 기출

PART 2

모범답안

(1) 6-8/8-6 유형의 일반적인 특성 5가지

① 자신감과 자존감이 부족하며, 실패로 생각되는 것에 대한 열등감과 죄책감을 느낀다.

② 타인에 대해 적대감과 의심, 과민한 반응과 변덕스러운 태도를 보이는 등 타인과의 관계에서 불안정하다.

③ 현실을 인지하는 능력을 상실하여 자폐적이고 분열적인 환상에 빠지기도 하며, 성적인 문제에 대해 갈등을 나타낸다.

④ 심한 스트레스를 받는 경우 감정이 둔화되고 부적절한 양상을 보이며, 우울증상을 나타내기도 한다.

⑤ 피해망상, 과대망상, 환청 등으로 작은 고통에도 괴로워한다.

(2) 가능성 있는 장애 진단명

① 편집형정신분열증 또는 조현병

② 분열성성격장애 혹은 편집성성격장애

유사문제유형

• MMPI 2개 척도에 대한 분석에서 4번과 9번 척도가 동시에 높을 때 나타나는 심리적 특징을 4가지 기술하시오.

• MMPI 2개 척도에 대한 분석에서 4-9/9-4 형태에 대해 가능한 해석을 5가지 제시하시오.

★ ① 재범우려가 있는 범죄자나 신체노출, 강간 등의 성적 행동화를 보이는 사람, 결혼문제나 법적 문제 등에 연루된 사람에게서 종종 나타난다.

② 충동적 · 반항적 성격과 함께 과격하고 공격적인 행동을 특징으로 한다.

③ 일시적으로 다른 사람에게 좋은 인상을 주기도 하지만, 자기중심적 성향과 다른 사람에 대한 불신으로 대인관계가 피상적이다.

④ 자신의 행동에 대해 무책임하여 신뢰감을 주지 못하며, 사회적 가치를 무시하여 반사회적 범죄행위를 저지르기도 한다.

⑤ 합리화의 방어기제를 사용하여 자신의 문제를 외면하며, 실패의 원인을 다른 사람에게 전가하기도 한다.

035 로샤검사 I

로샤검사(Rorschach Test)나 다면적인성검사(MMPI)와 같은 진단적 심리검사는 그 결과가 일치하지 않을 수 있다. 그 이유에 대해 간략히 설명하시오.

점 수	5점 배점 문제로 출제됩니다.
문제해결 키워드	심리검사 관련 교재들에 제시되는 두 검사 방식의 차이점을 기술하기보다는 가급적 문제의 출처로 보이는 해당 논문의 내용을 체계적으로 정리하여 답안으로 작성하도록 합니다.
기출 데이터 ★★★	08, 10, 16년 기출

모범답안

① 인간 성격의 복합적인 구조

인간의 성격은 복합적인 구조로 이루어져 있으며, 개인차가 다양한 양상으로 나타난다. 따라서 개인의 신체적 · 심리적 · 정신적 상태나 환경적 요인에 의해 검사 결과가 다르게 나타날 수 있다.

② 상이한 측정 수준

각각의 심리검사는 성격의 상이한 수준을 측정한다. 예를 들어 로샤검사의 경우 개인의 무의식에 기초한 독특한 반응을 평가하는 반면, 다면적 인성검사는 개인의 독특성보다 개인마다 가지고 있는 공통된 특성들을 평가한다.

③ 측정 방법과 관련된 다양한 요인들의 영향

각각의 심리검사는 측정 방법과 관련된 다양한 요인들에 의해 영향을 받는다. 예를 들어 로샤검사의 경우 비구조적 검사 과제를 통해 개인의 내면적 욕구나 성향을 일정한 제한 없이 외부로 투사하도록 하는 방식을 사용하는 반면, 다면적인성검사는 구조적 검사 과제를 통해 검사 목적에 부합하여 개인이 일정한 형식에 반응하도록 하는 방식을 채택하고 있다.

④ 측정 방법과 관련된 검사 결과 산출에의 영향

각각의 측정 방법은 검사 결과의 산출에도 영향을 미쳐, 로샤검사의 경우 검사자 또는 채점자의 전문성, 검사의 상황변인 등에 따라 평가가 달라지는 반면, 다면적인성검사의 경우 사회적 바람직성, 반응 경향성, 묵종 경향성, 응답 제한성 등에 따라 평가 결과에 차이를 나타낸다.

036 로샤검사 II

아동 로샤검사에서 기호화하는 항목을 6가지만 쓰시오.

점 수	• 6점 배점 문제로 출제됩니다. • 요소당 1점씩 채점됩니다.
문제해결 키워드	제시된 답안 외에도 '쌍반응', '조직화 활동', '특수점수' 등의 정답도 제시할 수 있습니다.
기출 데이터 ★	15년 기출

모범답안

① 반응영역 또는 반응의 위치(Location)
② 발달질(Developmental Quality)
③ 결정인(Determinant)
④ 형태질(Form Quality)
⑤ 반응내용(Content)
⑥ 평범반응(Popular)

유사문제유형

로샤검사 결과를 엑스너(Exner) 방식으로 채점하고자 한다. 엑스너 종합체계방식의 주요 채점 항목을 5가지만 기술하시오.

★ 제시된 문제는 "…기호화하는 항목"으로, 유사유형 문제는 "…주요 채점 항목"으로 서로 다르게 제시하고 있습니다. 그러나 여기서 기억해야 할 것은 '채점(Scoring)'이 곧 수검자의 반응을 기호화하는 것을 말한다는 점입니다. 따라서 이 두 문제는 동일한 내용을 묻고 있습니다. 이와 같이 임상심리사 시험에 출제되는 문제들은 약간의 차이로 서로 다른 정답이 존재합니다. 따라서 이를 위해 문제 자체를 적절히 분석할 수 있는 능력이 요구됩니다.

037 집-나무-사람 그림검사(HTP) I

투사적 그림검사인 집-나무-사람 그림검사(HTP)에서 그림의 크기와 위치가 나타내는 의미를 2가지씩 제시하시오.

점 수	8점 배점 문제로 출제됩니다.
문제해결 키워드	집-나무-사람 그림검사는 1948년 벅(Buck)이 처음 개발한 투사적 그림검사로, 수검자가 자신의 개인적 발달사와 관련된 경험을 그림에 투사한다는 점에 기초합니다. 수검자의 무의식과 관련된 상징을 드러내줌으로써 더욱 풍부한 정보를 제공합니다.
기출 데이터 ★★	07, 20년 기출

모범답안

(1) 그림의 크기

① 과도하게 큰 그림

공격성, 과장성, 낙천성, 행동화 성향, 자기확대의 욕구 등

② 과도하게 작은 그림

열등감, 불안감, 위축감, 낮은 자존감, 의존성 등

(2) 그림의 위치

① 높은 위치에 그려진 그림

높은 욕구수준, 목표달성에 대한 스트레스, 공상적 만족감을 얻으려는 성향 등

② 낮은 위치에 그려진 그림

불안정감, 우울성향, 실제적인 것을 선호하는 성향 등

더 알아보기 집-나무-사람 그림검사(HTP)의 사용상 이점

- 연필과 종이만으로 검사가 가능하다. 즉, 검사시행이 용이하다.
- 검사에 소요되는 시간이 대략 20~30분 정도로 비교적 짧은 편이다.
- 중간 채점이나 기호채점의 절차를 거치지 않으므로 그림에 대한 직접적인 해석이 가능하다.
- 수검자의 투사를 직접 목격할 수 있다.
- 심리적으로 위축된 아동, 우리말에 서툰 외국인, 문맹자 등 언어표현이 어려운 사람에게도 적용할 수 있다.
- 연령, 지능, 예술적 재능 등에 의해 제한을 받지 않는다.
- 일부 환상을 경험하는 환자에게서 환상의 해소와 함께 치료적 효과가 나타나기도 한다.

038 집-나무-사람 그림검사(HTP) II

HTP검사에서 사람(Person) 그림을 통해 평가할 수 있는 측면 3가지를 쓰시오.

점 수	• 5점 배점 문제로 출제됩니다. • 3가지 측면을 작성하고 약간의 설명을 덧붙이면 좋습니다.
문제해결 키워드	이 문제는 출제자 혹은 채점자의 기준에 따라 서로 다른 답안이 도출될 수 있습니다. 그 이유는 집-나무-사람 그림검사(HTP)의 사람(Person) 그림과 관련된 평가가 구체적으로 각각의 신체부위에 대한 평가인지, 사람을 그리는 과정에서의 그리기 행동에 대한 평가인지, 사람 그림에 대한 일반적인 측정 내용에 관한 것인지 모호하기 때문입니다.
기출 데이터 ★★	14, 22년 기출

PART 2

모범답안

① 자화상 – 현재의 자아상태
'자화상'은 수검자가 자신에 대해 스스로 어떻게 느끼는지를 묘사하는 것이다.

② 이상적인 자아 – 이상적으로 바라는 자기상
'이상적인 자아'는 수검자가 이상적으로 바라는 자기상을 투사한 것이다.

③ 중요한 타인 – 자신에게 영향을 미치는 중요 인물들
'중요한 타인'은 수검자의 현재 혹은 과거의 경험 및 환경으로부터 도출되는 것으로서, 수검자에게 영향을 미치는 중요 인물들의 영향력을 반영한 것이다.

더 알아보기 집-나무-사람 그림검사(HTP)의 내용적 요소

집 (House)	• 수검자의 자기-지각, 가정생활의 질 혹은 가족 내에서 자신에 대한 지각을 반영한다. • 수검자의 현실의 집, 과거의 집, 원하는 집 혹은 이들의 혼합일 수도 있다. • 그림의 전체적인 모습과 함께 수검자가 지붕, 벽, 문, 창 등을 어떻게 그렸는가에 유의하여 해석한다.
나무 (Tree)	• 수검자는 수많은 기억으로부터 자신이 가장 감정이입적으로 동일시한 나무를 선택한다. • 수검자 자신의 내적인 감정이 가는 방향으로 나무 그림을 그림으로써 자기 자신에 대한 무의식적이고 원시적인 자아개념이 투사된다. • 수검자의 성격구조의 위계적 갈등 및 방어, 정신적 성숙도 및 환경에의 적응 정도 등을 살펴볼 수 있다.
사람 (Person)	• '집'이나 '나무'보다 더 직접적으로 자기상(Self-image)을 나타낸다. • '사람'을 그리는 것은 수검자로 하여금 방어를 유발하여 자신의 상태를 의식적 혹은 무의식적으로 왜곡시켜서 표현하게 하기도 한다. • 사람 그림은 자화상, 이상적인 자아, 중요한 타인 혹은 인간 일반을 어떻게 인지하고 있는지를 나타내기도 한다.

039 홀랜드유형 직업적성검사(CAT)

다음은 **심리상담소에서 실시한 A군의 홀랜드유형 직업적성검사의 결과이다. 이를 토대로 다음에 제시된 물음에 답하시오.

성격유형	R	I	A	S	E	C
결 과	17	39	72	81	45	14

(1) A군의 성격유형 특성과 함께 이상적인 직업을 한 가지 이상 제시하시오.

(2) A군에게 적합하지 않은 직업을 한 가지 이상 제시하시오.

점 수	8점 배점 문제로 출제됩니다.
문제해결 키워드	홀랜드 직업성격 유형은 중요한 개념으로 1차 및 2차에서 중요하게 다루어질 수 있습니다. 확실하게 숙지하고 넘어가시기 바랍니다.
기출 데이터 ★	09년 기출

모범답안

(1) A군의 성격유형 특성과 함께 이상적인 직업을 한 가지 이상 제시하시오.

① A군의 경우 6가지 유형 중 'S'와 'A'가 다른 유형에 비해 현저히 높은 점수를 보이고 있으며, 이들 간의 점수 차이가 10점 미만에 해당하므로 1차 코드는 'S-A' 유형, 2차 코드는 'A-S' 유형으로 구분할 수 있다.

② 'S'는 사회형(Social Type)을 의미하는 것으로서, 사람들과 함께 일하는 것을 좋아하며, 원만한 대인관계를 맺는다. 또한 'A'는 예술형(Artistic Type)을 의미하는 것으로서, 새로운 방식에 대한 표현과 상상적 · 창조적인 것을 지향한다.

③ 사회형 조합코드로서 'S-A'는 자신의 주장을 지지해 줄 수 있는 사람들과 집단을 형성하며, 사회적인 영향력을 행사하고자 한다. 자신의 신념을 굳건히 밀고 나가며, 능숙한 언변을 통해 다른 사람들을 설득하려고 한다. 이러한 유형을 가진 사람은 간호사, 상담치료사, 사회사업가, 연극배우 등의 직업이 이상적이다.

(2) A군에게 적합하지 않은 직업을 한 가지 이상 제시하시오.

① A군의 경우 6가지 유형 중 'C'와 'R'이 다른 유형에 비해 현저히 낮은 점수를 보이고 있다.

② 'C'는 관습형(Conventional Type)을 의미하는 것으로서, 구조화된 상황에서 구체적인 정보를 토대로 정확하고 세밀한 작업을 요하는 일을 선호한다. 또한 'R'은 현실형(Realistic Type)을 의미하는 것으로서, 현장활동 또는 자신의 손이나 도구를 활용하는 활동을 선호한다.

③ 관습형 조합코드로서 'C-R'은 본래 독립적인 투철한 책임감을 토대로 자신에게 주어진 임무를 독자적으로 수행하고자 하며 회계 · 재무 관리자, 통계학자, 사진제판기사, 인쇄기사 등의 직업이 이상적이다. 따라서 A군에게는 이와 같은 직업이 적성에 맞지 않는 것으로 볼 수 있다.

더 알아보기 **홀랜드유형 직업적성검사(CAT)의 직업성격 유형의 해석 차원**

- **일관성(Consistency)** : 개인의 흥미 하위유형 간의 내적 일관성을 말하는 것으로서, 개인의 흥미유형이 얼마나 서로 유사한가를 의미한다.
- **변별성 또는 차별성(Differentiation)** : 개인의 흥미유형 혹은 작업환경은 특정 흥미유형 혹은 작업환경과 매우 유사한 반면, 다른 흥미유형 혹은 작업환경과 차별적이다.
- **정체성(Identity)** : 성격과 환경유형 모두를 형성하도록 지원해 주는 이차적인 구조로 간주된다.
- **일치성(Congruence)** : 개인의 흥미유형과 개인이 몸담고 있거나 소속되고자 하는 환경의 유형이 서로 부합하는 정도를 말한다.
- **계측성 또는 타산성(Calculus)** : 유형들 내 또는 유형들 간의 관계는 육각형 모형에 의해 정리되며, 육각형 모형에서의 유형들 간의 거리는 그 이론적인 관계에 반비례한다.

040 종결 과제

청소년 상담을 포함하여 일반적인 상담의 종결 과정에서 다루어야 할 사항을 5가지 기술하시오.

점 수	• 5점 배점 문제로 출제됩니다. • 문제에서 요구하는 답안의 수에 따라 부분점수가 부과됩니다.
문제해결 키워드	• 상담관계와 같은 특정 영역을 강조하지 않고 상담 종결을 위한 과제를 묻는 문제입니다. 이는 실무에서 다방면에 적용될 수 있는 내용이므로, 무조건적인 암기보다는 충분한 이해가 필요합니다. • 사실 이와 유사한 내용은 교재에 따라 3가지에서 대략 10가지에 이르기까지 다양하게 제시되고 있습니다. 그러나 출제자가 이와 같이 약간 다른 방식으로 시험문제를 출제하고 있다는 것은 설령 그것이 내용상 큰 차이가 없을지라도 서로 다르게 채점이 이루어질 수 있음을 의미합니다.
기출 데이터 ★★	14, 20년 기출

모범답안

① 지난 상담 과정에 대해 점검 및 평가하기

㉠ 상담 과정을 종결할 때 가장 먼저 언급되는 주제는 지난 상담 내용을 점검하는 것이다. 상담자와 내담자는 그동안 함께 해 온 상담의 과정을 되돌아보면서 무엇을 배웠고, 무엇이 변화되었는지를 자세히 살펴본다.

㉡ 앞선 여러 단계에서 일어난 변화의 종류나 내용을 재음미하고 요약해 보는 과정으로서, 내담자 스스로 상담을 처음 찾았을 때 가졌던 기대와 목표가 얼마나 달성되었는지를 확인하는 과정이 된다.

② 증상의 재발 가능성에 대해 논의하기

㉠ 상담이 효과적으로 마무리되었다고 해도 내담자가 스트레스를 받거나 환경적인 요인이 악화되는 경우 과거의 나약했던 모습으로 되돌아갈 수도 있다.

㉡ 상담자는 내담자의 증상이 다시 찾아와 재발하는 것이 당연한 것일 수 있으며, 이와 같이 증상이 재발하는 경우 내담자 스스로 극복하고자 노력하는 것이 중요하다는 점을 상기시키도록 한다.

③ 다시 찾아올 수 있음을 알리기

㉠ 상담이 종결되더라도 상담자가 내담자에게 어떤 방식으로든 도움을 줄 수 있다는 지속적 조력의 의사를 전달할 수도, 내담자가 먼저 다시 찾아와도 될지 그 여부를 물을 수도 있다.

㉡ 상담을 통해 증상을 가라앉히고 성격 변화 및 인간적 성숙을 이루었다고 해도 인생의 어느 시점에 다시 위기가 찾아올 수 있으므로, 상담자는 내담자에게 다른 위기나 삶의 전환기에 직면하여 다시 상담할 수 있음을 설명하는 것이 중요하다.

④ 자기 분석을 격려하기

㉠ 상담자는 상담 종결 후에도 내담자 스스로 자기 분석을 통해 자신에 대한 탐색과 통찰을 계속하도록 격려할 필요가 있다.

㉡ 내담자가 자신의 행동이나 감정, 대인관계 또는 꿈의 의미 등에 대해 계속적으로 집중하면서 자신의 인생에 대한 통찰을 지속적으로 시도한다면, 비록 증상이 재발하더라도 바로 상담자를 다시 찾기보다 스스로 증상의 의미를 탐색하고 그것에 대처할 수 있게 된다.

⑤ 의존성 문제 다루기

㉠ 종결은 상담자와 내담자 모두에게 상실감을 주며, 그와 같은 상실감은 내담자에게 더욱 크게 나타난다. 특히 의존적인 내담자의 경우 종결 시점이 되어 종결에 대한 논의가 이루어질 때 급작스러운 불안과 공포, 분노와 절망감을 느낄 수 있다.

㉡ 상담자는 내담자의 상담 종결에 따른 불안과 공포에 대해 이해하려고 노력하며, 이를 비지시적인 자세로 대하는 것이 바람직하다. 다만, 이와 같은 내담자의 두려움을 수용하려고 노력하면서도 종결의 결정을 굳건히 함으로써, 내담자에게 더 이상 의존할 대상 없이 세상을 스스로 살아가야 한다는 사실을 깨닫게 해 주어야 한다.

⑥ 이별의 감정에 대해 이야기하기

㉠ 상담자는 내담자의 의존성과 연관 지어 이별의 섭섭함에 대해 이야기할 필요가 있다. 특히 종결의 아쉬움과 섭섭함을 생각해 보도록 하면서, 내담자에게 이별이 단지 무엇인가를 잃어버리는 것이 아닌 다른 새로운 여정을 시작하는 것임을 상기시킬 수 있다.

㉡ 성공적인 종결은 성공적인 내면화를 통해 내담자의 자아를 더욱 공고하게 만든다.

041 아동·청소년 행동평가척도(K-CBCL)

아동평가에서 특정 문제영역이 아닌 전반적인 광범위한 문제영역에 대해 보호자의 보고를 토대로 평가할 수 있는 평정척도가 있다. 그에 해당하는 평정척도를 2가지 쓰시오.

점 수	• 4점 배점 문제로 출제됩니다. • 요소당 2점씩 채점됩니다.
문제해결 키워드	• 가장 대표적인 평정척도 2가지만 제시하였습니다. 그 외에 다른 답안도 가능합니다. • 아동인성평정척도(KPRC)는 아동용인성검사(KPI-C)를 수정 · 보완한 것입니다. 실무현장에서는 2가지 검사도구를 모두 사용하고 있으므로 아동용인성검사(KPI-C)를 답안으로 작성하셔도 관계없습니다.
기출 데이터 ★★★★	12, 17, 20, 24년 기출

모범답안

① 아동 · 청소년 행동평가척도(K-CBCL)

② 아동인성평정척도(KPRC)

더 알아보기 아동·청소년 행동평가척도(K-CBCL ; Korean-Child Behavior Check List)

- 사회능력척도
  - 사회성
  - 학업수행
  - 총 사회능력
- 문제행동증후군척도
  - 사회성 위축
  - 신체증상
  - 불안/우울
  - 사회적 미성숙
  - 사고 문제
  - 주의집중 문제
  - 비 행
  - 공격성
  - 내현화 문제
  - 외현화 문제
  - 총 문제행동
  - 성 문제
  - 정서불안정

042 사회성숙도검사(SMS)

사회성숙도검사에서 아동의 측정영역을 6가지 기술하시오.

점 수	• 6점 배점 문제로 출제됩니다. • '기술하시오' 문제이므로 간략히 풀어서 답안을 작성합니다.
문제해결 키워드	사회성숙도검사(SMS ; Social Maturity Scales)는 바인랜드사회성숙척도(Vineland Social Maturity Scale)를 김승국과 김옥기가 0~30세까지의 일반인 2,230명을 대상으로 표준화한 검사도구입니다. 특히 사회적응능력 발달수준을 평가하여 아동의 인지적 성숙도를 측정할 수 있다는 점에서 장애아동 및 비장애아동의 진단 및 치료목적으로 활용되고 있습니다.
기출 데이터 ★★★	15, 22, 24년 기출

모범답안

① 자조영역(SH, Self-Help)
② 이동영역(L, Locomotion)
③ 작업영역(O, Occupation)
④ 의사소통영역(C, Communication)
⑤ 자기관리영역(SD, Self-Direction)
⑥ 사회화영역(S, Socialization)

더 알아보기

각 영역에 대한 설명을 붙이면 다음과 같습니다.

① 자조영역(SH, Self-Help)
자조일반(SHG, Self-Help General), 자조식사(SHE, Self-Help Eating), 자조용의(SHD, Self-Help Dressing)의 3가지 영역을 통해 자조능력을 측정하기 위한 것으로, 총 39개 문항으로 구성되어 있다.

② 이동영역(L, Locomotion)
기어 다니는 능력부터 어디든지 혼자서 다닐 수 있는 능력까지를 측정하기 위한 것으로, 총 10개 문항으로 구성되어 있다.

③ 작업영역(O, Occupation)
단순한 놀이에서부터 고도의 전문성을 요하는 작업에 이르기까지 다양한 능력을 측정하기 위한 것으로, 총 22개 문항으로 구성되어 있다.

④ 의사소통영역(C, Communication)
동작, 음성, 문자 등을 매체로 수용능력 및 표현능력을 측정하기 위한 것으로, 총 15개 문항으로 구성되어 있다.

⑤ 자기관리영역(SD, Self-Direction)
금전의 사용, 물건의 구매, 경제적 자립준비, 그 밖의 책임 있고 분별 있는 행동을 통해 독립성과 책임감을 측정하기 위한 것으로, 총 14개 문항으로 구성되어 있다.

⑥ 사회화영역(S, Socialization)
사회적 활동, 사회적 책임, 현실적 사고 등을 측정하기 위한 것으로, 총 17개 문항으로 구성되어 있다.

043 놀이치료

놀이치료에서 놀이는 치료적 가치가 있다. 놀이의 치료적 가치를 3가지 쓰시오.

점 수	3점 배점 문제로 출제됩니다.
문제해결 키워드	• 아동의 정신치료와 관련하여 놀이의 유효성을 연구한 셰퍼(Schaefer)가 제시한 '놀이의 치료적 요인'을 참고하여 답안을 작성하였습니다. 이는 '안창일, 『임상심리학(제3판)』, 시그마프레스 刊'에 '놀이의 치료적 가치'로 제시된 내용이기도 합니다. • '놀이의 치료적 가치'와 '놀이의 치료적 기능'은 동일한 것이 아닙니다. 2023년 2회 실기시험(15번)에서는 놀이의 치료적 기능을 3가지 쓰도록 요구한 바 있으므로, 주의하여 답안을 작성하시기 바랍니다.
기출 데이터 ★★★	15, 20, 22년 기출

모범답안

① 저항을 극복하는 데 도움이 되므로, 치료적 관계형성에 유용하다.
② 의사소통의 매체로서 아동을 이해하고 진단하는 데 유용하다.
③ 아동의 불안 감소 및 긴장 이완을 통해 효과적인 치료를 가능하게 한다.
④ 정화(Catharsis)를 통해 심리적인 외상을 극복할 수 있도록 한다.
⑤ 창조적 사고를 통해 참신한 문제해결능력을 발달시키도록 한다.
⑥ 유능성을 향한 욕구를 자극하고 그 실현가능성을 높임으로써 자아존중감을 발달시킨다.
⑦ 역할놀이를 통해 새로운 행동을 연습하고 이를 획득하도록 하며, 나아가 공감력을 증진시킨다.
⑧ 은유적 교훈을 제시함으로써 통찰을 돕는다.
⑨ 환상과 상상을 통해 대리적인 욕구충족을 가능하게 한다.
⑩ 애착형성을 촉진하고 관계를 향상시킴으로써 타인과 친밀해지는 능력을 발달시킨다.
⑪ 일상생활에 일반적으로 적용될 수 있는 사회적 기술을 발달시킨다.

유사문제유형

아동상담에서 놀이의 치료적 기능을 3가지 쓰시오.

더 알아보기 **놀이치료에 사용되는 보편적인 3가지 접근법(Schaefer)**

• 정신분석학적 접근법
  - 정신분석치료에서는 환자의 변화에 대한 동기, 환자의 치료자에 대한 전이, 자유연상의 과정 등을 강조한다.
  - 아동이 내면의 생각이나 감정, 욕구를 치료자에게 자유롭게 의사소통할 수 있도록 하는 일종의 비언어적인 의사소통 수단으로서 놀이가 유용하게 사용될 수 있다.
  - 놀이는 의식적인 면이나 무의식적인 면에서 아동의 정신생활에 대한 통찰력을 제공할 수 있다. 또한 아동이 대처하는 문제에 대한 단서를 제공할 수 있고, 그들이 대처하는 데 사용하는 기제를 제공할 수 있다.

• 관계치료적 접근법
  - 로저스(Rogers)의 연구에 영향을 받은 것으로서, 심리치료에서 치료자와 아동의 상호작용의 질을 강조한다.
  - 치료자는 전반적으로 수용적인 분위기를 만들기 위해 노력한다. 즉, 어떤 특별한 방법을 사용하여 치료를 강제로 시도하기보다는 비지시적이고 편안한 느낌을 주려고 노력한다.
  - 아동은 자신의 감정을 말이나 몸짓, 놀이를 통해 상징적인 의미로 표현하게 된다. 이때 치료자는 아동이 말하는 것이 무엇인지 정확히 파악하기 위해 노력하면서 아동이 자신의 문제에 대한 통찰을 획득하도록 돕고, 아동 스스로 자신의 문제를 해결할 능력이 있음을 인식시키도록 한다.

• 구조적 접근법
  - 아동의 심리치료에서 지시적인 방법과 비지시적인 방법을 절충시킨 비교적 최근의 경향으로서, 음악, 문학, 연극, 인형극, 자유놀이 등 다양한 표현예술의 사용으로 이어지고 있다.
  - 치료의 초기에 구체적인 목적과 분명한 전략으로 단기치료를 강조하며, 과거에 뿌리를 둔 무의식적 기제에 초점을 두기보다 현재의 실천에 초점을 둔다.
  - 과도한 상징적 해석을 사용하지 않으며, 치료자와 아동 간의 관계를 중시하되 지나치게 허용적인 분위기는 삼간다.

044 신경심리평가

신경심리평가에서 일반적으로 다루어야 하는 주요 평가영역을 6가지 쓰시오.

점 수	• 6점 배점 문제로 출제됩니다. • 요소당 1점씩 채점됩니다.
문제해결 키워드	'신경심리검사'는 선천적 또는 후천적 뇌손상 및 뇌기능장애를 진단하는 검사도구를 말하며, '신경심리평가'는 이와 같은 뇌손상 및 뇌기능장애에 특화된 심리검사와 함께 신경심리상태에 대한 과학적 · 체계적인 검사 및 환자의 행동장애에 대한 평가를 통해 인지기능의 손상여부를 판정하고 치료계획을 세우기 위한 과정을 포괄합니다.
기출 데이터 ★	15년 기출

모범답안

① 지 능

지적 능력의 저하는 뇌손상의 결과로 인한 가장 일반적인 현상으로, 특히 지능검사는 신경심리평가에 있어서 가장 많이 사용되는 도구이다.

② 기억과 학습능력

기억장애는 유전적인 요인에서부터 신경학적 손상, 대사기능의 이상, 나아가 정서적 · 심리적 문제 등에 의해서도 야기되므로, 평가 시에 기억곤란을 야기하는 근본적인 원인을 명확히 파악하는 것이 중요하다.

③ 언어기능

언어기능은 뇌의 좌반구, 특히 외측구 주변영역과 관련이 있다. 언어표현은 브로카(Broca) 영역, 언어이해는 베르니케(Wernicke) 영역과 관련이 있는 것으로 보고되고 있다.

④ 주의력과 정신처리속도

주의력은 시공간적 지남력과 주의전환, 각성 또는 지속적 주의, 선택적 또는 초점주의 등의 3가지 측면으로 구분된다.

⑤ 시각구성능력(시공간 기능)

시공간적 지각능력의 손상은 구성장애 또는 구성실행증(Constructional Apraxia)을 초래한다. 구성장애는 1차원 및 2차원의 자극을 토대로 2차원 또는 3차원으로 된 대상이나 형태를 구성하는 능력에서 결함을 나타내는 장애로서, 특히 두정엽의 병변과 밀접한 관련이 있는 것으로 알려져 있다.

⑥ 집행기능(실행기능)

집행기능은 개념형성 및 추론을 통해 문제를 해결하거나 계획하며, 상황에 부합하는 판단 및 적절한 행동을 하도록 하는 고차적인 기능이다.

유사문제유형

신경심리평가에서 일반적으로 다루어야 하는 주요 평가영역을 7가지 쓰고, 각각의 대표적인 검사도구를 한 가지씩 제시하시오.

045 종합심리검사 I

임상장면에서는 환자의 신경심리평가를 위해 종합심리검사인 풀배터리(Full Battery)를 실시한다. 이러한 풀배터리에는 보통 지능검사가 포함되는데, 풀배터리에 지능검사를 넣는 이유를 5가지 쓰시오.

점 수	5점 배점 문제로 출제됩니다.
문제해결 키워드	보통 일반인들은 지능검사를 아동 및 청소년의 지적 능력을 평가하기 위한 도구로 생각하는 경향이 있습니다. 그로 인해 이미 오래 전 학습장면을 떠난 성인 환자를 대상으로 지능검사를 실시하고자 할 때 그에 대한 거부감을 표현하는 경우들을 볼 수 있습니다. 그러나 정신건강의학과나 심리상담 관련 기관에서 실시하는 종합심리검사(Full Battery) 안에는 거의 대부분 지능검사가 포함되어 있습니다.
기출 데이터 ★★	18, 21년 기출

PART 2

모범답안

① 개인의 신경학적 문제와 정신건강의학적 문제를 감별진단하는 데 사용된다.
② 개인의 성격적 · 정서적 특징을 파악하는 데 사용된다.
③ 개인의 적응에 도움을 주는 강점은 물론 장애를 일으키는 약점을 파악하는 데 사용된다.
④ 개인의 인지적 특성은 물론 신체감각, 운동기능 등을 파악하는 데 사용된다.
⑤ 수검 과정에서의 직접적인 행동관찰을 통해 적응적 혹은 부적응적 행동 양상을 이해하는 자료로 사용된다.

046 종합심리검사 II

흔히 일반 종합심리검사(Full Battery)에서 사용하는 검사 중 신경심리검사로서의 역할을 할 수 있는 검사를 2가지 쓰시오.

점 수	4점 배점 문제로 출제됩니다.
문제해결 키워드	일반 종합심리검사에 포함되는 하위검사들에서 엄밀한 의미로 신경인지기능을 측정한다고 말할 수 있는 검사도구는 2가지 정도로 간추릴 수 있습니다.
기출 데이터 ★★	16, 23년 기출

모범답안

① 웩슬러지능검사(WAIS ; Wechsler Adult Intelligence Scale)

㉠ 지능검사는 신경심리검사가 개발되기 이전부터 인지기능의 손상을 평가하는 보편적인 도구로 널리 사용되어 왔다. 그 이유는 뇌손상의 결과로 나타나는 대표적인 손상이 일반적인 지적 능력이기 때문이다. 즉, 뇌손상 후 원래의 지능보다 양적으로 저하되어 문제해결, 계산능력, 추상적 사고 등 다양한 능력에 걸쳐 손상이 나타난다. 특히 그와 같은 능력들 간에 종종 편차가 나타나는데, 이는 지능의 구성요소 중 어떤 능력이 더 손상되었는지를 파악할 수 있도록 한다.

㉡ 지능검사 중 가장 보편적으로 사용되는 웩슬러지능검사는 인지기능의 기저수준을 결정하는 데 매우 유용한 것으로 입증되어 왔다. 따라서 개별적인 기능을 측정하는 검사들에 비해 병전 지능을 추정하는 데 널리 사용되고 있으며, 이는 법의학적 측면에서 법적 판단의 근거가 되기도 한다.

㉢ 웩슬러지능검사를 신경심리학적으로 활용한 연구자들은 각 소검사들이 다양한 뇌손상에 차별적으로 민감하다고 가정하고, 뇌손상의 위치나 심각도에 따른 지수점수의 차이 혹은 소검사 패턴의 차이에 대해 연구하고 있다. 이는 뇌의 좌반구 손상이 언어이해지수(VCI)의 저하를, 뇌의 우반구 손상이 지각추론지수(PRI)의 저하를 초래한다는 근거에서 비롯된 것으로, 특히 언어이해지수(VCI)와 지각추론지수(PRI)의 점수 차이가 클수록 뇌손상 가능성이 크다고 볼 수 있다.

② 벤더게슈탈트검사(BGT ; Bender Gestalt Test)

㉠ 벤더게슈탈트검사에 사용되는 9장의 카드로 구성된 도형들은 형태심리학의 창시자인 베르타이머(Wertheimer)가 지각의 형태학적 측면을 연구하기 위해 고안한 것으로서, 이를 허트(Hutt)가 원 도형과 보다 유사한 자극으로 구성된 검사를 개발하여 검사의 실시 및 해석에 대한 새로운 지침인 'HABGT(Hutt Adaptation of the Bender Gestalt Test)'을 제시함으로써 심리검사 도구로 그 유용성을 인정받게 되었다.

㉡ 베르타이머의 형태심리학적 논리에 따르면 조직된 전체 혹은 구조화된 단위는 인간의 일차적 지각형태이며, 통합된 지각의 상실 혹은 왜곡된 지각은 여러 형태의 비정상적 · 정신병리적 징후일 수 있다는 것이다. 이와 같은 논리에 따라 벤더게슈탈트검사는 수검자의 지각 과정을 분석하여 지각상의 오류나 통합 과정상의 오류를 파악하는 것은 물론 시각-운동기능도 평가할 수 있다는 점에서 특히 간편 신경인지기능검사로서 매우 유용하게 사용되고 있다.

㉢ 벤더게슈탈트검사는 도형의 지각적 회전, 퇴영, 단순화, 파편화, 중첩의 어려움, 보속성 등 뇌손상의 징후로 해석할 수 있는 채점체계를 갖추고 있다.

제 2 과목 기초심리상담

047 초기면담

초기면담 과정에 포함되어야 할 내담자에 대한 행동관찰의 요소 7가지를 쓰시오.

점 수	• 7점 배점 문제로 출제됩니다. • 요소당 1점씩 채점됩니다. • 7가지를 모두 쓰라고 제시했기 때문에 누락 시 감점될 수 있습니다.
문제해결 키워드	• 초기면담의 목표와 전체적인 내용을 설명할 수 있어야 합니다. • 내담자의 행동관찰 요소를 3~4가지 제시하고 간단하게 설명하라는 문제로 출제될 수도 있습니다.
기출 데이터 ★★★★	03, 06, 13, 16, 19년 기출

모범답안

① 내담자의 말과 표현
② 신체동작
③ 면담태도
④ 용모 및 외모
⑤ 정서적 반응
⑥ 이해력(사고력 · 논리력 · 추리력)
⑦ 의사소통능력(언어적 · 비언어적 의사소통능력) 등

유사문제유형

초기면담 과정에서의 행동관찰의 요소 혹은 초기면담 과정에서 다루어지는 영역에 관해 설명하시오.

★ 초기면담 과정에서의 행동관찰 요소는 교재에 따라 다르게 제시되고 있기 때문에, 출제자 혹은 채점자의 기준에 따라 다음과 같은 답안도 가능합니다.
① 내담자의 외양 및 행동
② 언어 및 대화
③ 사고내용
④ 감각동작기능
⑤ 인지기능
⑥ 정서기능
⑦ 통찰 및 판단

048 면접의 방법

상담을 위한 면접에서는 내담자의 문제와 상담의 목표에 관계없이 모든 면접에서 공통적인 기본방법이 있다. 면접의 기본방법을 5가지 쓰시오.

점 수	5점 배점 문제로 출제됩니다.
문제해결 키워드	• 상담을 위한 면접의 기본방법은 여러 가지가 있는 만큼, 다양한 답안이 도출될 수 있습니다. • 이 문제의 경우에는 비교적 정확한 출처가 있는 것으로 생각되므로, '이장호, 『상담심리학』, 박영사 刊'을 참고하여 답안을 작성하였습니다.
기출 데이터 ★	22년 기출

모범답안

① 경청(Listening)

경청은 내담자의 말과 행동에 대해 상담자가 선택적으로 주목하는 것이다. 이는 내담자가 생각이나 감정을 자유롭게 표현하고 자신의 방식으로 문제를 탐색하도록 함으로써 상담에 대한 책임감을 느끼게 한다.

② 반영(Reflection)

반영은 내담자의 말과 행동에서 표현되는 감정 · 생각 · 태도를 상담자가 다른 참신한 말로 부연하는 것이다. 이는 내담자의 자기 이해를 돕고, 내담자에게 자신이 이해받는다는 인식을 준다.

③ 명료화(Clarification)

명료화는 내담자의 말 속에 포함된 불분명한 내용의 의미를 상담자가 분명하게 밝히는 것이다. 이는 내담자가 애매하게만 느끼던 내용이나 불충분하게 이해한 자료를 상담자가 말로 정리해 줌으로써 내담자에게 자기가 이해받는다고 느끼게 하며, 자신이 미처 생각하지 못했던 측면을 다시 생각하도록 하는 자극제가 된다.

④ 직면(Confrontation)

직면은 내담자가 모르고 있거나 인정하기를 거부하는 생각과 느낌에 대해 주목하도록 하는 것이다. 이는 내담자의 변화와 성장을 증진시킬 수도 있는 반면, 내담자에게 심리적인 위협이나 상처를 줄 수도 있다.

⑤ 해석(Interpretation)

해석은 내담자에게 어떤 의미를 전달하고자 하는 상담자의 시도로서, 내담자의 여러 언행들 간의 관계 및 의미에 대한 가설을 제시하는 것이다. 이는 무의식에 관한 분석적 전문성을 요하는 것으로, 내담자가 의식하지 못하는 의미까지 지적하고 설명한다.

049 상담목표 설정

상담과정에서 내담자의 주요 호소문제가 명확해지면 상담의 구체적인 목표를 설정하게 된다. 상담목표 설정 시 지켜야 할 기준을 6가지 제시하시오.

점 수	• 6점 배점 문제로 출제됩니다. • 요소당 1점씩 채점됩니다. • 6가지를 모두 쓰라고 제시했기 때문에 누락 시 감점될 수 있습니다.
문제해결 키워드	• 상담의 목표는 구체적이고, 실현가능해야 합니다. • 이건(Egan)의 목표설정 시 지켜야 할 기준을 작성하시면 됩니다.
기출 데이터 ★★★	11, 17, 21년 기출

PART 2

모범답안

① 목표는 행동보다는 결과 또는 성취로 진술되어야 한다.
② 목표는 검증이 가능하며, 구체적인 행동으로 이어질 수 있는 것이어야 한다.
③ 목표는 가시적이고 실제적인 차이로 나타나는 것이어야 한다.
④ 목표는 내담자의 능력 및 통제력을 고려한 현실적인 것이어야 한다.
⑤ 목표는 내담자의 가치에 적절한 것이어야 한다.
⑥ 목표는 도달을 위한 현실적인 기간이 설정되어야 한다.

더 알아보기 목표설정의 효과성 판단기준(Dyer & Vriend)

• 목표는 상담자와 내담자 간의 상호합의에 의해 이루어져야 한다.
• 목표는 구체적이고 명확하며, 달성하기 쉬운 것이어야 한다.
• 자기파괴적 행동을 보이는 내담자에게는 쉽게 달성할 수 있는 목표가 적합하다.
• 효과적으로 설정된 목표는 성취할 가능성이 높으며 성공지향적이다.
• 효과적으로 설정된 목표는 수량화 · 수치화 할 수 있으며 측정이 가능하다.
• 효과적으로 설정된 목표는 행동적이며 관찰이 가능하다.
• 효과적으로 설정된 목표는 내담자가 이를 명확히 이해하며 재진술할 수 있다.

050 상담관계

다음은 상담초기에 흔히 볼 수 있는 대화이다. 보기의 내용을 읽고 질문에 답하시오.

> 내담자 : 선생님, 저는 솔직히 확신이 서지 않습니다. 상담 받고 나면 과연 좋아질까요?
> 상담자 : 그렇게 말씀하시니 다행이군요. 솔직하게 이야기 한다는 것 자체가 쉽지 않거든요.
> 내담자 : 오해는 마세요. 선생님을 믿지 못해서가 아니에요. 단지, 상담을 받아도 나아지지 않는다면 어떻게 해야 할지 불안해서요.
> 상담자 : ____________

보기에서 내담자는 상담의 효과에 대한 의문과 회의를 표명하였다. 이와 같은 경우 상담자는 어떻게 반응해야 하며, 그러한 반응의 근거는 무엇인지 설명하시오.

점 수	• 5점 배점 문제로 출제됩니다. • 문제에서 반응과 반응의 근거 2가지를 질문하고 있으므로 모두 답해야 합니다.
문제해결 키워드	• 정해진 정답은 없기 때문에 '감정이입', '진실성', '온정과 인정'의 핵심 키워드가 잘 드러나도록 작성하면 됩니다. • 초기 상담에서 내담자와 관계형성을 해야 하는 근거를 상세하게 설명합니다.
기출 데이터 ★★★★	03, 06, 16, 20, 22년 기출

모범답안

(1) 상담자의 반응

"상담을 처음 받는 경우 누구나 긴장하고 불안해한답니다. 더욱이 자신의 속내 이야기를 다른 누군가에게 털어놓을 때에는 그만큼 주저하게 되고, 과연 그로 인해 문제가 해결될 지 오히려 더 큰 고민에 빠지게 될 지 걱정하게 되지요. 그러한 감정은 자연스러운 것이니 억지로 감추려고 할 필요는 없겠죠. 중요한 것은 ○○○ 님이 자신의 현재 감정을 솔직히 이야기하고 있다는 점이에요. 그 점에 있어서 저는 ○○○ 님과의 상담이 더욱 원활하게 진행될 수 있을 것이라 기대됩니다. 마음의 부담이나 불안에서 서서히 벗어나 자신의 문제와 그에 따른 감정을 진실되게 표현하세요. 저도 ○○○ 님과 함께 문제에 대해 고민하고 해결책을 찾을 수 있도록 노력할게요."

(2) 반응의 근거

① 상담의 초기단계에서 내담자는 상담에 대한 불안과 두려움, 그리고 자신의 문제에 대한 해결가능성을 사이에 두고 양가감정을 경험하게 된다.

② 상담자는 내담자의 양가감정을 해소함으로써 상담이 원활히 이루어질 수 있도록 내담자와 상호 긍정적인 친화관계를 형성할 필요가 있다.

③ 내담자가 상담의 효과에 대해 의문과 회의를 표명하는 것은 결국 내담자와 상담자 간에 아직 신뢰관계가 형성되지 않은 것으로 볼 수 있다.

④ '라포(Rapport)'는 상담자와 내담자 간의 친근감 및 신뢰감의 형성을 의미하는 것으로, 서로를 믿고 존중하는 감정의 교류에서 이루어지는 조화로운 인간관계이다.

⑤ 관계 형성, 즉 라포 형성은 상담자와 내담자 간의 상호적인 책임을 전제로 한다. 이를 통해 상담자는 감정이입, 진실성, 온정과 인정으로 내담자를 대하고, 내담자는 상담자와 협력하여 자신의 문제를 적극적으로 해결할 수 있는 것이다.

유사문제유형

상담의 초기단계에서 상담자의 바람직한 태도에 대해 설명하시오.

★ **상담자의 바람직한 태도**

① 내담자를 깊이 있게 이해하고 공감한다.
② 진실한 태도로 내담자와 대화한다.
③ 내담자를 완성된 인간으로 바라보며 존중한다.
④ 자신의 이기적인 목적을 위해 내담자를 이용하지 않아야 한다.

PART 2

더 알아보기 관계형성을 위한 상담자의 노력

- 감정이입
  내담자가 두려움 없이 상담자를 신뢰하고 좋은 관계를 유지하기 위해서는 상담자가 내담자의 기분과 경험 등을 이해할 수 있어야 한다.
- 진실성
  진실성은 상담자가 언어적 · 비언어적 표현의 일치를 통해 내담자로 하여금 신뢰감을 느낄 수 있도록 하는 것이다.
- 온정과 인정
  상담자와 내담자 간의 친밀감 속에서 내담자가 스스로 가치 있는 존재임을 느끼며, 자신의 긍정적 · 부정적 감정을 표현하도록 하는 것이다.

051 상담의 초기단계

상담의 초기단계에 반드시 이루어져야 하는 내용을 3가지 쓰시오.

점 수	3점 배점 문제로 출제됩니다.
문제해결 키워드	이 문제는 전형적인 상담학 분야의 내용에 해당합니다. 최근 임상심리사 자격시험에서는 상담학의 비중이 점차 커지고 있으므로, 상담학 관련 내용에 대한 충분한 학습이 필요합니다.
기출 데이터 ★★★	13, 16, 23년 기출

모범답안

① 상담관계(Rapport) 형성

㉠ 상담관계, 즉 라포는 상담자와 내담자 간의 친근감 및 신뢰감의 형성을 의미하는 것으로, 서로를 믿고 존중하는 감정의 교류에서 이루어지는 조화로운 인간관계이다.

㉡ 상담자는 관심기울이기(Attending), 적극적 경청(Active Listening) 등을 통해 내담자에게 일관된 관심과 공감적 반응을 나타내 보여야 한다.

② 내담자의 이해와 평가

㉠ 상담자는 내담자가 상담을 받으러 온 이유와 함께 내담자의 개인적 특성 및 관련 정보를 파악하여 내담자의 문제를 명료화해야 한다.

㉡ 상담자는 내담자의 언어적 정보는 물론 비언어적 정보를 수집하면서 내담자가 현실을 어떻게 지각하고 그에 대해 어떻게 반응하는지 이해할 수 있으며, 그에 따라 내담자를 어떻게 도울 수 있을지를 구체적으로 알 수 있게 된다.

③ 상담의 구조화

㉠ 상담의 효과를 최대화하기 위해 심리적 조력관계의 본질, 제한점, 목표 등을 규정하고 상담자와 내담자의 역할 및 책임, 바람직한 태도 등의 윤곽을 명백하게 하는 것이다.

㉡ 구조화의 방법으로는 시간의 제한, 행동의 제한, 상담자 역할의 구조화, 내담자 역할의 구조화, 상담과정 및 목표의 구조화, 비밀보호의 원칙 및 한계 등이 있다.

④ 상담목표설정

㉠ 상담목표는 상담의 방향을 제시하고 효과적인 상담전략을 계획할 수 있도록 하며, 상담의 진행상황 및 유효성 여부를 판단할 수 있는 기준을 제시해 준다.

㉡ 상담자는 내담자와 협의하여 상담을 통해 달성할 구체적인 목표를 설정하여야 한다. 이때 목표는 현실적이면서 구체적인 행동으로 이어질 수 있는 것이어야 한다.

더 알아보기 상담의 구조화에 포함되는 사항

- 시간의 제한
- 행동의 제한
- 내담자 역할의 구조화
- 상담자 역할의 구조화
- 상담과정 및 목표의 구조화
- 비밀보호의 원칙 및 한계

052 상담전문가의 윤리원칙

상담자가 상담 시 내담자와의 관계에 대해 알고 있어야 할 윤리문제에 대한 기본원칙을 쓰고, 행동지침을 5가지 기술하시오.

점 수	• 5점 배점 문제로 출제됩니다. • 5가지를 제시하고 약간의 설명을 작성해야 합니다.
문제해결 키워드	상담의 특정 주제나 영역에서의 윤리적 지침이 아니라 일반적 측면에서의 윤리적 지침에 관한 것이므로, 명확한 정답이 있는 것은 아닙니다.
기출 데이터 ★★★★	06, 12, 17, 20, 21년 기출

모범답안

(1) 기본원칙

상담자는 내담자의 권리 및 상담자 자신의 상담에 대한 윤리관의 중요성을 충분히 인식하고 있어야 하며, 어떤 경우에도 내담자의 인간으로서의 가치는 존중받고 보호되어야 한다.

(2) 행동지침

① 상담자는 자신이 어떠한 개인적 욕구를 가지고 있으며, 자신의 그와 같은 욕구가 내담자에게 어떠한 영향을 미치는지를 명확히 자각하고 있어야 한다.

② 상담자는 내담자의 복리에 대한 책임이 있으며, 내담자를 자신의 욕구충족을 위해 이용해서는 안 된다.

③ 상담자는 치료적 관계를 명백히 해칠 수 있는 내담자와의 어떠한 다른 관계(예 금전적 관계, 성적 관계 등)를 가져서는 안 된다.

④ 상담자는 내담자의 비밀을 보장해야 하며, 상담관계에 부정적인 영향을 미칠 수 있는 다른 문제들에 대해 알릴 책임이 있다.

⑤ 상담자는 자신의 태도, 가치관 등을 자각하고 있어야 하며, 그것이 상담관계 및 내담자에게 어떠한 영향을 미치는지를 인식하고 있어야 한다.

⑥ 상담자는 상담의 목표, 절차 등을 비롯하여 상담관계를 시작함으로써 내담자에게 닥칠지도 모르는 위험, 상담 결정을 내리기 전에 고려해야 할 요인들에 대해 미리 내담자에게 알려 주어야 한다.

⑦ 상담자는 자신이 제공할 수 있는 전문적인 도움의 한계를 명확히 알고 있어야 하며, 내담자에게 적절한 도움을 제공하기 어렵다고 판단하는 경우, 지도감독자의 도움을 받거나 내담자를 다른 상담자에게 의뢰해야 한다.

⑧ 상담자는 상담과정에서 자신이 내담자에게 모델이 될 수 있음을 알아야 하며, 따라서 상담자 자신의 생활에서 내담자에게 영향을 미칠 수 있는 일이나 행동을 인식하고 있어야 한다.

유사문제유형

상담자와 내담자의 상담관계에서 제시되는 일반적인 윤리적 지침을 5가지 기술하시오.

더 알아보기 **상담자와 내담자 간 다중관계가 바람직하지 않은 이유**

- 상담자가 내담자와 개인적인 친분관계를 계속적으로 유지하는 것이 상담자로서의 치료적 활동에 영향을 줄 수 있다. 일반적으로 상담자들이 자신의 가족과 상담관계를 맺지 않는 이유 중 하나는 서로 간의 관계가 밀착되어 있으므로 한 사람의 문제가 다른 사람의 문제와 서로 얽혀 있는 경우가 많기 때문이다.
- 상담자는 내담자에 비해 상담관계에서 더 많은 영향력을 행사하는 위치에 있다. 상담자는 개인적인 관계에서 생겨난 미묘한 문제들과 관련하여 상담시간 중 내담자에게 부당한 영향력을 행사할 위험이 있다.

053 심리상담사의 윤리원칙

심리상담사가 준수해야 할 윤리적인 의무 중 '이중관계 지양'에 대해 설명하시오.

점 수	• 5점 배점 문제로 출제됩니다. • 구체적으로 몇 가지를 설명하라고 제시하지 않고 있습니다. 적절하게 2~3가지 정도 제시해 설명하시기 바랍니다.
문제해결 키워드	'윤리적 의무'는 시험을 대비하기 위해서만이 아니라 임상심리사가 되기 위해 반드시 숙지하고 실천해야할 사항입니다.
기출 데이터 ★★	10, 16년 기출

PART 2

모범답안

① 이중관계는 상담자가 내담자와 함께 상담자-내담자로서의 관계를 맺는 것 이외에 다른 관계를 맺는 것을 말한다. 금전이나 상품의 거래관계, 친구나 친척 등 지인과의 친밀관계, 이성친구나 애인과의 성적 관계 등이 대표적인 이중관계에 해당한다.

② 이중관계로 인해 상담자와 내담자가 거래관계를 맺는 경우 상대적으로 약자에 해당하는 어느 한쪽이 상대방의 부탁을 거절하기 어렵게 되며, 상담시간에 집중할 수도 없게 된다. 또한 이중관계로 인해 친밀관계나 성적 관계를 맺는 경우 서로 간의 정확한 공감을 방해할 수 있으며, 전이 혹은 역전이 감정을 가지게 될 수도 있다.

③ 이중관계가 항상 비윤리적이고 비전문적인 것은 아니지만, 심리상담 관련 전문가 협회의 윤리강령들은 이중관계에 대해 공통적으로 전문가로서의 객관성을 손상시킬 수 있음을 경고하고 있다. 그러나 이는 이중관계의 전면적인 금지를 의미한다기보다는 이중관계의 유해한 이용 가능성을 경계하는 것이다. 더욱이 윤리강령이 이중관계를 개괄적이고 일반적인 표현으로 나타내고 있는 만큼, 전문가로서 심리상담자는 각 상황에 따른 최선의 판단을 통해 이중관계의 잠재적 유해성 여부에 대해 세심한 주의를 기울일 필요가 있다.

※ 이중관계는 현재 다중관계라는 용어로 변경되어 사용되고 있습니다.

더 알아보기 **한국상담심리학회 윤리강령 중 상담관계 요약**(출처 : 한국상담심리학회)

• 다중관계

상담심리사는 객관성과 전문적인 판단에 영향을 미칠 수 있는 다중관계는 피해야 한다. 가까운 친구나 친인척 등을 내담자로 받아들이면 다중관계가 되어 전문적 상담의 성과를 기대할 수 없으므로, 다른 전문가에게 의뢰하여 도움을 준다.

• 성적 관계

– 상담심리사는 내담자와 어떠한 종류이든 성적 관계는 피해야 한다.

– 상담심리사는 이전에 성적인 관계를 가졌던 사람을 내담자로 받아들이지 않는다.

• 여러 명의 내담자와의 관계

상담심리사가 서로 관계를 맺고 있는 둘 혹은 그 이상의 내담자들(예 남편과 아내, 부모와 자녀)에게 상담을 제공할 것을 동의할 경우, 상담심리사는 누가 내담자이며 각 사람과 어떠한 관계를 맺게 될지 그 특성에 대해 명확히 하고 상담을 시작해야 한다.

054 임상심리사의 윤리원칙

임상심리사의 윤리원칙으로서 유능성의 의미를 설명하고, 이를 위반하는 이유를 3가지 쓰시오.

점 수	• 5점 배점 문제로 출제됩니다. • 문제에서 요구하는 의미와 이유까지 모두 작성해야 합니다. • 누락 시 부분점수가 감점됩니다.
문제해결 키워드	• 임상심리사의 유능성에 관한 문제는 1차 필기시험에서도 자주 출제되는 개념입니다. • '유능성' 외의 다른 개념들도 숙지합니다.
기출 데이터 ★★★★	11, 16, 19, 22년 기출

모범답안

(1) 유능성의 의미

'유능성'은 임상심리사 또는 임상심리학자가 자신의 강점과 약점, 자신이 가지고 있는 기술과 그것의 한계에 대해 자각해야 한다는 것이다. 그리하여 지속적인 교육수련으로 최신의 기술을 습득하며, 이를 통해 사회의 변화에 민첩하게 대응해야 한다는 것이다.

(2) 유능성의 원칙을 위반하는 이유

① 개인적인 심리적 문제를 가지고 있는 경우
② 너무 많은 부담으로 인해 지친 경우
③ 교만하여 더 이상 배우지 않고 배울 필요가 없다고 생각하는 경우
④ 해당되는 특정 전문교육수련을 받지 않고도 특정 내담자군을 잘 다룰 수 있다고 여기는 경우

더 알아보기

이와 관련된 문제가 2004년, 2011년, 2015년 1차 필기시험에 출제되었습니다. 확인학습을 위해 다음의 문제도 풀어보시기 바랍니다.

임상심리사가 개인적인 심리적 문제를 갖고 있다든지, 너무 많은 부담 때문에 지쳐 있다든지, 교만하여 더 이상 배우지 않고 배울 필요가 없다고 생각하거나, 해당되는 특정 전문교육수련을 받지 않고도 특정 내담자군을 잘 다룰 수 있다고 여긴다면, 이는 다음 중 어느 항목의 윤리적 원칙에 위반되는 것인가?

① 유능성　　② 성실성
③ 권리의 존엄성　　④ 사회적 책임

답 ①

임상심리사 윤리규정에서 비밀유지를 파기하거나 비밀을 노출해도 되는 경우로 가장 적합한 것은?

① 기혼인 내담자의 외도 사실을 알았을 때
② 성인인 내담자가 초등학교 시절 물건을 훔친 사실을 알았을 때
③ 말기암 환자인 내담자가 구체적인 자살계획을 보고할 때
④ 우울장애를 지닌 내담자가 "지구상의 모든 인간이 다 죽었으면 좋겠다"고 보고할 때

답 ③

055 집단상담 Ⅰ

집단치료의 치료적 요인을 5가지 기술하시오.

점 수	• 5점 배점 문제로 출제됩니다. • '기술하시오' 문제이므로 간략하게 풀어서 답안을 작성하시면 됩니다.
문제해결 키워드	얄롬(Yalom)의 집단상담(집단치료)의 치료적 요인 중 5가지를 간략하게 설명하면서 작성하세요.
기출 데이터 ★★★★	09, 12, 13, 14, 17, 18, 19, 21, 24년 기출

모범답안

① 희망의 고취(Instillation of Hope)
집단은 집단성원들에게 문제가 개선될 수 있다는 희망을 심어 주는데, 이때 희망 그 자체가 치료적 효과를 가질 수 있다.

② 보편성(Universality)
참여자 자신만 심각한 문제, 생각, 충동을 가진 것이 아니라 다른 사람들도 자기와 비슷한 갈등과 생활경험, 문제를 가지고 있다는 것을 알고 위로를 얻는다.

③ 정보전달(Imparting Information)
집단성원들은 집단상담자에게서 다양한 정보를 습득함으로써 자신의 문제를 더욱 명확하게 이해하며, 동료 참여자에게서 직 · 간접적인 제안, 지도, 충고 등을 얻는다.

④ 이타심(Altruism)
집단성원들은 위로, 지지, 제안 등을 통해 서로 도움을 주고받는다. 자신도 누군가에게 도움을 줄 수 있고, 타인에게 중요할 수 있다는 발견은 자존감을 높여 준다.

⑤ 1차 가족집단의 교정적 재현(The Corrective Recapitulation of the Primary Family Group)
집단은 가족과 유사한 점이 있다. 다시 말해 집단상담자는 부모, 집단성원은 형제자매가 되는 것이다. 집단성원은 부모 형제들과 교류하면서 집단 내에서 상호작용을 재현하는데, 그 과정을 통해 그동안 해결되지 못한 갈등상황에 대해 탐색하고 도전한다.

⑥ 사회기술의 발달(Development of Socializing Techniques)
집단성원으로부터의 피드백이나 특정 사회기술에 대한 학습을 통해 대인관계에 필요한 사회기술을 개발한다.

⑦ 모방행동(Imitative Behavior)
집단상담자와 집단성원은 새로운 행동을 배우는 데 좋은 모델이 될 수 있다.

⑧ 대인관계학습(Interpersonal Learning)
집단성원과의 상호작용을 통해 자신의 대인관계에 대한 통찰과 자신이 원하는 관계형성에 대한 아이디어를 얻을 수 있으며, 대인관계 형성의 새로운 방식을 시험할 수 있는 장이 된다.

⑨ 집단응집력(Group Cohesiveness)
집단 내에서 자신이 인정받고, 수용된다는 소속감은 그 자체로 집단성원의 긍정적인 변화에 영향을 미친다.

⑩ 정화(Catharsis)
집단 내의 비교적 안전한 분위기 속에서 집단성원은 그동안 억압된 감정을 자유롭게 발산할 수 있다.

⑪ 실존적 요인들(Existential Factors)
집단성원과의 경험 공유를 통해 자신이 다른 사람에게 아무리 많은 지도와 후원을 받는다고 해도 자신의 인생에 대한 궁극적인 책임은 스스로에게 있다는 것을 배운다.

056 집단상담 II

집단상담의 집단과정에서 집단구성 시 현실적 고려사항을 5가지 쓰시오.

점 수	5점 배점 문제로 출제됩니다.
문제해결 키워드	• 집단상담에서 집단구성 시 고려사항에 대해서는 여러 교재에서 약간씩 다르게 설명하고 있으나, 여기서는 문제상의 표현과 마찬가지로 "집단구성 시 현실적 고려사항"을 구체적으로 소개하고 있는 'Corey, M. S. et al., 『집단상담 과정과 실제』, 김명권 外 譯, 시그마프레스 刊'의 해당 내용을 토대로 답안을 작성하였습니다. • 문제상에서 고려사항을 5가지 쓰도록 요구하고 있으므로, 위의 해설에서 내용상 서로 연결되어 있는 '③ 회기의 빈도와 기간'과 '④ 전체 집단회기의 길이'를 하나로 통합하여 쓰도록 합니다.
기출 데이터 ★★	18, 24년 기출

모범답안

① 집단성원(집단원) 구성

㉠ 집단의 구성원이 동질적인가 혹은 이질적인가 하는 것은 집단의 목표에 의해 결정된다.

㉡ 일반적으로 어떤 욕구와 목표를 가진 특정 집단의 경우 이질적인 사람들보다는 동질적인 사람들로 집단을 구성하는 것이 낫다. 특히 집단의 동질성은 집단의 응집력을 높이며, 그들의 삶의 위기에 대한 개방적이고 깊숙한 탐색을 할 수 있도록 한다.

② 집단의 크기

㉠ 집단의 크기는 보통 집단성원들의 연령, 집단상담자의 경험정도, 집단의 형태, 집단에서 탐색할 문제 등에 따라 달라질 수 있다.

㉡ 집단의 크기는 집단성원 간의 상호작용을 위한 충분한 기회를 제공해 주고, 모든 집단성원들이 참여하여 '집단'이라는 느낌을 가질 수 있는 정도가 적당하다. 예를 들어 아동 대상 집단의 크기는 3~4명, 청소년 대상 집단의 크기는 6~8명이 적당하며, 매주 만나는 성인 집단의 경우 집단상담자 한 명에 집단성원 8명이 이상적인 것으로 알려져 있다.

③ 회기의 빈도와 기간

㉠ 일반적으로 아동 및 청소년 대상 집단의 경우 비교적 짧은 시간동안 자주 만나도록 하는 것이 주의력을 집중시키는 데 유리하다. 반면에 대학생 및 성인 대상 집단의 경우 매주 한 회기 2시간 정도가 적당한데, 이는 집중적인 작업이 가능할 만큼 충분한 동시에 지루하지 않을 정도의 시간이다.

㉡ 기본적인 기능이 뒤떨어지는 입원환자 집단의 경우 매일 45분씩 만나는 것이 집중력을 유지시키는 데 유리한 반면, 기능수준이 상대적으로 양호한 입원환자 집단의 경우 한 주에 여러 번 만나되 한 회기의 길이를 90분 정도로 길게 잡는 것이 효과적이다.

④ 전체 집단회기의 길이

㉠ 대부분의 집단프로그램은 시작할 때부터 종료일자를 명시하므로, 집단성원들은 자신들이 참여하고 있는 프로그램의 시간적 한계에 대해 명확히 알게 된다. 이와 같이 종료일이 정해진 집단은 집단성원들에게 그들이 개인적인 목표를 달성할 수 있는 시간이 영원하지 않다는 것을 깨닫도록 한다.

㉡ 어떤 집단은 동일한 집단성원으로 구성되어 여러 해 동안 진행되는데, 이러한 구조는 집단성원이 문제사항을 깊이 있게 다루도록 하며, 인생의 변화를 위한 도전을 돕는다.

⑤ 집단실시 장소

㉠ 집단실시 장소를 선정하는 데 있어서 중요한 점은 집단성원들의 사생활을 보호해야 한다는 점이다. 즉, 집단성원은 옆방에서 다른 사람들이 자신의 이야기를 듣지 않는다는 안도감을 가질 수 있어야 한다.

㉡ 혼란스러운 병실이나 강당은 바람직하지 않으며, 의자나 탁자 등으로 혼잡스럽지 않고 편안히 앉을 수 있는 집단상담실이 좋다. 특히 집단성원들이 둥글게 원형으로 앉는 배열이 효과적인데, 이는 모든 참여자들이 서로를 바라볼 수 있고 자유롭게 신체적인 접촉을 할 수 있기 때문이다.

⑥ 개방집단 대 폐쇄집단

㉠ 개방집단은 회원들의 변화로 인해 집단진행 동안 몇몇 집단성원들이 나가고 새로운 집단성원들이 들어온다. 반면에 폐쇄집단은 일반적으로 시간적인 제한이 있는데, 새로운 회원을 받지 않은 채 집단이 끝날 때까지 원래의 집단성원들이 계속해서 집단에 남아있는 것을 원칙으로 한다.

㉡ 개방집단은 집단성원들의 변화를 통해 집단성원들을 자극시키는 장점이 있는 반면, 집단성원들 간 결속력이 약해질 수 있는 단점도 있다. 특히 개방집단에서는 새로운 집단성원을 한 번에 한 명씩 받아들이는 것이 좋으며, 입회면담 때 집단의 기본원칙에 대해 설명하는 것이 바람직하다.

더 알아보기 집단상담의 장·단점

장 점	단 점
• 상담자가 다수의 내담자들과 접촉하므로 시간과 비용면에서 경제적이다. • 외적인 비난이나 처벌에 대한 두려움 없이 새로운 행동을 현실검증할 기회를 제공한다. • 다양한 성격의 소유자들과 접할 수 있으므로 개인상담이 줄 수 없는 여러 가지 풍부한 학습경험을 제공한다. • 집단성원들 간의 친밀감을 통해 여러 가지 문제를 더욱 쉽게 다룰 수 있으며, 특히 대인관계적 문제에 효과적으로 접근할 수 있다. • 동료들 간에 서로의 관심사나 감정들을 터놓고 이야기할 수 있으므로 소속감과 동료의식을 발전시킬 수 있다. • 내담자가 개인상담을 기피하는 경우 우선 집단상담을 통해 개인상담의 필요성을 느끼도록 하며, 내담자가 용기를 얻어서 개인상담에 응하도록 유도할 수 있다.	• 집단장면에서는 집단성원의 비밀보장에 한계가 있다. • 집단성원 개개인에 대해 주의를 기울여 수용하고 이해하는 데 한계가 있다. • 집단성원의 성격적 특징이나 집단 활동에의 부적응 등에 따라 예상치 못한 부정적인 결과를 초래할 수 있다. • 집단 내 개별성원들에게 집단의 규준과 기대치에 부응해야 한다는 압박감을 유발할 수 있다. • 집단성원이 집단상담의 수용적 분위기에 도취되어 집단경험 자체를 목적으로 삼는 경우, 오히려 현실도피의 기회를 제공할 우려가 있다. • 집단지도에 대한 관심의 급격한 증가로 인해 적절한 훈련이나 경험 없이 집단상담의 지도자가 될 경우, 부적절한 지도성의 문제를 야기할 수 있다.

057 상담의 기술 I

다음 보기의 사례를 읽고 물음에 답하시오.

> 내담자 : 이건 정말 믿을 수가 없어요. 선생님, 지난번 상담을 받을 때 남편이 집에 일찍 들어오겠다고 약속했었잖아요? 그런데 정말로 남편이 제시간에 맞춰 집에 오더라고요. 그렇게 약속을 잘 지킬 줄 몰랐는데, 정말 깜짝 놀랐다니까요.

보기에서 내담자의 말에 대한 반영적 반응을 적절히 제시하시오.

점 수	• 3점 또는 5점 배점 문제로 출제됩니다. • 정해진 정답이 없습니다. '반영'의 특징이 잘 드러나는 예시를 제시하세요.
문제해결 키워드	• '반영'뿐만 아니라 상담의 기술은 모두 숙지하고 있어야 합니다. • 1차 필기시험에도 자주 출제되는 유형으로 상담기술의 종류와 특징 등을 숙지하세요.
기출 데이터 ★★★★	03, 05, 12, 14, 18, 20년 기출

모범답안

상담자 : 남편이 집에 일찍 들어오겠다고 약속했는데, 정말로 집에 일찍 들어오는 모습을 보고 뜻밖의 상황에 무척이나 놀랐나 보군요.

유사문제유형

보기에서 내담자의 말에 대한 상담자의 공감적 반응을 적절히 제시하시오. (※ 191p 참고)

더 알아보기 반영(Reflection)

- '반영'은 내담자가 전달하고자 하는 의사의 본질을 스스로 볼 수 있도록 내담자의 말과 행동에서 표현되는 감정 · 생각 · 태도를 상담자가 다른 참신한 말로 부연하는 기술을 말한다.
- 상담자는 반영을 통해 내담자의 태도를 거울에 비추어 주듯이 보여줌으로써 내담자의 자기 이해를 도와줄 뿐만 아니라 내담자에게 자기가 이해받고 있다는 인식을 주게 된다.
- 반영을 할 때는 말로 표현된 내용 자체보다는 그것의 밑바탕에 깔려 있는 감정을 그대로 되돌려 주기 위해 노력해야 한다.

058 상담의 기술 II

내담자의 말을 경청하는 데 있어서 좋은 상담자가 되기 위한 구체적인 방법을 5가지 쓰시오.

점 수	• 5점 배점 문제로 출제됩니다. • 문제에서 요구하는 방법 수에 따라 부분점수가 채점될 수 있습니다.
문제해결 키워드	경청의 특징 및 경청의 종류 등 상담의 기술은 빈번히 출제되니 충분히 이해해 두시는 것이 좋습니다.
기출 데이터 ★★★	06, 15, 20년 기출

모범답안

① 반응하기에 앞서 내담자가 자신에 대해 충분히 말할 시간을 제공한다.
② 내담자가 심각하게 말하고 있는 것을 스스로 그렇게 받아들인다.
③ 내담자의 말에 충분한 주의를 기울인다.
④ 고개를 끄덕이거나 '음…….'하는 등의 최소 반응으로 주의를 기울이고 있음을 보여준다.
⑤ 필요한 질문을 하며, 불필요한 질문을 삼간다.

유사문제유형

• 상담장면에서 '생산적인 경청'을 하는 상담자가 보이는 구체적인 태도를 5가지 쓰시오.
• 내담자의 말을 경청하는 데 있어서 좋은 상담자가 되기 위한 구체적인 방법을 5가지 쓰시오.

★ 이 문제는 "생산적인 경청을 하는 상담자의 태도", "생산적인 경청자의 특징", "내담자의 말을 경청하는 데 있어서 좋은 상담자가 되기 위한 방법", "좋은 경청자의 요건", "효과적인 경청의 구체적인 방법" 등 다양한 방식으로 제시될 수 있습니다. 다만, 경청의 올바른 방법 혹은 효과적인 방법에 대해서는 학자 · 교재마다 약간씩 다르게 기술하고 있으므로, 이 점에 유념하여 가장 정답에 근접한 것으로 보이는 내용들을 선별하고 적절한 답안으로 제시하시기 바랍니다.

더 알아보기 경청의 종류(경청의 수준)

• 수동적 경청 또는 경청하지 않기(Passive Listening or Not Listening)
• 경청하는 척 하기(Pretend Listening)
• 선택적 경청(Selective Listening)
• 오해의 경청(Misunderstood Listening)
• 사실만 경청(Attentive 'Data-only' Listening)
• 적극적 경청(Active Listening)
• 공감적 경청(Empathic Listening)
• 촉진적 경청(Facilitative Listening)

059 상담의 기술 Ⅲ

다음 보기의 내담자의 진술에 대한 상담자의 반응은 각각 어떤 개입기술에 해당하는지 (   ) 안에 쓰시오.

> 내담자 : 저는 지난 밤 너무도 기이한 꿈을 꾸었어요. 아버지와 함께 숲으로 사냥을 나섰는데요. 사냥감에 온통 주의를 기울이느라 깊숙한 곳까지 다다르게 되었죠. 그런데 갑자기 바위 뒤편에서 커다란 물체가 튀어나오는 거예요. 저는 순간 사슴인 줄 알고 방아쇠를 당겼지요. 어렴풋이 그 물체가 쓰러진 듯이 보였고, 저는 두근거리는 가슴을 부여잡은 채 서서히 다가갔어요. 가까이 가보니 그 물체는 사슴이 아닌 아버지였어요. 아버지가 숨을 쉬지 않은 채 죽어 있더라고요. 저는 너무도 황당하고 두려워서 잠에서 깨어났는데요. 등에서는 식은땀이 줄줄 흐르더라고요.

(1) "당신은 지난 밤 꿈으로 인해 정말 많이 놀랐나 보군요." (①)

(2) "황당하고 두려웠다는 것은 구체적으로 어떤 죄책감이 들었다는 의미인가요?" (②)

(3) "평소 아버지를 미워했나요?" (③)

(4) "아버지에 대한 적개심이 총을 오작동하도록 만든 것은 아닌가요?" (④)

점 수	• 4점 배점 문제로 출제됩니다. • 요소당 1점씩 채점됩니다.
문제해결 키워드	2차 시험에서는 하나의 사례를 제시하고 여러 가지를 묻는 사례제시형 문제가 자주 출제됩니다. 따라서 다양한 사례 예시를 접하며 문제유형에 익숙해질 수 있도록 합니다.
기출 데이터 ★★	13, 20년 기출

모범답안

① 반영(Reflection)
② 명료화(Clarification)
③ 직면(Confrontation)
④ 해석(Interpretation)

더 알아보기

각각의 개념에 대한 설명을 덧붙이면 다음과 같습니다.

• 반영(Reflection)
내담자가 전달하고자 하는 의사의 본질을 스스로 볼 수 있도록 내담자의 말과 행동에서 표현되는 감정 · 생각 · 태도를 상담자가 다른 참신한 말로 부연하는 기술을 말한다.

• 명료화(Clarification)
내담자의 말 속에 포함되어 있는 불분명한 내용에 대해 상담자가 그 의미를 분명하게 밝히는 것이다.

• 직면(Confrontation)
내담자의 자기이해를 돕기 위해 상담자의 눈에 비친 내담자의 행동특성 또는 사고방식을 지적하는 것이다.

• 해석(Interpretation)
내담자가 새로운 방식으로 자신의 문제들을 돌아볼 수 있도록 사건들의 의미를 설정해 주고, 자신의 문제를 새로운 각도에서 이해할 수 있도록 그의 생활경험과 행동, 행동의 의미를 설명하는 것이다.

060 상담의 기술 Ⅳ

심리상담의 과정에서 내담자가 침묵을 지키는 이유 6가지를 기술하시오.

점 수	• 6점 배점 문제로 출제됩니다. • '기술하시오' 문제이므로 간략하게 풀어서 답안을 작성하시면 됩니다.
문제해결 키워드	심리상담의 과정에서 내담자가 침묵을 지키는 이유에 대해 교재마다 보통 4~8가지로 다양하게 제시하고 있습니다. 다양한 답이 도출될 수 있는 만큼 알맞은 정답을 선택해 작성하세요.
기출 데이터 ★★★★	08, 10, 12, 15, 19, 23년 기출

PART 2

모범답안

① 내담자가 상담 초기 관계형성에서 두려움을 느끼는 경우
② 내담자가 상담 중 논의된 것에 대해 음미하고 평가하며 정리하려 하는 경우
③ 내담자가 상담자에게 적대감을 가지고 저항하는 경우
④ 내담자가 자신의 말에 대한 상담자의 확인이나 해석을 기대하고 있는 경우
⑤ 내담자가 자신의 감정 표현으로 인한 피로에서 회복하고 있는 경우
⑥ 내담자가 다음에 무엇을 논의할 것인지 상담자가 결정해 주기를 기다리고 있는 경우

유사문제유형

심리상담의 과정에서 내담자가 침묵을 지키는 이유 3가지를 기술하시오.

★ 위의 해설 이외에 다음의 답안도 작성 가능합니다.

- 내담자가 할 말이 더 이상 생각나지 않거나 무슨 말을 해야 할지 모르는 경우
- 내담자가 자신의 생각이나 느낌을 표현하고자 노력하고 있음에도 불구하고 적절한 표현이 떠오르지 않는 경우

더 알아보기 침묵의 발생원인

- 의미심장한 침묵
  - 침묵이 흐르는 가운데 내담자는 자신의 일들을 행하고 있다. 즉, 상황에 대해 생각하거나 느끼는 것이 지속적으로 침묵 속에서 일어난다.
  - 상담자는 내담자의 의미심장한 침묵을 가급적 방해하지 않도록 한다.
- 공허한 침묵
  - 침묵 속에서 내담자는 안절부절 못하는 양상을 보인다.
  - 상담자는 내담자의 공허한 침묵을 중단시킬 필요가 있다.

061 상담의 기술 V

내담자의 반응을 해석할 때 주의사항을 5가지 제시하시오.

점 수	5점 배점 문제로 출제됩니다.
문제해결 키워드	'상담의 기술'은 다양한 유형의 문제로 꾸준히 출제되는 키워드입니다. 유형별로 충분히 학습하여 관련 내용을 완벽하게 습득하고 시험장에 들어갑시다.
기출 데이터 ★★★★	06, 08, 11, 15, 18, 21년 기출

모범답안

① 내담자가 받아들일 준비가 되어 있다고 판단되는 경우 조심스럽게 실행한다.
② 내담자의 성격을 파악하지 못한 경우 또는 해석에 대한 실증적인 근거가 없는 경우 해석을 삼간다.
③ 상담 초기에는 감정의 반영, 상담 중기에는 명료화와 직면, 상담 후기에는 구체적인 해석의 과정을 거쳐 해석이 전개되도록 한다.
④ 즉각적인 해석이나 충고적인 해석을 삼가며, 모순은 지적하지 않는다.
⑤ 가급적 내담자가 스스로 해석을 내리도록 인도한다.

더 알아보기 내담자에 관한 정보수집 및 행동에 대한 이해와 해석을 위한 상담기법(Gysbers & Moore)

가정 사용하기	상담자가 내담자에게 어떠한 특정 행동이 이미 존재했다고 가정하여 질문함으로써 내담자의 방어를 최소화한다.
의미 있는 질문 및 지시 사용하기	상담자는 공손한 명령이나 내담자의 주의를 요하는 질문 등을 통해 내담자로 하여금 보다 편리하게 대답할 수 있도록 한다.
전이된 오류 정정하기	상담자는 내담자의 제한된 사고나 어투, 왜곡된 인과관계 설정 등으로 나타나는 정보의 오류, 한계의 오류, 논리적 오류 등 전이된 오류를 정정한다.
분류 및 재구성하기	상담자는 내담자의 표현을 분류하고 재구성함으로써, 내담자에게 자신의 세계를 다른 각도에서 볼 수 있도록 기회를 제공한다.
저항감 재인식하기 및 다루기	상담자는 변형된 오류를 수정하거나 은유를 사용하는 등 내담자의 저항감을 다룬다.
근거 없는 믿음 확인하기	상담자는 잘못된 믿음을 가진 내담자에게 그들의 믿음과 노력이 근거 없는 것임을 깨닫도록 하며, 왜곡된 사고에 주의를 기울인다.
왜곡된 사고 확인하기	상담자는 여과하기, 정당화하기, 극단적인 생각, 과도한 일반화, 인격화 등으로 나타나는 내담자의 왜곡된 사고에 주의를 기울인다.
반성의 장 마련하기	상담자는 내담자의 독단적인 사고를 밝히는 것에서부터 시작하여 지식의 불확실성에 대한 인식, 일반화된 지식과의 비교 및 대조 등의 과정을 통해 전반적인 반성적 판단이 이루어지도록 한다.
변명에 초점 맞추기	상담자는 책임에 대한 회피나 변형, 결과에 대한 재구성 등으로 나타나는 내담자의 변명에 주의를 기울인다.

062 상담의 종결 I

상담 종결 상황의 3가지 유형을 쓰고, 각각에 대해 설명하시오.

점 수	6점 배점 문제로 출제됩니다.
문제해결 키워드	• 이 문제는 2016년 1회 7번 문제, 즉 "내담자가 상담을 끝낼 준비가 되었는지를 판단할 수 있는 방법"과는 다른 문제입니다. • 이 문제의 답안으로 조기 종결이 이루어지는 구체적인 상황을 떠올릴 수도, 상담 종결이 이루어지는 구체적인 사례를 떠올릴 수도 있겠으나, 문제에서는 조기 종결이라는 전제도, 구체적인 사례를 작성하라는 전제도 없습니다.
기출 데이터 ★	19년 기출

PART 2

모범답안

① 상담자에 의한 조기 종결

㉠ 상담의 목표를 달성하기 전에 외부적인 원인에 의해 상담자가 내담자와의 면접을 종결해야 하는 경우에 해당한다.

㉡ 상담자와 내담자 간의 심리적으로 긴밀한 관계가 아직 형성되지 않은 경우 심각한 어려움은 없으나, 만약 밀접한 관계가 형성되었을 경우 예정보다 빠른 종결로 인해 내담자에게 격앙된 감정을 불러일으킬 수 있다.

㉢ 상담자는 내담자와 함께 조기 종결에 따른 감정들을 다루어 나가야 한다. 즉, 내담자의 감정을 이해 및 수용하고, 종결에 따른 사후 대책에 대해 논의하여야 한다.

② 내담자에 의한 조기 종결

㉠ 내담자가 더이상 상담이 도움이 되지 않는다고 생각하고 상담을 거부하는 경우에 해당한다.

㉡ 상담에 대한 내담자의 거부적 태도는 상담 과정 중 어느 단계에서도 일어날 수 있다. 또한 내담자의 거부적 반응은 직접 말로 표현할 수도, 다음 면접 회기에 나타나지 않는 방식 등으로도 표출할 수 있다.

㉢ 상담자는 내담자에게 거절당한 데 대한 자신의 감정을 정확히 파악하여야 한다. 또한 내담자와의 관계에서 긴장이 발생하는 경우 그 긴장을 피하기보다는 이를 개방적으로 다루며, 긴장에 대해 솔직히 반응하는 것이 바람직하다.

③ 성공적인 결과 후의 종결

㉠ 상담자와 내담자는 목표설정 단계에서 상담 목표의 내용 및 달성기준에 대해 미리 생각해 두는 것이 좋다. 종결 단계에서는 그와 같은 기준을 토대로 그동안 일어난 변화나 결과를 평가해야 하기 때문이다.

㉡ 상담이 설정된 목표에 도달함으로써 상담자와 내담자 간의 긴밀한 관계 또한 종결되며, 이 과정에서 내담자는 허전하고 외로운 감정을 느끼게 된다. 또한 내담자는 자신이 상담 종결을 받아들일 준비가 되어 있는지에 대해 확신을 가지지 못한다.

㉢ 상담자는 종결에 따른 내담자의 정서 내용을 다루면서, 그동안 상담 과정을 통해 일어난 일 혹은 변화 내용을 재음미하고 요약한다. 특히 종결에 따른 내담자의 불안감, 어려움 등을 미리 예견하고 종결 전에 여러 차례의 면접을 통해 이를 충분히 다루는 것이 바람직하다.

063 상담의 종결 II

바람직한 상담 종결을 위해 상담관계를 마무리하면서 해야 할 일을 3가지 쓰시오.

점 수	• 3점 배점 문제로 출제됩니다. • 약간의 설명도 추가해 작성하면 좋습니다.
문제해결 키워드	바람직한 상담 종결을 위해 다루어야 할 주제에 관한 내용은 교재에 따라 약간씩 다르게 제시되어 있지만 내용상 큰 차이는 없습니다. 답안 1 과 답안 2 를 비교하며 학습해 보세요.
기출 데이터 ★★	13, 17년 기출

모범답안

답안 1

① 이별의 감정 다루기
상담자는 상담 종결 이후에도 언제든지 다시 상담할 수 있음을 알려 주어 내담자에게 심리적인 안정감을 줄 수 있도록 해야 한다.

② 상담성과에 대한 평가 및 문제해결력 다지기
상담자는 내담자가 상담과정을 통해 얼마만큼 변화하고 성장했는지, 상담을 통해 해결하지 못한 것은 무엇인지 탐색해 보아야 한다.

③ 추수상담(추후상담)에 대해 논의하기
상담성과에 의한 내담자의 행동변화를 지속적으로 점검하면서, 내담자의 긍정적인 변화를 강화하는 한편, 부족한 부분을 보완하는 것을 목표로 한다.

답안 2

① 지난 상담과정에 대해 점검 및 평가하기
② 증상의 재발 가능성에 대해 논의하기
③ 다시 찾아올 수 있음을 알리기
④ 자기분석을 격려하기
⑤ 의존성 문제 다루기
⑥ 이별의 감정에 대해 이야기하기

유사문제유형

상담 종결 과정에서 다루어야 할 사항 5가지를 쓰시오. (※ 110p 참고)

064 단기상담

단기상담에 적합한 내담자의 특성 5가지를 기술하시오.

점 수	• 4~5점 배점 문제로 출제됩니다. • '기술하시오' 문제이므로 간략하게 풀어서 답안을 작성하시면 됩니다.
문제해결 키워드	• 단기상담에 적합한 내담자에 관한 문제는 교재에 따라 크게 2가지 관점, 즉 '단기상담에 적합한 내담자의 특징적 양상'과 '단기상담에 적합한 내담자의 특징적 유형'으로 제시됩니다. • 답안 1 과 답안 2 를 비교하며 학습해 보세요.
기출 데이터 ★★★	15, 18, 23년 기출

PART 2

모범답안

답안 1

① 호소하는 문제가 비교적 구체적이다.
② 주 호소문제가 발달상의 문제와 연관된다.
③ 호소문제가 발생하기 이전에는 생활기능이 정상적이었다.
④ 내담자를 사회적으로 지지해 주는 사람이 있다.
⑤ 과거든 현재든 상보적 인간관계를 가져 본 적이 있다.
⑥ 성격장애를 가지고 있지 않다.

답안 2

① 내담자가 비교적 건강하며 그 문제가 심각하지 않은 경우
② 내담자가 자신의 경미한 문제에 대한 명확한 인식을 원하는 경우
③ 내담자가 임신, 출산 등 발달과정상의 문제를 경험하는 경우
④ 내담자가 중요 인물의 상실로 인해 생활상의 적응을 필요로 하는 경우
⑤ 내담자가 급성적 상황으로 인해 정서적인 어려움을 겪는 경우
⑥ 내담자가 조직이나 기관의 구성원으로 소속되어 있는 경우

더 알아보기 단기상담의 주요 모델

• 교육적 단기상담
교육적 기능에 초점을 두는 것이다. 내담자가 한 가지 문제를 호소하고 문제의 성격이 비교적 단순하며, 문제 발생 기간이 짧은 경우에 적합하다.

• 치료적 단기상담
치료적 기능에 초점을 두는 것이다. 호소문제가 비교적 반복적으로 발생하는 경우에 적합하다.

• 지지적 단기상담
내담자를 이해하고 공감해 주며, 격려하고 존중해 주는 등 내담자를 지지하는 것을 특징으로 한다.

• 문제해결중심 단기상담
내담자가 가지고 있는 문제를 해결하는 데 초점을 두는 것으로서, 의사결정, 선택, 일시적 고충 등 구체적이고 명확한 문제를 안고 있는 사례에 적합하다.

065 단회상담

단회상담은 다른 일반적인 심리상담과 달리 극히 제한된 시간 내에 문제상황을 처리해야 하는 경우가 많다. 이러한 단회상담에서 강조되는 원리 또는 기술을 7가지만 제시하시오.

점 수	• 7점 배점 문제로 출제됩니다. • 요소당 1점씩 채점됩니다.
문제해결 키워드	• 이 문제는 단회상담에서 강조되는 사항들에 관한 일반적인 내용에 해당되므로 명확한 정답이 있는 것은 아닙니다. • 이와 관련된 내용은 교재에 따라 약간씩 다르게 제시되어 있으나 내용상 큰 차이는 없습니다.
기출 데이터 ★★★★	11, 15, 19, 23년 기출

모범답안

① 상담자는 상담사례의 성격이나 상황조건에 따라 상담을 단회로 할 것인지 다회로 할 것인지 신속히 결정해야 한다.
② 상담자는 내담자가 원하는 것(Wants)을 발견해야 한다.
③ 상담자는 내담자가 원하는 것과 관련하여 내담자와 더불어 합리적인 상담목표를 수립해야 한다.
④ 상담자는 적극적 경청이나 질문, 해석적 반영, 초점화 등의 기술을 동원하여 내담자와의 대화과정을 능숙하게 조절해야 한다.
⑤ 상담자는 융통성과 단호함을 겸비해야 한다.
⑥ 상담자는 내담자가 문제해결에 대한 의지와 동기를 잃지 않도록 도와야 한다.
⑦ 상담자는 조언 및 지시를 적절히 사용하여 효과적이고 능률적인 상담이 이루어지도록 해야 한다.

더 알아보기 단회상담의 장·단점

장 점	단 점
• 상담이 1회에 이루어질지라도 단기상담이나 장기상담에 비해 효율성이 높은 편이다. • 내담자의 구체적인 문제에 대한 즉각적인 해결책이 마련되므로, 상담에 대한 내담자의 거부감이 줄어든다. • 시간 및 비용의 소요가 덜하며, 더 많은 내담자에게 상담의 기회를 제공할 수 있다. • 상담관계의 지속에 따라 발생되는 상담자에 대한 내담자의 의존성을 효과적으로 방지한다. • 장기적인 치료로 인한 부작용을 방지하는 한편, 스스로 해결할 수 있는 가능성을 높인다.	• 단회상담이 불가능한 내담자들도 있다. • 시간제한으로 인해 상담이 다소 지시적인 양상으로 전개될 가능성이 있다. • 짧은 시간 내에 내담자의 문제는 물론 그의 성격 및 상황까지 파악해야 하므로, 효과적인 상담을 위해 상담이론이나 기법에 대한 전문성이 요구된다. • 사회복지기관이나 일반적인 전화상담의 경우와 같이 상담을 전공하지 않은 자원봉사자들에 의해 이루어지는 경우가 많으므로 전문성이 결여될 수 있다.

066 행동관찰

초기면담 과정에 포함되어야 할 내담자에 대한 행동관찰의 요소 5가지를 쓰시오.

점 수	5점 배점 문제로 출제됩니다.
문제해결 키워드	• 이 문제는 2003년, 2006년, 2013년, 2016년 1회 실기시험에 출제된 문제이나, 답안 제시 요건 및 배점상에 차이가 있습니다. 2003년 시험에서는 7가지를 쓰도록 요구한 반면, 2006년과 2013년 그리고 2016년 1회 실기시험에서는 5가지를 쓰도록 요구한 바 있습니다. • 해설에 제시된 7가지의 행동관찰 요소들을 상황에 따라 적절히 혼합하여 답안으로 작성하시기 바랍니다.
기출 데이터 ★★★★	03, 06, 13, 16, 19년 기출

PART 2

모범답안

① 내담자의 말과 표현
목소리의 강도와 고저, 말의 속도와 반응시간, 말하기의 용이성, 말투 등

② 신체 동작
불안반응에 의한 동작(손이나 발의 무의미한 움직임), 상동증적 행위(장시간 특정 행위를 반복하는 증세) 등

③ 면담 태도
경직되거나 웅크린 자세, 다리를 꼬고 비스듬히 앉는 자세, 시선의 회피 등

④ 용모 및 외모
화려하거나 부적절한 복장 상태, 불결하거나 깔끔한 위생 상태, 키, 몸무게, 안색 등

⑤ 정서적 반응
말이나 행동에서 나타나는 불안이나 긴장의 표출, 감정의 억제, 부적절한 감정적 표현 등

⑥ 이해력
사고력 · 논리력 · 추리력, 상황판단능력, 지남력(Orientation) 등

⑦ 의사소통능력
언어적 · 비언어적 의사소통능력, 일탈된 언어, 자폐적 언어 등

067 자기표현훈련

자기표현훈련이 필요한 내담자의 특성을 5가지 쓰고, 자기표현훈련을 통해 내담자가 인식해야 할 사항을 2가지 쓰시오.

점 수	9점 배점 문제로 출제됩니다.
문제해결 키워드	내담자의 특성뿐만 아니라 자기표현의 구성요소 또한 숙지하고 있어야 합니다.
기출 데이터 ★★★★	10, 18, 21, 24년 기출

모범답안

(1) 자기표현훈련이 필요한 내담자의 특성

① 남의 시선을 회피한다.
② 상대방의 잘못에 대해 지적하거나 언급하기를 두려워한다.
③ 모임이나 회의에서 습관적으로 구석자리를 찾는다.
④ 자기를 비난하는 소리를 듣고만 있는다.
⑤ 불만이나 적개심 등의 표현을 주저한다.
⑥ 지나치게 변명하고 사과하는 태도를 보인다.
⑦ 지배적인 인물에 대해 전혀 반박하지 못한다.
⑧ 좋아하거나 사랑하는 대상에게 애정을 표시하지 못한다.
⑨ 남을 칭찬할 줄도 남에게서 칭찬을 받을 줄도 모른다.
⑩ 친한 사람의 비합리적인 요구를 차마 거절하지 못한다.

(2) 자기표현훈련을 통해 내담자가 인식해야 할 사항

① 자신 또한 다른 사람과 마찬가지로 인간으로서의 기본 권리를 가지고 있다.
② 자기 스스로 결정할 권리를 가지고 있다.
③ 타인으로부터 침해받지 않을 권리를 가지고 있다.
④ 자신의 생각과 감정을 표현할 권리를 가지고 있다.

068 사회기술훈련

사회기술훈련을 집단으로 시행하는 경우의 장점을 3가지 제시하시오.

점 수	• 6점 배점 문제로 출제됩니다. • 간략하게 키워드만 작성하시면 됩니다.
문제해결 키워드	• 장점뿐만 아니라 단점을 묻는 문제가 출제될 수도 있습니다. 장 · 단점 모두 숙지하세요. • 사회기술훈련의 집단적인 시행에 따른 장점 및 단점은 교재에 따라 약간씩 다르게 제시되고 있습니다. 여기서는 '김규수 外, 『정신장애인의 사회통합』, 학지사 刊'을 참조하여 답안을 작성하였습니다.
기출 데이터 ★★★	08, 18, 24년 기출

PART 2

모범답안

① 정신장애인 간의 사회적 반응이 쉽게 일어나므로 다양한 사회기술을 자연스럽고 자발적으로 연습할 기회를 가지게 된다.

② 집단이 공개토론 장소로 이용되므로 치료자가 참여자의 사회기술 습득 및 진행 정도를 자연스럽게 평가할 수 있다.

③ 치료자는 물론 다른 참여자들의 칭찬이나 인정을 받으면서 학습한 기술의 강화효과가 증폭된다.

④ 참여자들이 적절한 시범연기를 보다 실감나게 보여줄 수 있으므로, 치료자를 포함하여 보다 많은 시범연기자들을 확보할 수 있다.

⑤ 참여자들이 친구가 되어 주어진 과제를 완수하도록 격려 혹은 촉구함으로써 서로에게 도움을 준다.

⑥ 많이 호전된 참여자가 집단에 처음 참석한 다른 참여자를 격려함으로써 그로 하여금 사회기술훈련에 계속 참여하도록 동기를 부여한다.

⑦ 치료자 외에도 계속 참석하고 있는 참여자들이 처음 참석한 참여자에게 사회기술훈련에 대한 오리엔테이션을 해 주며, 바람직한 기대감을 심어줄 수 있다.

⑧ 집단 내의 우호적인 관계가 참여자의 증상 호전에 긍정적인 영향을 미친다.

⑨ 집단치료 방식은 한 명의 치료자가 보통 4~8명 정도의 참여자들을 동시에 지도할 수 있으므로 개인치료보다 시간이나 비용 면에서 효율적이다.

더 알아보기 사회기술훈련에서 활용되는 주요 기술

- 모델링 : 참가자들에게 목표행동의 본보기를 보임으로써 관찰과 모방을 통해 그와 같은 행동을 학습하도록 유도한다.
- 역할연습(역할시연) : 문제상황을 구체적으로 재현하거나 새로운 행동을 연습하는 데 활용한다.
- 강화(피드백) : 특히 역할연습과 더불어 활용되는 것으로, 참가자들이 각자 맡은 배역을 예행연습할 때 긍정적인 피드백을 제공한다.
- 과제부여 : 학습한 사회기술의 일반화를 위해 매 회기가 끝날 때마다 참가자들에게 습득한 사회기술을 실제 생활에서 연습할 수 있도록 과제를 부여한다.

제3과목 심리치료

069 심리치료 Ⅰ

심리치료의 이론과 기법은 매우 다양하다. 그러나 그와 같은 이론과 기법에도 치료효과를 가지는 공통요인이 존재한다. 심리치료의 공통요인을 3가지만 설명하시오.

점 수	• 6점 배점 문제로 출제됩니다. • '설명하시오' 문제이므로 설명이 누락되면 감점요인이 됩니다.
문제해결 키워드	'심리치료의 공통요인', '통합 심리치료의 공통요인', '심리치료의 공통적 치료요인' 등은 사실상 동일한 내용을 담고 있습니다. 그러나 이와 관련된 내용은 학자 · 교재마다 다양하게 제시되고 있으며, 400개가 넘는 심리치료 이론의 수에서 볼 수 있듯 공통요인의 수 또한 매우 많습니다.
기출 데이터 ★★	11, 17년 기출

모범답안

① 치료자–내담자 관계 또는 치료적 관계

치료자와 내담자의 긍정적인 치료적 관계는 그 자체로 심리치료의 성공을 보장하는 것은 아니지만, 심리치료의 전제조건이자 중요한 치료적 요인에 해당한다. 치료자들 간의 차이에도 불구하고 그들 모두가 특정 유형의 심리치료에서 권위 있는 전문가인 만큼 내담자의 기대에 어느 정도 영향을 미칠 수 있는 잠재력이 있다.

② 해석, 통찰, 이해

심리치료는 내담자 자신 및 그의 개인적인 어려움에 대한 이해를 증가시킨다. 특히 해석과 통찰은 내담자로 하여금 자신에 대한 이해와 함께 현재 자신이 처한 문제를 깨닫도록 한다. 즉, 내담자에게 제시되는 체계적인 설명과 이론적인 근거는 치료효과에 긍정적인 영향을 미친다.

③ 정화와 방출

치료과정에서 치료자는 내담자가 자신의 문제를 이야기하고 불편한 과거와 현재 사건을 자세히 열거하도록 하며, 그에 따른 감정을 표현하도록 돕는다. 특히 어떤 내담자들에게는 죄의식을 유발하는 고통스러운 문제와 함께 그와 관련된 감정을 털어놓는 것 자체가 매우 치료적일 수 있다.

더 알아보기 심리치료의 통합적 관점

심리치료는 정신분석적 치료, 인간중심적 치료, 인지 · 정서 · 행동적 치료 등 다양한 유형으로 분류할 수 있으나 그럼에도 불구하고 기본적으로 심리치료가 가지는 공통점을 공유하고 있습니다. 그와 같은 공통점으로 인해 각각의 방법을 통합적으로 적용한 통합치료가 가능한 것입니다. 심리치료에 있어서 통합적 관점은 여러 학파 간의 공통분모를 찾아내어 이론적 통합과 기술적 절충을 이룸으로써 단일 학파의 접근법이 가지는 한계를 극복하려는 포괄적인 시도로 볼 수 있습니다.

070 심리치료 II

성인을 대상으로 한 심리치료와 구분되는 아동심리치료의 특징을 5가지 기술하시오.

점 수	• 5점 배점 문제로 출제됩니다. • 문제에서 요구하는 답안의 수에 따라 부분점수가 부과됩니다.
문제해결 키워드	아래의 해설은 아동상담 및 아동심리치료에 공통적으로 적용할 수 있는 것으로서, 관련 내용은 '김춘경 外, 『아동학개론』, 학지사 刊', '신현균, 『아동 심리치료의 실제』, 학지사 刊', '박랑규 外, 『아동심리치료학개론』, 학지사 刊' 등을 참조하였습니다.
기출 데이터 ★★	19, 21년 기출

모범답안

① 아동 내담자의 언어발달 및 인지발달을 고려한다.

아동은 언어이해 및 표현능력이 제한적이며, 구체적인 사건이나 사물에 의존해야만 논리적인 추론을 할 수 있다. 따라서 아동심리치료(혹은 아동상담)는 치료자(혹은 상담자)의 언어적 상호작용보다 비언어적 의사소통 경험이 강조되며, 아동의 복잡한 느낌이나 생각들을 통합하기 위해 실제적인 수단을 필요로 한다.

② 치료(상담) 동기 부여를 위한 치료(상담) 초기 관계형성이 중시된다.

아동은 자신의 의지가 아닌 부모, 교사 등 타인에 의해 의뢰되므로, 자신의 문제를 다루려는 동기가 부족하다. 따라서 아동심리치료에서는 치료 초기단계에서 아동 내담자와 치료관계(상담관계)를 형성하는 과정이 매우 중요하다.

③ 치료과정에 놀이 등 아동 내담자와의 문제 공유를 위한 다양한 방법들이 활용된다.

아동은 치료자와 자신의 문제를 공유하는 능력이 부족하다. 따라서 치료자는 아동의 흥미를 불러일으킬 수 있는 방법(예 놀이, 미술 등)을 찾기 위해 노력해야 하며, 아동의 탐구욕구와 조작욕구를 치료 과정에 적극 활용할 필요가 있다.

④ 아동 내담자의 전인적 발달을 위한 통합적 접근이 요구된다.

아동은 지적 · 정서적 · 사회적 · 신체적 변화가 수반되는 발달 과정상에 있으며, 각 발달영역들이 서로 상호보완적인 전인적 발달을 하게 된다. 따라서 아동심리치료에서는 아동 개개인의 고유한 문제 외에 발달과제의 성공적인 수행을 도울 수 있는 방안이 포함되어야 하며, 각 발달영역과 관련하여 통합적인 접근이 필요하다.

⑤ 아동 내담자에게 영향을 미치는 부모, 교사 등의 협조와 참여가 요구된다.

아동은 가정이나 학교 혹은 주변 환경에 의해 크게 영향을 받는다. 따라서 아동심리치료가 효과적으로 이루어지기 위해서는 부모, 교사 등 관련인물들의 참여가 필수적이며, 경우에 따라 부모심리치료, 가족심리치료 등이 필요하다.

071 심리치료 Ⅲ

다음 보기는 심리치료의 일반적인 수행단계를 나타내고 있다. A에서 D까지 빈칸에 들어갈 내용을 각각 쓰시오.

(A) → 문제 및 상황평가 → (B) → 치료실시 → (C) → 치료종결 → (D)

점 수	• 4점 배점 문제로 출제됩니다. • 빈칸에 들어갈 내용과 약간의 설명을 덧붙여도 무방합니다.
문제해결 키워드	심리치료의 단계는 교재마다 다양하게 제시되고 있으나, 여기서는 문제의 보기에 7단계를 전제로 일부 단계들을 제시하고 있으므로, 비교적 정확한 정답이 있다고 볼 수 있습니다. 따라서 문제 해설에 제시된 심리치료의 7단계 수행과정의 각 단계별 명칭들을 가급적 정확히 기억해 두시기 바랍니다.
기출 데이터 ★	15년 기출

모범답안

① 초기자문(A)

초기자문은 일반적으로 환자가 왜 도움을 구하기로 결심했는지, 심리치료 경험으로부터 얻고자 희망하는 것은 무엇인지에 대해 논의한다.

② 문제 및 상황평가

심리학자는 치료 프로그램을 계획하기에 앞서 진단 및 방향에 관한 합리적인 수준의 이해를 발달시켜야 하며, 이를 위해 환자와 상황을 파악해야만 한다.

③ 치료목표 설정(B)

일단 문제의 본질에 대한 합리적인 수준의 이해가 확립되면 치료목표의 설정이 이루어진다.

④ 치료실시

치료과정에서의 실제치료는 치료목표에 도달할 수 있다는 희망과 함께 제공된다.

⑤ 치료평가(C)

치료계획이 효과를 보이고 있는지 혹은 환자에게 보다 유용하도록 변경될 필요가 있는지를 결정하기 위해 치료과정 동안 치료에 대한 평가가 요구된다.

⑥ 치료종결

보통 심리치료는 치료목표에 도달하게 될 때 종료되지만, 경우에 따라 환자의 재정적 제한이나 시간적 제한, 변화에 대한 저항, 심리학자의 변경이나 이동 등 다양한 요인들로 인해 조기에 종결되기도 한다.

⑦ 추적회기(D)

치료종결 이후 종종 치료과정 동안 성취된 변화들이 잘 유지되고 있는지를 확인하기 위해 추적회기가 계획되거나 환자에게 제공된다.

유사문제유형

심리치료의 수행과정은 7단계로 구분할 수 있다. 보기에 제시된 제1단계와 제7단계를 제외한 나머지 2단계부터 6단계까지를 순서대로 제시하시오.

- 제1단계 – 초기자문
- 제2단계 – (A)
- 제3단계 – (B)
- 제4단계 – (C)
- 제5단계 – (D)
- 제6단계 – (E)
- 제7단계 – 추적회기

★ ① A : 문제 및 상황평가
② B : 치료목표 설정
③ C : 치료실시
④ D : 치료평가
⑤ E : 치료종결

072 정신분석적 상담 I

정신분석적 상담과정에서 나타나는 전이와 역전이에 대해 설명하시오.

점 수	• 4점 배점 문제로 출제됩니다. • '설명하시오' 문제이므로 설명이 누락되면 감점요인이 됩니다.
문제해결 키워드	정신분석적 상담의 기술은 1차 필기시험에도 자주 나오는 유형입니다. 반드시 숙지하고 넘어가시기 바랍니다.
기출 데이터 ★★★★	08, 15, 19, 23년 기출

모범답안

(1) 전이(Transference)

① 의 의

상담과정에서 전이는 내담자가 어린 시절 어떤 중요한 인물에 대해 가졌던 관계를 상담자에게 표출하는 것이다.
과거에 충족되지 못한 욕구를 현재의 상담자를 통해 해결하고자 하는 일종의 투사현상으로, 예를 들어 내담자는 상담자가 어린 시절 권위적이었던 자신의 아버지와 닮았다고 판단하는 경우 상담자에게 부정적인 감정을 가질 수 있는 반면, 자신이 흠모했던 선생님과 닮았다고 판단하는 경우 상담자에게 긍정적인 감정을 가질 수 있다.

② 해결방안

상담자는 내담자에게 전이를 각성하도록 하여, 문제와 밀접하게 관련되어 있는 과거의 경험과 갈등들에 대한 통찰을 제공할 필요가 있다. 또한 내담자가 과거 중요한 대상에게 가졌던 애정, 욕망, 기대, 적개심 등의 복잡한 감정들을 상담자에게 표현하도록 격려할 필요가 있다.

(2) 역전이(Counter Transference)

① 의 의

역전이는 내담자의 태도 및 외형적 행동에 대한 상담자의 개인적인 정서적 반응이자 투사를 말한다. 이러한 역전이는 상담자가 내담자를 자신의 과거 경험 속 인물로 착각하고 무의식적으로 반응하도록 함으로써 현실에 대한 왜곡을 야기한다.

② 해결방안

역전이를 방지하기 위해 상담자는 자신의 과거경험이 현재 자신에게 미치는 영향에 대해 지속적으로 점검해야 할 필요가 있다. 또한 교육분석을 통해 자신에 대한 분석결과 및 경험내용을 지속적으로 축적하며, 슈퍼바이저의 지도 · 감독을 받을 필요가 있다.

더 알아보기

이와 관련된 문제가 2015년 1차 필기시험에 출제되었습니다. 확인학습을 위해 다음의 문제도 풀어 보시기 바랍니다.

심리치료에서 치료자의 역전이(Counter Transference)에 대한 설명으로 가장 적합한 것은?

① 치료자는 내담자에 대해 부정적인 감정을 가져서는 안 된다.
② 내담자에게 좋은 치료자라는 말을 듣고 싶은 것은 당연한 욕구이다.
③ 내담자에게 느끼는 역전이 감정은 치료의 중요한 도구로 활용할 수 있다.
④ 치료자가 역전이를 알기 위해 꼭 교육분석을 받아야 하는 것은 아니다.

답 ③

073 정신분석적 상담 II

방어기제의 의미를 쓰고, 방어기제의 유형을 5가지 간략히 설명하시오.

점 수	• 7점 배점 문제로 출제됩니다. • '설명하시오' 문제이므로 설명이 누락되면 감점요인이 됩니다. • 의미와 유형 중 하나라도 누락되면 감점요인이 됩니다.
문제해결 키워드	방어기제는 1차 필기시험에도 자주 출제되는 개념입니다. 각각의 종류와 대표적 예시도 함께 숙지하시기 바랍니다.
기출 데이터 ★★★★	04, 07, 10, 17, 21, 22, 23년 기출

PART 2

모범답안

(1) 방어기제의 의미

방어기제(Defense Mechanism)는 자아가 위협받는 상황에서 무의식적으로 자신을 속이거나 상황을 다르게 해석함으로써 감정적 상처로부터 자신을 보호하려는 심리의식이나 행위를 가리키는 정신분석용어이다.

(2) 방어기제의 유형

① 억압(Repression)

죄의식이나 괴로운 경험, 수치스러운 생각을 의식에서 무의식으로 밀어내는 것으로 선택적인 망각을 의미한다.

② 부인 또는 부정(Denial)

의식화되는 경우 감당하기 어려운 고통이나 욕구를 무의식적으로 부정하는 것이다.

③ 합리화(Rationalization)

현실에 더 이상 실망을 느끼지 않기 위해 또는 정당하지 못한 자신의 행동에 그럴듯한 이유를 붙이기 위해 자신의 말이나 행동을 정당화하는 것이다.

④ 반동형성(Reaction Formation)

자신이 가지고 있는 무의식적 소망이나 충동을 본래의 의도와 달리 반대되는 방향으로 바꾸는 것이다.

⑤ 투사(Projection)

사회적으로 인정받을 수 없는 자신의 행동과 생각을 마치 다른 사람의 것인 양 생각하고 남을 탓하는 것이다.

더 알아보기 방어기제 유형의 예시

① 억압(Repression) : 부모의 학대에 대한 분노를 억압하여 부모에 대한 이야기를 무의식적으로 꺼리는 경우

② 부인 또는 부정(Denial) : 애인이 교통사고로 사망했음에도 불구하고 그의 죽음을 인정하지 않은 채 여행을 떠난 것이라고 주장하는 경우

③ 합리화(Rationalization) : 여우가 먹음직스러운 포도를 발견하였으나 먹을 수 없는 상황에 처했을 때 "저 포도는 신 포도라서 안 먹는다"고 말하는 경우

④ 반동형성(Reaction Formation) : "미운 놈에게 떡 하나 더 준다"라는 속담

⑤ 투사(Projection) : 자기가 화가 난 것을 의식하지 못한 채 상대방이 자기에게 화를 낸다고 생각하는 경우

074 행동치료 I

강박장애의 심리적 치료방법으로서 노출 및 반응방지법(ERP)의 원리 및 시행순서를 기술하시오.

점 수	5점 배점 문제로 출제됩니다.
문제해결 키워드	'중화(Neutralization)'는 특히 강박장애나 공황장애에서 중요하게 언급되는 개념으로서, 개인이 특정 사고나 충동 또는 심상을 무시하거나 억압하기 위해 다른 생각이나 행동을 수행하는 것을 말합니다.
기출 데이터 ★★★	11, 16, 19년 기출

모범답안

(1) 원 리

노출 및 반응방지법(ERP ; Exposure and Response Prevention)은 학습이론을 토대로 한 행동치료기법으로서, 강박장애의 증상으로 나타나는 강박적 사고 및 강박적 행동을 제지하기 위한 것이다. 증상을 가진 환자에게 두려움과 거부감의 대상이 되는 자극을 체계적이고 반복적으로 노출시킴으로써 환자는 자신의 강박적 사고가 근거 없는 것이며, 따라서 강박적 행동에 의한 중화(Neutralization) 또한 불필요하다는 사실을 깨닫게 된다. 이러한 노출 및 반응방지법은 불안증상을 제거하기 위한 체계적 둔감법, 혐오치료, 홍수법 등의 행동치료기법들과 밀접하게 연관된다.

(2) 시행순서

① 제1단계 : 노출

강박적 사고를 유발하는 자극에 대해 충분한 시간 동안 직면하도록 하는 것이다. 예를 들어 더러움 또는 더러운 물질에 대한 강박적 사고에 의해 손 씻기의 강박적 행동을 보이는 환자에게 치료자가 의도적으로 더러운 물질을 만져 보도록 요구할 수 있다. 노출에 소요되는 시간은 과제의 양 및 질적 수준에 따라 차이가 있으나, 일반적으로 90분 혹은 그 이상의 시간이 적절한 것으로 보고되고 있다.

② 제2단계 : 행동방지

강박적 사고에 의해 나타나는 강박적 행동을 제지하는 것이다. 예를 들어 더러운 물질에 노출된 환자에게 손을 씻지 못하게 한 채 더러움을 견디도록 요구할 수 있다. 행동방지에는 수 시간이 소요되며, 그 시간은 점차적으로 늘리는 것이 효과적이다. 이 과정에서 환자는 처음 불안과 공포를 느끼게 되지만, 이를 견디는 경험을 통해 강박적 사고를 유발하는 자극에 대해 체계적으로 둔감해진다.

075 행동치료 II

불안장애에 대한 행동치료의 근거와 그 구체적인 치료기법을 예를 들어 설명하시오.

점 수	• 4점 배점 문제로 출제됩니다. • '설명하시오' 문제이므로 설명이 누락되면 감점요인이 됩니다. • 예시가 빠지면 감점될 수 있습니다.
문제해결 키워드	• 불안장애의 치료와 관련된 행동치료의 구체적인 치료기법은 매우 다양하므로, 다음에 제시된 4가지 치료기법 이외에 다른 기법을 제시하여도 됩니다. • 위의 해설은 'Spiegler, M. D. et al., 『행동치료』, 전윤식 外譯, 시그마프레스 刊', '권석만, 『현대 이상심리학』, 학지사 刊' 등을 참조하였습니다.
기출 데이터 ★★★★	13, 16, 20, 23년 기출

PART 2

모범답안

(1) 행동치료의 근거

① 행동치료는 모든 행동이 그 행동에 앞서서 혹은 뒤이어 일어나는 사상들의 영향을 받아 유발된다는 가정에서 비롯된다. 이는 행동주의이론의 'ABC 패러다임'의 원리를 토대로 한 것으로, 행동에 앞서서 일어나는 것(선행요인)이 행동을 하게 하는 자극이 되며, 행동에 뒤이어 일어나는 것(결과)이 그와 같은 행동을 빈번히 일으키는 동기, 즉 강화요인이 된다는 것이다.

② 행동치료는 행동을 직접 변화시키기보다는 그 행동에 선행하는 조건 및 후속하는 조건을 변화시킴으로써 행동의 전반적인 맥락을 변화시키고자 한다.

③ 불안장애를 가진 환자들에게서 나타나는 공포증은 다양한 경로를 통한 두려움의 학습에서 비롯되며, 이는 회피반응에 의해 유지되고 강화된다. 회피행동은 두려움을 피하게 하는 부적 강화 효과를 지니므로 계속적인 양상을 보이며, 그로 인해 공포자극이 유해하지 않다는 것을 학습할 기회를 얻지 못하게 되어 공포반응은 소거되지 않은 채 지속된다.

④ 행동치료는 환자가 무서운 결과를 예측할 때 그 예측결과의 불합리성을 깨닫도록 한다. 특히 불안에의 지속적인 노출이나 그와 상반되는 반응으로서의 이완을 통해 두려움을 유발하는 대상이나 상황이 실제로는 덜 위협적인 것임을 새롭게 학습하게 된다.

(2) 구체적인 치료기법

① 체계적 둔감법 또는 체계적 둔감화(Systematic Desensitization)

행동치료에서 널리 사용되고 있는 고전적 조건형성의 기법으로, 혐오스런 느낌이나 불안한 자극에 대한 위계목록을 작성한 다음 낮은 수준의 자극에서 높은 수준의 자극으로 상상을 유도함으로써 혐오나 불안에서 서서히 벗어나도록 유도한다.

예 털짐승을 두려워하는 아이에게 근육이완을 통해 몸의 긴장을 풀도록 한 후, 가장 낮은 수준의 자극에서부터 가장 높은 수준의 자극으로 자극상황을 단계적으로 경험하도록 한다.

② 반조건형성 또는 역조건형성(Counterconditioning)

조건 자극과 새로운 자극(조건 자극과 조건 반응과의 연합을 방해하는 자극)을 함께 제시함으로써 불안을 감소시키는 기법이다.

예 엘리베이터와 같이 밀폐된 공간 안에서 공포감을 느끼는 아이에게 장난감, 인형 등의 유쾌 자극을 제시하여 밀폐된 공간에서의 공포감을 소거시킬 수 있다.

③ 홍수법(Flooding)

불안이나 두려움을 발생시키는 자극들을 계획된 현실이나 상상 속에서 지속적으로 제시하는 기법이다.

예 에스컬레이터 공포증을 가진 내담자에게 상담자가 내담자 곁에서 반복적인 설득과 격려를 함으로써 내담자의 에스컬레이터에 대한 불안증세를 호전시키며, 이후 혼자서도 에스컬레이터를 탈 수 있도록 유도한다.

④ 혐오치료(Aversion Therapy)

고전적 조건형성의 기법으로, 바람직하지 못한 행동에 혐오 자극을 제시하여 부적응적인 행동을 제거하는 방법이다. 주로 흡연, 음주문제, 과식 등의 문제를 해결하기 위해 사용되며, 부적응적이고 지나친 탐닉이나 선호를 제거하는 데 효과적이다.

예 술을 끊고자 하는 사람에게 술을 맛보도록 하는 동시에 전기 쇼크나 구토를 일으키는 약물을 부여함으로써 점차적으로 술에 대해 혐오적인 반응을 보이도록 한다.

076 행동치료 Ⅲ

행동치료에서 치료자들은 내담자의 행동을 간접 측정하기보다는 직접 측정하는 것을 선호한다. 이와 같이 행동을 직접 측정하는 경우 일반적으로 포함시키는 특성 6가지를 쓰시오.

점 수	6점 배점 문제로 출제됩니다.
문제해결 키워드	• 이 문제는 직접적 행동평가의 기록 내용 및 방법에 관한 것으로서, 기록 행동의 6가지 특성을 기술하는 문제에 해당합니다. • 특히 행동의 전체 양(Amount)을 측정하는 방법에 '빈도(Frequency)'와 '지속기간(Duration)'이 포함된다는 점을 반드시 기억해 두시기 바랍니다.
기출 데이터 ★★	15, 24년 기출

모범답안

① 움직임의 형태(Topography)

② 양(Amount) – 빈도와 지속기간

③ 강도(Intensity)

④ 자극통제(Stimulus Control)

⑤ 잠재기간(Latency)

⑥ 질(Quality)

PART 2

더 알아보기

답안에 약간의 설명을 덧붙이면 다음과 같이 작성할 수 있습니다.

① 움직임의 형태(Topography)

'움직임의 형태'는 특정 반응이 나타나는 형태를 의미한다. 예를 들어 교사가 발달장애아에게 수업 중 질문을 할 때는 팔을 높이 들어야 한다고 알려주고 그 행동을 조형하기를 원한다고 가정할 때, 교사는 팔을 들어 올리는 위치를 정하여 이를 단계별로, 즉 '팔을 책상 위로 약간 떨어뜨리기 → 턱 높이로 올리기 → 눈 높이로 올리기 → 머리 위로 올리기'의 순서로 조형해 나간다.

② 양(Amount) – 빈도와 지속기간

행동의 전체 양(Amount)을 측정하는 2가지 일반적인 방법으로 '빈도(Frequency)'와 '지속기간(Duration)'을 들 수 있다. '빈도'는 주어진 일정시간 내에 발생하는 행동의 수를 말하며, '지속기간'은 어떤 기간 내에 행동이 일어나는 시간의 길이를 말한다.

③ 강도(Intensity)

'강도'는 반응의 강도 혹은 힘을 측정하는 것을 의미한다. 이와 같은 강도를 평가할 경우 기계를 자주 사용하게 된다. 예를 들어 목소리의 크기와 관련된 행동의 경우, 소리측정기(Voice Meter)를 이용하여 소리의 데시벨(dB) 수준을 측정할 수 있다.

④ 자극통제(Stimulus Control)

'자극통제'는 어떤 자극이 있을 때 어떤 행동이 발생하는가를 나타내는 데 사용된다. 예를 들어, 중증도 이상의 지적장애를 가진 사람의 행동을 측정하기 위한 객관적 행동평가를 통해 중증도 지적장애자의 자기 돌보기 기술, 가사기술, 직업학교에서의 동작성 기술, 작업수행 등의 자극통제를 평가할 수 있다. 즉, "양말을 신어라"라는 언어적 지시와 촉진자극에도 불구하고 아무런 수행을 보이지 않는 경우, 언어적 지시와 촉진자극이 행동의 모델링과 함께 제시된 후 수행을 보이는 경우, 언어적 지시와 촉진자극 후에 수행을 보이는 경우, 다른 촉진자극 없이 언어적 지시만으로 적절히 수행이 이루어지는 경우로 구분하여 행동평가점수를 기록할 수 있다.

⑤ 잠재기간(Latency)

'잠재기간'은 자극이 발생하여 반응을 하기까지의 시간을 말한다. 예를 들어 어떤 아이는 비록 능률적으로 과제를 수행하지만, 그 전에 비교적 긴 잠재기간을 보인다. 즉, 과제에 착수할 시간에 이를 바로 시작하지 않고 한참을 빈둥거리다가 수행하는 것이다. 이와 같은 잠재기간은 지속기간(Duration)과 마찬가지로 시계를 가지고 평가한다.

⑥ 질(Quality)

'질'은 앞서 언급된 특성들에 부가되는 것이 아닌 그 특성들이 개선된 것이라 할 수 있다. 예를 들어 움직임의 형태(Topography)를 토대로 질의 차이를 판단할 수 있는데, 피겨스케이트 선수가 점프를 할 때 두 발로 착지하는 경우보다 한 발로 착지하는 경우 더 잘한 것으로 평가된다. 또한 빈도(Frequency)를 토대로 질의 차이를 판단할 수 있는데, 작업자의 업무능력은 그가 주어진 기간 내에 얼마나 많은 행동을 수행하는가에 따라 평가된다.

077 행동치료 Ⅳ

체계적 둔감법의 3단계 과정에 대해 간략하게 기술하시오.

점 수	• 6점 배점 문제로 출제됩니다. • 단계당 2점씩 채점됩니다.
문제해결 키워드	'체계적 둔감법'은 '체계적 둔감화', '체계적 탈감화', '체계적 탈감법', '단계적 둔감화', '단계적 둔감법', '단계적 둔화법', '체계적 감강법', '체계적 감도 감강법'이라고도 합니다.
기출 데이터 ★★★★	09, 10, 15, 18, 21년 기출

PART 2

모범답안

① 근육이완훈련

근육이완상태에서는 불안이 일어나지 않는다는 원리를 토대로 한다. 치료자(상담자)는 수회에 걸쳐 내담자가 근육의 긴장을 이완할 수 있도록 훈련시킨다.

② 불안위계목록 작성

치료자는 내담자가 가지고 있는 불안이나 공포에 대한 구체적인 정보와 함께 각각의 증상과 관련된 행동들을 파악한다. 불안이나 공포를 일으키는 유발상황에 대한 위계목록은 대략 10~20개 정도로 작성한다.

③ 불안위계목록에 따른 둔감화

치료자는 역조건형성을 통해 내담자가 이완상태에서 불안을 유발하는 상황을 상상하도록 유도한다. 이때 불안과 공포를 유발하는 상황을 상상하는 순서는 위협을 가장 적게 느끼는 상황에서부터 시작하여 가장 위협적인 상황으로 옮겨 가도록 한다. 불안유발자극과 불안반응의 관계가 완전히 소거될 때까지 절차를 반복하여 실시한다.

유사문제유형

체계적 둔감화의 실시절차를 쓰시오.

★ ① 내담자에게 신체근육을 이완하고 정신적 심상에 집중하는 방법을 알려 준다.
② 내담자의 불안을 유발하는 자극을 분석하여 불안의 정도에 따라 불안위계목록을 작성한다.
③ 내담자에게 불안위계목록상 불안을 가장 적게 일으키는 장면부터 상상하도록 요구한다.
④ 내담자가 다시 불안을 느끼는 경우 이완훈련을 실시한다.
⑤ 점차적으로 자극의 강도를 높여 불안을 가장 심하게 일으키는 장면에 이르기까지 체계적으로 접근한다.
⑥ 가장 심한 자극에 이르기까지 내담자가 불안을 느끼지 않는 경우 상담과정을 종료한다.

078 인지·정서·행동치료(REBT) Ⅰ

인지 · 정서 · 행동적 상담(REBT)의 ABCDE 모델에 기초하여 치료계획을 세우시오.

점 수	5점 배점 문제로 출제됩니다.
문제해결 키워드	이 문제는 구체적으로 인지 · 정서 · 행동적 상담(REBT)의 ABCDE 모델을 설명하라는 것인지, ABCDE 모델의 실제적인 진행 과정을 예를 들어 설명하라는 것인지 모호합니다. 그러나 문제상에서 ABCDE 모델 그 자체를 강조하기보다는 ABCDE 모델에 기초하여 치료계획을 짜도록 요구하고 있다는 점에 착안하여, ABCDE 모델에 기초한 상담진행절차를 기술하고 있는 '한숙자, 『전문상담학개론』, 창지사 刊'을 참고하여 답안을 작성하였습니다. 또한 치료계획의 구체적인 단계는 명확히 정해져 있지 않지만, 문항 배점을 고려하여 이를 5단계로 구분하고 답안을 작성하였습니다.
기출 데이터 ★★	14, 20년 기출

모범답안

① 제1단계 : 합리적 신념과 비합리적 신념의 구분
상담자는 내담자에게 인지 · 정서 · 행동적 상담(REBT)에 대한 책자나 상담자의 설명 등을 통해 상담의 관점, 논리 등을 내담자에게 교육시킨다. 이를 통해 내담자는 합리적 신념과 비합리적 신념을 구분하는 방법을 배우게 된다.

② 제2단계 : 내담자의 자기보고 및 상담자의 관찰을 통한 비합리적 신념의 발견 및 인식 유도
면담 과정에서 내담자의 자기보고 및 상담자의 관찰을 통해 내담자의 심리적인 문제를 야기한 비합리적 신념을 발견하고 내담자가 이를 인식 및 인정하도록 한다. 또한 내담자가 반복적으로 자기패배적인 대화나 사고를 통해 자신의 비합리적 신념을 유지하고 있다는 사실을 인식하도록 한다.

③ 제3단계 : 내담자의 비합리적 신념에 대한 논박
상담자는 내담자의 비합리적 신념에 대해 내담자가 포기할 때까지 논박한다. 또한 합리적 신념에 대해 예를 보여 주거나 시범을 보인다.

④ 제4단계 : 내담자의 비합리적 신념을 합리적 신념으로 바꾸기 위한 연습 유도 및 과제 부여
상담자는 내담자가 자신의 비합리적 신념을 합리적 신념으로 바꾸도록 연습시킨다(예 합리적 신념을 큰 소리로 되뇌게 하기, 자기패배적인 자기대화를 합리적인 자기대화로 바꾸도록 하기 등). 또한 상담자는 내담자에게 일상생활에서의 비합리적 신념을 찾고 이를 스스로 논박하도록 인지적 과제를 부여한다. 이후 면담 과정을 통해 내담자가 과제를 제대로 수행했는지 그 여부를 점검한다.

⑤ 제5단계 : 합리적 행동의 시연 및 새로 학습한 결과의 실제 적용
상담자는 상담 과정을 통해 개발한 합리적 행동을 내담자에게 시연하도록 요구하며, 새롭게 학습한 결과를 실제상황에 적용해 보도록 격려한다. 또한 그에 대한 반복적인 학습이 이루어지도록 지지한다.

유사문제유형

제시된 사례를 REBT의 ABCDE 치료모델에 맞추어 설명하시오. (※ 194p 참고)

079 인지·정서·행동치료(REBT) II

다음 보기의 사례를 읽고 물음에 답하시오.

> 올해 15세로 중학교 3학년인 A군은 평소 학교 친구들과 어울리지 못하며, 거의 매일 아침 등교시간마다 학교가기를 거부하고 있다. A군은 학교에서 아이들이 자신과 놀아주기는커녕 괴롭히고 따돌린다면서, 학교에 가는 것이 죽고 싶을 만큼 싫다고 불평을 늘어놓았다. A군은 또래 아이들에 비해 골격이 크고 당당한 체구이며, 어려서부터 태권도를 좋아하여 현재까지 도장에 다니고 있다. 그러나 A군은 중학교에 진학한 이후 성적이 최하위권으로 떨어졌으며, 현재 A군의 담임선생님은 최근 실시한 집단지능검사의 결과와 함께 A군의 일반계 고등학교 진학이 어렵다는 이야기를 A군의 어머니에게 알려 주었다고 한다. A군의 어머니는 자신의 아들이 담임선생님의 이야기처럼 고등학교 진학이 어려울 만큼 심각한 상태인지, A군이 학교생활에 적응하지 못하는 것을 어떻게 해결할 수 있을지, 앞으로 A군을 어떠한 방식으로 훈육해야 할 것인지 등의 문제를 호소하고 있다. 심리평가를 위해 A군과 A군의 어머니가 내원했을 때, A군은 무표정한 표정에 약간 어눌한 말투를 보였으며, 발음도 부정확했다. 또한 대답하는 것을 귀찮아하는 듯 매우 짧은 답변으로 일관했으며, 자신의 문제들을 쉽게 포기하려는 모습을 보였다.

보기의 내용에 제시된 내담자 A군과 A군 어머니의 호소문제에 대한 치료적 개입으로서 인지적, 정서적, 행동적 요소들을 토대로 한 개략적인 치료방향에 대해 제언하시오.

점 수	• 9점 배점 문제로 출제됩니다. • 이 문제는 완전한 복원이 이루어지지 않아 실제 문제와 약간의 차이가 있을 수 있습니다.
문제해결 키워드	이 문제는 보기의 사례 내용과 관련하여 인지 · 정서 · 행동적 상담(REBT)에서 사용하는 상담 혹은 치료의 방향으로서 인지적 요소, 정서적 요소, 행동적 요소에 대해 포괄적으로 설명하라는 것인지 혹은 그 구체적인 세부기법을 적용하여 설명하라는 것인지 모호합니다. 따라서 모든 내용들을 적절히 포함시켜 답안을 작성해 보며 철저히 대비하시기 바랍니다.
기출 데이터 ★★★★	05, 07, 09, 12, 21년 기출

PART 2

모범답안

① 인지효과

상담자는 내담자가 뭔가 잘못 생각하거나 현실을 왜곡하고 있는 것이 아닌지 살펴볼 필요가 있다. 사고 내용상의 왜곡으로는 내담자의 주변에서 일어나는 일에 대한 왜곡, 특정한 상황에서 자신의 역할에 대한 왜곡, 특정한 관계에서 다른 사람의 역할에 대한 왜곡 등으로 나타난다. 예컨대 A군이 학교가기를 거부하는 것은 자신의 문제를 해결할 수 없다는 무기력과 함께 자기패배적인 비합리적 · 비생산적 신념에서 비롯된다.

② 정서효과

상담자는 A군을 압박하는 문제들에 대해 논의하며, A군의 부정적인 감정을 유발하는 선행 사건에 주의를 기울이도록 한다. 보기의 사례에서 A군은 자신이 주위의 친구들에게 관심과 인정을 받아야 하며, 친구들이 자신과 놀아주기를 바라고 있다. 이것은 곧 A군의 부정적인 감정을 유발하는 것으로서, 다른 사람이 자신이 원하는 방식대로 행동해 주기를 바라지만, 이는 사실상 실현 불가능한 일인 것이다.

③ 행동효과

상담자는 A군의 비생산적인 습관을 제거하기 위해 새로운 행동의 시도를 요구하여 새로운 경험을 해볼 수 있도록 도와야 한다. 또한 내담자 스스로 이미 합리적인 사람임을 의식적으로 연출하도록 하여 합리적으로 사고하며 행동할 것을 지시해야 한다.

더 알아보기 인지·정서·행동적 상담(REBT)에서 사용하는 상담기법

• 인지적 기법

비합리적 신념 논박하기	상담자(치료자)는 내담자가 가지고 있는 비합리적 신념을 논박함으로써 내담자가 느끼는 장애가 내담자 자신의 지각과 자기진술에 의한 것임을 강조한다.
인지적 과제 부여하기	상담자는 내담자에게 자신의 문제를 목록표로 만들도록 하며, 이를 통해 자신의 절대론적 사고를 논박하도록 요구한다.
내담자의 언어 변화시키기	상담자는 내담자의 부정확한 언어사용에 주의를 기울이는 한편, 내담자의 언어 패턴을 포착한다.

• 정서적 기법

합리적 정서 심상법 (합리적 상상하기)	상담자는 내담자에게 최악의 상황을 상상하도록 요구하며, 그 상황에 맞지 않는 부적절한 감정을 적절한 감정으로 대치하도록 한다.
합리적 역할극	내담자가 심리적인 고통을 경험했거나 그러할 것으로 예상되는 상황을 상담자와 함께 역할연기를 통해 체험해 본다.
유머 사용하기	상담자는 내담자가 진지하고 과장된 사고로 생활상의 사소한 문제를 심각한 문제 상황으로 확대하지 않도록 조치한다.

• 행동적 기법

강화와 처벌 기법	상담자는 내담자가 특정한 과제를 성공적으로 수행한 경우 보상을 하는 한편, 실패한 경우 벌칙을 부과한다.
기술훈련	내담자에게 부족한 행동기술을 향상시킬 수 있도록 교육하고 훈련하는 것이다.
역설적 과제	내담자가 외면적으로 치료를 통해 변화하고자 하는 모습과 정반대로 행동해 보도록 하는 것이다(예 불안한 생각으로 고통을 받는 사람에게 하루에도 몇 번씩 의도적으로 그 생각을 하도록 요구함).

080 인지·정서·행동치료(REBT) Ⅲ

엘리스(Ellis)가 제시한 비합리적인 신념을 5가지 쓰시오.

점 수	5점 배점 문제로 출제됩니다.
문제해결 키워드	엘리스(Ellis)가 11가지의 비합리적 신념을 제시한 이후 그와 그의 동료들은 점차 비합리적 신념의 목록을 늘려갔습니다.
기출 데이터 ★★★★	12, 14, 18, 21년 기출

PART 2

모범답안

① 인간은 주위의 모든 중요한 사람들에게서 항상 사랑과 인정을 받아야만 한다.
② 인간은 모든 면에서 반드시 유능하고 성취적이어야 한다.
③ 어떤 사람은 악하고 나쁘며 야비하다. 따라서 그와 같은 행위에 대해서는 반드시 준엄한 저주와 처벌이 내려져야 한다.
④ 일이 내가 바라는 대로 되지 않는 것은 끔찍스러운 파멸이다.
⑤ 인간의 불행은 외부환경 때문이며, 인간의 힘으로는 그것을 통제할 수 없다.
⑥ 위험하거나 두려운 일이 일어날 가능성은 상존하므로, 그 가능성을 항상 유념해야 한다.
⑦ 인생에 있어서 어떤 난관이나 책임을 직면하는 것보다 회피하는 것이 더욱 쉬운 일이다.
⑧ 인간은 타인에게 의지해야 하며, 자신이 의지할만한 더욱 강력한 누군가가 있어야 한다.
⑨ 인간의 현재 행동과 운명은 과거의 경험이나 사건에 의해 결정되며, 인간은 과거의 영향에서 결코 벗어날 수 없다.
⑩ 인간은 다른 사람의 문제나 곤란에 대해 항상 신경을 써야 한다.
⑪ 인간의 문제에는 항상 정확하고 완전한 해결책이 있으므로, 이를 찾지 못하는 것은 매우 유감스러운 일이다.

더 알아보기 비합리적 신념(사고)의 4가지 특징

당위적 사고	영어의 'Must'와 'Should'로 대변되는 것으로서, 우리말로는 "반드시 ~해야 한다"로 표현된다. 예 "나는 반드시 성공해야만 한다"
파국화(재앙화)	지나친 과장을 의미하는 것으로서, 우리말로는 "~하는 것은 끔찍한 일이다"로 표현된다. 예 "기말시험을 망치는 것은 정말 끔찍한 일이다"
좌절에 대한 인내심 부족	좌절을 유발하는 상황을 잘 견디지 못하는 것으로서, 세상에 대한 부정적 · 비관적인 시각을 가지게 된다. 예 "나는 다른 사람들에게서 죄인으로 오해를 받으면서 살 수 없다"
자기 및 타인에 대한 비하	자기 자신이나 타인 혹은 상황에 대해 경멸하거나 비하함으로써 파멸적인 사고를 하는 것이다. 예 "열심히 공부하고도 성적이 떨어졌으니, 나와 같은 바보가 세상에 또 있을까?"

081 인지치료 I

벡(Beck)의 인지적 오류 6가지를 쓰고 설명하시오.

점 수	• 6점 배점 문제로 출제됩니다. • 요소당 1점씩 채점됩니다.
문제해결 키워드	• 교재에서 설명하는 인지적 오류 10가지 중 6가지를 선택해 작성하세요. • 사실 인지적 오류의 유형과 그 예는 명확한 정답이 있는 것이 아닙니다. 그 이유는 어떤 예가 보는 사람의 관점에 따라 2가지 이상의 유형에 동시에 포함될 수도 있기 때문입니다.
기출 데이터 ★★★★	07, 15, 18, 22, 23, 24년 기출

모범답안

① 임의적 추론(Arbitrary Inference)

어떤 결론을 지지하는 증거가 없거나 그 증거가 결론에 위배됨에도 불구하고 그와 같은 결론을 내린다.

예 자신의 메시지에 답변이 없다고 하여 상대방이 의도적으로 회피하는 것이라고 판단하는 경우

② 선택적 추상화(Selective Abstraction)

다른 중요한 요소들은 무시한 채 사소한 부분에 초점을 맞추고, 그 부분적인 것에 근거하여 전체 경험을 이해한다.

예 필기시험에서 우수한 성적을 거두었으나 실기시험의 결과에 스스로 만족하지 못하는 사람이 전체 시험을 망쳤다고 판단하는 경우

③ 과도한 일반화 또는 과잉일반화(Overgeneralization)

한두 가지의 고립된 사건에 근거해서 일반적인 결론을 내리고 그것을 서로 관계없는 상황에 적용한다.

예 맞선으로 처음 만난 사람에게서 좋은 인상을 받았다고 하여 그 사람의 모든 됨됨이가 올바르고 선하다고 판단하는 경우

④ 개인화(Personalization)

자신과 관련시킬 근거가 없는 외부사건을 자신과 관련시키는 성향으로, 실제로는 다른 것 때문에 생긴 일에 대해 자신이 원인이고 자신이 책임져야 할 것으로 받아들인다.

예 자신이 시험을 망쳤기 때문에 여자친구와 헤어졌다고 판단하는 경우

⑤ 이분법적 사고 또는 흑백논리적 사고(Dichotomous Thinking)

모든 경험을 한두 개의 범주로만 이해하고 중간지대가 없이 흑백논리로써 현실을 파악한다.

예 완벽하지 않은 것은 곧 잘못된 것이라고 판단하는 경우

⑥ 과장/축소 또는 의미확대/의미축소(Magnification/Minimization)

어떤 사건 또는 한 개인이나 경험이 가진 특성의 한 측면을 그것이 실제로 가진 중요성과 무관하게 과대평가하거나 과소평가한다.

예 어떤 학생이 한두 번 지각했다고 해서 그 학생이 게으르다고 판단하는 경우 혹은 시험에 수석으로 합격하고도 단지 운이 좋아서 좋은 결과에 이르렀다고 보는 경우

⑦ 정서적 추론(Emotional Reasoning)

자신의 정서적 경험이 마치 현실과 진실을 반영하는 것인 양 간주하여 이를 토대로 그 자신이나 세계 또는 미래에 대해 그릇되게 추리한다.

예 자신이 부적절하다는 느낌을 통해 아무런 쓸모없는 사람이라고 단정하는 경우

⑧ 긍정격하(Disqualifying the Positive)

자신의 긍정적인 경험이나 능력을 객관적으로 평가하지 않은 채 그것을 부정적인 경험으로 전환하거나 자신의 능력을 낮추어 본다.

예 자신의 계획이 성공에 이르렀음에도 불구하고 이를 자신의 실력이 아닌 운에 의한 것으로 돌리는 경우

⑨ 재앙화(Catastrophizing)

어떠한 사건에 대해 자신의 걱정을 지나치게 과장하여 항상 최악을 생각함으로써 두려움에 사로잡힌다.

예 길을 걷다가 개에게 물린 사람이 이제 곧 광견병으로 목숨을 잃게 될 것이라 생각하는 경우

⑩ 잘못된 명명(Mislabelling)

어떠한 하나의 행동이나 부분적 특성을 토대로 사람이나 사건에 대해 완전히 부정적이고 단정적으로 명명한다.

예 한 번 지각을 한 학생에 대해 '지각대장'이라는 이름표를 붙이는 경우

유사문제유형

다음 보기의 사례를 읽고 물음에 답하시오.

> 만약 이번 학기에 전 과목에서 A학점을 받지 못한다면, 이번 학기는 실패한 것이나 다름없어.

(1) 벡(Beck)의 인지치료에서 보기의 내용과 관련된 인지적 오류의 유형을 제시하시오.

★ 이분법적 사고(Dichotomous Thinking) 또는 흑백논리(Black-or-white Thinking)

(2) 위의 인지적 오류를 수정하는 데 가장 보편적으로 사용되는 치료기법을 쓰고 간략히 설명하시오.

★ 이분법적 사고는 완벽주의(Perfectionism)의 기저에서 흔히 발견되는 인지적 오류이다. 이는 주로 성공이 아니면 실패, 100점이 아니면 0점을 가정하여 완벽하지 못할 염려로 인해 아예 그 일을 시작하지 못하는 양상으로 나타난다. 이처럼 모든 사건이나 경험에 대해 극단적인 해석을 유도하는 이분법적 사고를 극복하기 위해 가장 보편적으로 사용되는 치료기법은 '척도화 기법(Scaling Technique)'이다. 척도화 기법은 탈이분법적 인지치료 전략에서 비롯된 것으로, 어떤 사건이나 경험을 판단할 때 양단 결정을 하지 않고 이를 비율(%)로 제시하도록 하여 중간지대를 생각하도록 하는 것이다. 예를 들어 보기의 사례에서 내담자가 성공 아니면 실패를 강조할 때, 상담자(치료자)는 내담자에게 구체적인 점수 또는 학점, 석차 등의 일정한 척도를 기준으로 제시하고 그와 같은 성적 또는 성과가 성공 또는 실패 여부를 떠나 자신에게 어떠한 의미를 지니는지 생각해 보도록 할 수 있다.

082 인지치료 II

벡(Beck)의 인지치료의 핵심과제로서 자기점검은 5개의 칼럼으로 구성된 사고기록지를 통해 가능하다. 벡과 그의 동료들이 제안하여 널리 사용되고 있는 사고기록지의 칼럼 내용을 5가지 쓰시오.

점 수	• 5점 배점 문제로 출제됩니다. • 요소당 1점씩 채점됩니다.
문제해결 키워드	내담자의 자기점검을 위한 역기능적 사고의 일일기록지, 즉 사고기록지는 행동평가의 기본원리로서 선행요인과 결과에 관심을 두는 'ABC 패러다임'의 원리를 토대로 합니다.
기출 데이터 ★★	13, 20년 기출

모범답안

① 상황(Situation)
불쾌한 감정을 유발한 실제 사건, 생각의 흐름, 기억의 내용을 기술한다.

② 감정 또는 정서[Emotion(s)]
앞선 상황에서 발생한 감정의 유형(슬픔, 불안, 분노 등) 및 그 감정의 강도를 기술한다.

③ 자동적 사고[Automatic Thought(s)]
감정과 연관된 자동적 사고 및 그 사고의 확신 정도를 기술한다.

④ 합리적 반응(Rational Response)
자동적 사고에 대한 합리적 반응 및 그 반응의 확신 정도를 기술한다.

⑤ 결과(Outcome)
현 상황에서 자동적 사고에 대한 확신 정도를 재평정하며, 그에 대한 감정 강도를 기술한다.

더 알아보기 역기능적 사고의 일일기록지(Daily Record of Dysfunctional Thoughts)

- '역기능적 사고의 일일기록지(사고기록지)'는 내담자의 역기능적 사고를 탐색하기 위한 것이다.
- 'ABC 패러다임'의 원리에 기초한 것으로, 종이 위에 구체적인 사건(상황)과 함께 그때의 감정 및 행동반응을 기술하도록 하며, 그 사이에 어떤 사고가 개입되었는지 작성하도록 한다.
- 내담자는 자동적 사고의 타당성을 검토하고 이를 보다 현실적인 사고로 전환함으로써 자신에게 어떤 감정의 변화가 나타나는지 체험할 수 있게 된다.
- 사고기록지는 내담자에게 사고를 좀 더 구체적이고 분명하게 만드는 것은 물론 자신의 불쾌 감정과 관련된 사고내용을 인식하도록 함으로써, 합리적 사고능력 및 자기관찰 능력을 향상시킨다.

083 인지치료 Ⅲ

소크라테스식 대화의 특징을 3가지 제시하고, 소크라테스식 대화의 구체적인 예를 2가지 쓰시오.

점 수	• 5점 배점 문제로 출제됩니다. • 특징과 예시 모두 작성하라고 했기 때문에 하나라도 누락 시 감점요인이 됩니다.
문제해결 키워드	소크라테스식 대화는 인지치료에서 널리 사용하는 인지기술로서, 특히 벡(Beck)이 내담자의 부적응적인 신념을 확인하고 그것의 유효성을 진단하기 위한 기법으로 활용하였습니다.
기출 데이터 ★★★★	14, 17, 20, 23년 기출

모범답안

(1) 소크라테스식 대화의 특징

① 일련의 신중한 질문을 통해 내담자 스스로 자신의 대안적 해결책을 탐색하도록 한다.

소크라테스식 대화는 치료자(상담자)가 내담자의 문제에 해결책을 제시하거나 그들의 지각 및 해석 내용을 직접적으로 논박하는 것이 아니다. 치료자는 일련의 신중한 질문을 통해 먼저 내담자가 어떤 결론을 내리고 있는지 이해한 다음, 다른 대안이 가능한지 여부를 살펴보도록 함으로써 내담자 스스로 자신의 해결책을 찾아내도록 돕는다.

② 내담자 자신이 경험한 사건에 대해 보다 자세하고 진솔한 진술을 유도한다.

소크라테스식 대화는 내담자로 하여금 치료자가 제시한 해석 내용에 동의해야 한다는 부담감 및 위협감을 덜 갖도록 한다. 그로 인해 내담자는 자신이 경험한 사건에 부여한 의미, 상상 내용, 두려워하는 것, 미래에 대한 예상 등에 대해 보다 자세하고 진솔하게 이야기할 수 있게 된다.

③ 치료자의 비판단적 · 교육적 접근을 통해 내담자의 역기능적 신념에의 변화를 유도한다.

소크라테스식 대화는 치료자가 내담자로 하여금 자기모순에 빠지도록 함정을 파거나 내담자의 신념이 잘못된 것임을 직설적으로 폭로하는 것이 아니다. 오히려 일련의 질문을 통해 내담자로 하여금 자신의 생각을 어떻게 살펴보아야 하는지에 대한 비판단적 · 교육적인 접근을 펼친다.

(2) 구체적인 예

① 논리적 · 경험적 · 실용적 논박

그와 같은 신념이 타당하다는 논리적 · 경험적 근거는 무엇인가? 그 신념이 당신의 목적 달성에 어떠한 도움이 되는가?

② 대안적 논박

다른 사람은 이 상황을 어떻게 볼 것인가? 현 상황에서 좀 더 타당한 대안적 신념은 없는가?

더 알아보기 **소크라테스식 대화를 통해 우울증을 가진 내담자를 치료하는 구체적인 예**

(환자는 퇴근 후 나머지 대부분의 시간을 침대에서 보내고 있다)
치료자 : 당신이 퇴근 후 집에 가서 침대에 눕게 될 확률이 얼마나 되나요?
내담자 : 거의 100%입니다.
치료자 : 당신이 대부분의 시간을 침대에 눕는 이유는 무엇인지요?
내담자 : 기분이 나아지기 때문이죠.
치료자 : 얼마 동안 기분이 나아지나요?
내담자 : 몇 분 동안이요.
치료자 : 그러면 그 다음에는 어떻게 되나요?
내담자 : 글쎄요, 다시 우울한 기분이 들 겁니다.
치료자 : 그렇게 된다는 것을 어떻게 알 수 있나요?
내담자 : 매번 반복되어 일어나니까요.
치료자 : 정말 그런가요? 침대에 누워 있으면서 오랫동안 기분이 나아진 적은 없나요?
내담자 : 그런 적은 없는 것 같은데요.
치료자 : 침대에 눕고 싶은 충동에 따르지 않을 경우 기분이 나아진 적은 없나요?
내담자 : 글쎄요, 어떤 활동을 할 때 기분이 나아지긴 하지요.
치료자 : 자, 그럼 침대에 눕고자 하는 당신의 충동으로 돌아갑시다. 침대에 눕는 이유가 무엇이었지요?
내담자 : 기분이 나아지는 것이지요.
치료자 : 그렇다면 침대에 눕지 않고 무언가 생산적인 활동을 하면 어떻게 될까요?
내담자 : 기분이 나아지겠죠.
치료자 : 그 이유가 무엇인지요?
내담자 : 그건 우울한 기분을 잊게 하고 다른 것에 집중할 수 있기 때문이죠.

084 인지치료 Ⅳ

인지치료에서는 내담자의 자동적 사고를 수정하기 위해 소크라테스식 질문을 사용한다. 소크라테스식 질문을 사용할 때 유의사항을 6가지 쓰시오.

점 수	• 6점 배점 문제로 출제됩니다. • 요소당 1점씩 채점됩니다.
문제해결 키워드	'소크라테스식 대화(Socratic Dialogue)' 또는 '소크라테스식 질문법(Socratic Questioning)'은 특히 인지치료에서 환자의 자동적 사고를 평가하기 위해 활용하는 기법으로서, 환자로 하여금 자신의 자동적 사고가 현실적으로 타당한가를 평가하고 좀 더 현실적인 생각을 가지도록 유도하는 방법입니다.
기출 데이터 ★★★★	13, 16, 19, 22년 기출

PART 2

모범답안

① 자동적 사고를 평가하는 것은 일종의 기술로서 반복된 연습과 지도가 필요하므로, 환자에게 이를 미리 설명하여 실망하지 않도록 한다.
② 환자의 자발적인 표현이 치료에 가장 효과적이므로, 치료자가 섣불리 답이라고 생각하는 것을 말하지 않는다.
③ 환자가 좌절하지 않도록 미리 어려움을 예상하도록 하며, 실험으로서 과제를 제시해 준다.
④ 자동적 사고를 찾는 데만 몰두하여 환자에게 취조를 받는 듯한 느낌을 주어서는 안 되며, 환자의 어려움을 공감하고 그에 대해 관심어린 태도를 보여야 한다.
⑤ 자동적 사고를 찾아내고는 그냥 넘어가서는 안 되며, 자동적 사고를 찾는 것의 의미와 그것의 유용성에 대해 다루어 주고 넘어가도록 한다.
⑥ 앞선 치료과정에서 다룬 내용은 물론 앞으로의 치료과정에서 다루어질 내용에 대해 심사숙고하는 시간을 가지도록 한다.

더 알아보기 소크라테스식 질문

• 소크라테스식 질문의 목표(Beck & Young)
  – 내담자의 문제를 구체화하거나 명확하게 규정한다.
  – 내담자의 생각, 시각적 심상, 신념 등을 포착하도록 한다.
  – 사건들에 대해 내담자가 부여한 의미를 재검토하도록 한다.
  – 특정한 사고와 행동의 결과를 평가하도록 한다.
• 내담자의 비합리적 신념을 논박하기 위한 소크라테스식 질문 유형(Gandy)
  – 논리적 논박 : 그와 같은 신념이 타당하다는 논리적 근거는 무엇인가?
  – 경험적 논박 : 그와 같은 신념이 타당하다는 현실적 · 경험적 근거는 무엇인가?
  – 실용적(기능적) 논박 : 그와 같은 신념이 당신이 추구하는 목적을 달성하는 데 어떠한 도움이 되는가?
  – 철학적 논박 : 그와 같은 신념이 당신의 인생에 있어서 어떠한 의미를 지니는가?
  – 대안적 논박 : 현 상황에서 좀 더 타당한 대안적 신념은 없는가?

085 인간중심 심리치료

인간중심상담(인간중심 심리치료)에서 강조되는 상담자의 3가지 태도를 기술하시오.

점 수	• 3점 배점 문제로 출제됩니다. • '기술하시오' 문제이므로 간략히 풀어서 답안을 작성합니다.
문제해결 키워드	• 인간중심상담에서 강조하는 상담자(치료자)의 태도는 다른 여러 교재에서 '인간중심상담에서 상담자(치료자)의 조건' 혹은 '인간중심상담에서 상담자의 성격특성과 태도'로도 제시되고 있습니다. • 이와 관련된 문제가 2차 실기시험은 물론 1차 필기시험에도 빈번히 출제되었으므로 해당 내용을 반드시 숙지하시기 바랍니다.
기출 데이터 ★★★★	08, 10, 14, 17, 18, 19, 20, 21, 22년 기출

모범답안

① 일치성과 진실성

상담자의 내적인 경험과 외적인 표현이 일치되며, 내담자와의 관계에서 개방적인 표현이 이루어지도록 노력하는 것을 의미한다. 상담자의 일치성과 진실성은 내담자의 진솔한 감정표현을 유도하며, 이를 통해 진솔한 의사소통이 촉진된다. 상담자는 내담자와의 상담관계에서 순간순간 경험하는 자신의 감정이나 태도를 있는 그대로 솔직하게 인정해야 한다.

② 공감적 이해와 경청

상담자는 내담자의 주관적인 경험을 감지하고 내담자의 마음속으로 들어감으로써 내담자가 자신의 감정을 더욱 강렬하게 경험하며, 내부의 불일치를 인식할 수 있도록 돕는다. 그러나 공감적 이해는 동정이나 동일시로써 내담자의 감정에 빠져드는 것을 의미하는 것이 아닌, 객관적인 입장에서 내담자를 깊이 있게 이해하는 것을 뜻한다.

③ 무조건적인 긍정적 관심(수용) 또는 존중

상담자는 내담자의 사고나 감정, 행동에 대한 옳고 그름, 좋고 나쁨을 평가하거나 판단해서는 안 된다. 상담자는 아무런 조건 없이 수용적인 태도로써 내담자를 존중하며, 내담자의 사고나 감정, 행동에 대한 권리를 인정해야 한다.

유사문제유형

인간중심상담에서 로저스(Rogers)가 강조한 치료자의 특성을 3가지 쓰시오.

더 알아보기

이와 관련된 문제가 2010년, 2013년 1차 필기시험에 출제되었습니다. 확인학습을 위해 다음의 문제도 풀어 보시기 바랍니다.

로저스(Rogers)의 인간중심상담에서 상담자에게 요구되는 3가지 태도에 해당하지 않는 것은?

① 일치성

② 객관적 관찰

③ 공감적 이해

④ 무조건적 존경(존중)

답 ②

로저스(Rogers)가 제안한 내담자의 긍정적 변화를 촉진시키기 위한 치료자의 3가지 조건에 해당하지 않는 것은?

① 무조건적 존중

② 정확한 공감

③ 창의성

④ 솔직성

답 ③

PART 2

086 가족치료 I

다음 보기에서 설명하는 내용이 공통적으로 어떤 가족치료 이론에 관한 것인지를 쓰시오.

- 헤일리(Haley)가 제안한 가족치료모델이다.
- 인간행동의 원인보다는 문제행동의 변화를 위한 해결방법에 초점을 둔다.
- 목표설정에 있어서 가족이 호소하는 문제를 포함하며, 가족의 문제를 해결하기 위한 다양한 전략을 모색한다.
- 단기치료에 해당하며, 증상처방 등 역설적 방법을 활용한다.

점 수	3점 배점 문제로 출제됩니다.
문제해결 키워드	전략적 가족치료(Strategic Family Therapy)는 가족의 반복적인 역기능적 행동에 직접적으로 개입하여 변화를 유도하는 치료기법이자 치료모델로서, 단기적 · 효율적인 개입을 특징으로 합니다.
기출 데이터 ★	19년 기출

모범답안

전략적 가족치료(Strategic Family Therapy)

더 알아보기 헤일리(Haley)가 제시한 가족치료의 주요 지침

- 치료자는 적극적으로 개입하여 가족의 구조를 변화시키도록 한다.
- 치료자는 가족이 제시하는 문제를 가족체계와 관련하여 파악한다.
- 치료자는 문제가 가진 긍정적인 면을 강조하여, 내담자가 새로운 맥락에서 다르게 행동하도록 한다.
- 장기적인 접근보다는 단기적인 접근이 문제해결에 더욱 효과적이다.
- 가족들은 문제해결을 기대하면서도 무의식적으로 그에 저항하므로, 역설적 기법은 문제해결에 대한 가족의 저항을 처리하는 데 도움이 된다.
- 가족치료는 가족 내의 문제를 정의하고, 문제를 해결하기 위한 새로운 행동을 촉진하며, 가족관계를 변화시키는 순서로 진행된다.

087 가족치료 II

일반적으로 가족치료를 권하게 되는 경우를 2가지 쓰시오.

점 수	• 2점 배점 문제로 출제됩니다. • 문항당 1점씩 채점됩니다.
문제해결 키워드	• 이 문제는 명확한 정답이 있는 것이 아니므로 다양한 답안이 도출될 수 있지만, 출제 의도를 고려하여 발롱–스키너(Walrond–Skinner)가 제시한 가족상담(가족치료)의 적용 지표를 소개하는 '김유숙, 『가족상담』, 학지사 刊', '김유숙, 『가족치료 이론과 실제(제3판)』, 학지사 刊'의 해당 내용을 참고하여 답안을 작성하였습니다. • '유옥, 『가족상담 및 치료의 이론과 실제』, 동문사 刊'에서는 가족치료의 필요성에 대해 ① 개인치료의 효과가 없는 경우, ② 개인치료의 효과가 느리게 나타나고 재발률이 높은 경우, ③ 환자는 현저히 회복되었지만 다른 가족성원에게서 문제가 발생되어 치료받은 환자가 다시 원상태로 돌아가게 되는 경우 등을 제시하고 있으므로, 학습에 참고하시기 바랍니다.
기출 데이터 ★★	15, 20년 기출

모범답안

① 내담자의 어떤 증상이 역기능적인 가족관계에 얽혀 있다고 판단되는 경우
내담자의 문제증상이 가족 전체의 고통이나 역기능을 표현한다고 판단될 때 가족치료(가족상담)가 최선의 선택이 될 수 있다.

② 내담자의 호소가 개인의 문제라기보다는 가족 간의 관계변화에 있다고 판단되는 경우
내담자가 부부관계, 부모자녀관계, 형제들 간의 갈등을 호소할 때 가족치료를 적용하는 것이 효과적이다.

③ 가족이 서로 분리되는 것에 대해 어려움을 겪는 경우
아동이나 청소년의 문제행동의 이면에는 분리에 대한 갈등이 내재된 경우가 많은데, 이때 가족치료의 개입이 상당한 효과를 거둘 수 있다.

더 알아보기 가족치료의 종류

- 정신역동적 가족치료 : 다세대적 가족치료모델
- 의사소통 가족치료 : 경험적 가족치료모델

088 우울증

다음 보기의 사례를 읽고 물음에 답하시오.

> 서울시 마포구에 사는 A씨는 30대 중반의 전업주부로, 결혼 후 직장을 그만두고 별다른 사회활동을 하지 않고 있다. 결혼 후 몇 년이 지나 남편이 회사일을 이유로 거의 매일 늦게 귀가하고, 주말에도 집에 머무는 경우가 극히 드물었다. A씨는 자신의 사회경력으로부터도 자신이 꿈꾸던 결혼생활로부터도 멀어지게 되었다고 생각하면서, 자신이 사회와 무관한 존재, 더 이상 아무런 가치도 없는 존재로 전락해 버렸다는 생각을 떨칠 수 없었다. 그와 같은 생각은 날이 갈수록 더해졌고, 이제는 하루 중 거의 대부분의 시간을 우울한 기분으로 보내야 했다. 결국 A씨는 더 이상 삶이 아무런 의미가 없다는 생각에 자살을 할 결심을 하게 되었다.

(1) A씨의 증상은 주요 우울장애를 시사한다. 주요 우울장애의 진단 기준에서 주요 우울증상을 4가지 기술하시오.

(2) 자살 위험성(가능성)에 대한 평가 항목을 3가지 기술하시오.

(3) 자살 위험이 높을 경우 해야 할 대처방법을 3가지 기술하시오.

점 수	• 10점 배점 문제로 출제됩니다. • 이 문제는 출제자 혹은 채점자의 기준에 따라 서로 다른 답안이 도출될 수 있습니다.
문제해결 키워드	• 정신장애의 진단 기준을 종전 DSM-Ⅳ에서 현행 DSM-5로 맞추면서 예시 및 문제가 일부 변형되었습니다. • 주요 우울장애의 진단 기준에 관한 하위문제의 경우 현행 기준에 따라 DSM-5에 의한 주요 우울증 삽화(Major Depressive Episode)의 진단 기준을 토대로 답안을 작성하였습니다. • 자살 위험성(가능성) 평가 항목에 관한 하위문제의 경우 '이홍식 外, 『자살의 이해와 예방』, 학지사 刊'에 소개된 '자살 계획의 평가'의 내용을 참고하여 답안을 작성하였습니다.
기출 데이터 ★★★★	04, 09, 13, 18, 22년 기출

모범답안

(1) A씨의 증상은 주요 우울장애를 시사한다. 주요 우울장애의 진단 기준에서 주요 우울증상을 4가지 기술하시오.

① 하루의 대부분 우울한 기분이 거의 매일 지속된다.

② 거의 모든 일상 활동에서 흥미나 즐거움을 상실한다.

③ 체중에 의미 있는 변화가 나타나거나 식욕 감소 또는 증가를 느낀다.

④ 불면 또는 과도한 수면을 한다.

⑤ 정신운동성의 초조나 지체가 나타난다.

(2) 자살 위험성(가능성)에 대한 평가 항목을 3가지 기술하시오.

① 자살 의도 평가

상담자는 자살 가능성 의심자에게 자살 의도가 있는지를 신중하게 묻는다. 만약 그렇지 않다고 대답하는 경우 일단 넘어가지만, 자살할 생각을 가끔 한다는 식의 대답이 나오는 경우 다음 단계로 넘어간다.

② 자살 방법 평가

앞선 단계에서 자살 의도가 밝혀지는 경우 어떤 방법으로 자살할 생각을 가지고 있는지 물어본다. 이때 그 방법이 더욱 위험한 것일수록, 그리고 그 계획이 보다 구체적인 것일수록 자살의 위험성이 더 큰 것으로 평가된다.

③ 자살 준비 평가

자살하기 위해 구체적으로 준비하고 있거나 준비한 적이 있는지를 질문하는 단계이다. 만약 자살 의도도 있고 방법도 생각하였으나 아직 준비 단계에 이르지 않았다면 자살의 위험성은 아직 낮은 것으로 볼 수 있다. 그러나 자살을 실제로 준비하고 있다고 대답한다면 자살이 임박한 것일 수 있으므로 그에 대한 긴급한 조치가 요구된다.

④ 자살 시도 평가

최근 자신이 생각한 방법으로 실제 자살 시도를 한 적이 있는지를 평가한다. 만약 최근에 몰래 약을 먹어 본 적이 있다거나 목을 매어 본 적이 있다고 진술하는 경우 자살의 위험성이 극도로 높은 것으로 평가되어야 하며, 이때 그와 같은 사실을 즉각 주위에 알리고 정신건강의학과 전문의를 통해 응급조치를 받도록 해야 한다.

(3) 자살 위험이 높을 경우 해야 할 대처방법을 3가지 기술하시오.

① 가족이나 가까운 사람에게 알려야 한다.

② 혼자 있지 못하게 한다.

③ 자살을 시도할 수 있는 위험한 물건이나 상황에 가까이 있지 않게 한다.

④ 정신건강의학과 전문의를 포함한 자살 예방 전문가를 만나게 한다.

더 알아보기 **자살 위험도의 평가적 요소(자살 위험도 평가의 주요 고려사항)**

- **위험에 대한 자기보고** : 자살에 대한 생각이 얼마나 자주 떠오르는지, 이를 얼마나 오랫동안 견디어 낼 수 있는지 등
- **자살의 계획** : 자살계획의 치명성 또는 성공률, 자살의 방법 및 도구, 계획의 구체성 등
- **자살력** : 과거 자살시도 경험, 가족이나 친구 등 주변 인물들의 자살 및 자살시도 여부 등
- **심리적 증상** : 심리적 고통이나 정신장애 유무, 알코올중독 또는 약물중독 여부 등
- **환경적 스트레스** : 최근 발생한 중요한 변화 또는 상실, 성취 불가능한 욕구의 유무 등
- **자원 및 지지체계** : 과거 유사한 상황에서의 도움, 자살충동의 억제요인, 미래에 대한 계획

089 인터넷중독

최근 인터넷중독이 사회적인 관심으로 대두되고 있다. 인터넷중독이 의심되는 내담자로 하여금 인터넷중독에서 벗어날 수 있도록 일반적으로 추천하는 방법을 4가지만 쓰시오.

점 수	4점 배점 문제로 출제됩니다.
문제해결 키워드	• 인터넷중독의 예방 및 치료 방법은 다양하게 제시할 수 있습니다. 이 문제의 경우에는 인터넷중독에 관한 연구로 유명한 영(Young)이 제시한 구체적인 치료전략을 토대로 답안을 작성하였습니다. • 과년도 기출문제 중에는 인터넷중독의 예방 및 치료의 대상을 청소년 내담자로 국한하여 묻는 문제도 있었습니다. 그에 대한 답안 또한 다양하게 제시될 수 있으므로, 무조건적인 암기보다는 이해가 필요합니다.
기출 데이터 ★★★	17, 20, 22년 기출

모범답안

① 반대로 실행하기(Practice the Opposite)

현재 인터넷 사용 습관이나 패턴에 대해 정확한 정보를 파악한 다음 내담자와 함께 새로운 스케줄을 짜는 방법이다. 이는 내담자의 컴퓨터 사용 패턴을 고치기 위해 평소의 패턴을 흩트려 놓고 새로운 사용시간 패턴에 적응하도록 하는 데 목표를 둔다.

예 내담자가 평소 집에 돌아오자마자 바로 컴퓨터 앞에 앉아 인터넷이나 게임을 하는 습관을 가지고 있다면, 새로운 스케줄에는 과제를 먼저 하고 저녁식사를 한 다음 컴퓨터를 사용하도록 시간을 조정한다.

② 외적 중지자 활용하기(Use External Stoppers)

내담자가 스스로 컴퓨터 사용을 제한할 수 있도록 해야 할 일이나 반드시 가야 할 장소 등의 외적 중지자를 이용하는 방법이다.

예 어떤 내담자가 매일 정해진 시간에 학원에 가야 할 경우, 그보다 1시간 전에 컴퓨터를 사용하도록 함으로써 사용시간에 외적인 제한을 둘 수 있다.

③ 컴퓨터 사용시간에 대한 구체적인 목표 세우기(Set Goals)

컴퓨터 사용시간을 통제하기 위해 합리적인 목표를 설정하여 구조적인 계획을 세우도록 하는 방법이다.

예 현재 일주일에 40시간을 사용할 경우 20시간으로 조정하고, 이를 특정 시간대로 배분하여 달력이나 다이어리의 주별 계획표에 적어 넣는다. 이와 같은 방법은 내담자에게 스스로 컴퓨터 사용을 통제해 나간다는 자신감을 경험할 수 있는 기회를 제공한다.

④ 특정 응용프로그램의 사용 금지(Abstain from a Particular Application)

내담자에게 가장 문제가 되는 특정 응용프로그램이 무엇인지 파악하여 해당 프로그램의 사용을 금지시키는 방법이다.

예 내담자가 채팅 프로그램에 중독적인 성향을 보이는 경우, 채팅 프로그램의 사용을 금지시키는 대신 이메일 등을 활용하도록 한다.

⑤ 득과 실을 상기시키는 카드를 활용하기(Use Reminder Cards)

컴퓨터중독으로 야기되는 문제 5가지와 함께 컴퓨터 사용시간을 줄이거나 특정 응용프로그램의 사용을 절제함으로써 얻게 되는 이점 5가지를 목록화하여 이를 카드로 작성하도록 하는 방법이다.

예 내담자가 다른 생산적인 활동 대신 컴퓨터를 사용하고 싶은 충동을 느끼게 될 때 해당 카드를 꺼내도록 함으로써, 컴퓨터 과다사용에 따른 문제와 이를 조절하여 얻는 이점을 되새겨 보도록 한다.

⑥ 그동안 소홀히 한 활동에 대한 목록 만들기(Develop a Personal Inventory)

내담자가 그동안 인터넷이나 컴퓨터게임에 몰두하느라 시간을 줄이거나 혹은 아예 무시한 활동들을 하나하나 적어서 이를 목록으로 만들도록 하는 방법이다.

예 목록에 적힌 각 활동들에 대해 '매우 중요', '중요', '그다지 중요하지 않음'의 등급을 매겨 중요성을 평가하도록 함으로써 컴퓨터중독 이전의 삶이 어떠했는지를 되돌아보도록 하는 한편, 가족관계 및 친구관계, 학교공부, 취미생활 등에서 어떤 즐거움이나 만족감을 느꼈는지를 떠올리도록 한다.

유사문제유형

인터넷중독이 의심되는 청소년 내담자에게 추천할 만한 인터넷중독에서 벗어나기 위한 방법 5가지를 기술하시오.

★ ① 컴퓨터를 가족의 공동 장소인 거실에 두어 인터넷의 부적절한 사용을 방지한다.

② 컴퓨터 사용시간을 계획하도록 하여 청소년 내담자 스스로 자신의 컴퓨터 사용을 통제하도록 유도한다.

③ 컴퓨터 이외의 다른 취미활동이나 운동을 권유함으로써 관심 영역을 분산시키는 동시에 신체적 · 정신적 건강을 도모하도록 한다.

④ 학교 과제 등 자신이 해야 할 일을 먼저 완수하도록 한 후 일종의 보상으로서 정해진 시간만큼 컴퓨터를 사용할 수 있도록 유도한다.

⑤ 평소 대화시간을 늘림으로써 학교생활이나 친구관계, 성적 및 진로문제 등의 고민을 가지고 있는 것은 아닌지 온화한 분위기에서 이야기를 나누도록 한다.

PART 2

더 알아보기 인터넷중독의 3단계

제1단계 : 호기심	• 인터넷 게임, 성인사이트, 사이버 채팅에 호기심을 가지고 참여한다. • 정기적인 접속을 통해 온라인상에서 정보를 교류한다.
제2단계 : 대리만족	• 인터넷을 통해 현실에서 느끼기 어려운 즐거움을 만끽한다. • 폭력성 · 사행성 · 음란성의 내재적인 본성을 드러낸다. • 익명성을 통해 가상현실 속에서 자유롭게 활동한다.
제3단계 : 현실탈출	• 오로지 인터넷으로의 접속상태를 희망한다. • 가상세계의 환상에 사로잡혀 현실을 인식하는 데 장애를 초래한다. • 현실세계의 질서와 규범을 무시하며, 사회적 사건의 주인공이 된다.

제4과목 자문·교육·심리재활

090 자문 I

자문의 정신건강모델과 행동주의모델의 차이점을 설명하시오.

점 수	• 4점 배점 문제로 출제됩니다. • '설명하시오' 문제이므로 개념을 간단히 쓰고 예를 더해서 답안을 작성해야 감점 없이 점수를 받을 수 있습니다.
문제해결 키워드	자문의 주요모델들의 특징과 그 차이점을 비교할 수 있어야 합니다.
기출 데이터 ★★	13, 21년 기출

모범답안

정신건강모델은 기본적으로 자문요청자(피자문자)에게 문제해결 능력이 있다고 가정하며, 자문가와 자문요청자 간의 평등한 관계를 강조한다. 반면에 행동주의모델은 자문가와 자문요청자 간에 보다 분명한 역할구분이 있다고 가정하며, 특히 행동지식 기반에 있어서 자문가와 자문요청자 간의 불균형을 강조한다.

더 알아보기

이와 관련된 문제가 2009년, 2019년 1차 필기시험에 출제되었습니다. 확인학습을 위해 다음의 문제도 풀어 보시기 바랍니다.

다음은 자문의 모델 중 무엇에 관한 설명인가?

- 자문가와 자문요청자 간에 보다 분명한 역할이 있다.
- 자문가는 학습이론이 어떻게 개인, 집단 및 조직의 문제에 실질적으로 적용될 수 있는지를 가르치고 보여 주는 인정된 전문가이다.
- 문제해결에 있어 상호관계가 있을 수 있지만 행동지식 기반에 있어서 자문가와 자문요청자 사이에는 커다란 불균형이 있다.

① 정신건강모델
② 행동주의모델
③ 조직모델
④ 과정모델

답 ②

091 자문 II

성폭행 사건과 관련하여 그 피해자로 지목된 한 여성이 수사기관에 의해 성폭력 상담소에 의뢰되었다. 그러나 정작 피해자는 자신의 성 피해 사실을 부인하고 있다. 전문상담사로서 자문을 한다고 가정할 때 적절한 자문내용 및 조치방법을 기술하시오.

점 수	5점 배점 문제로 출제됩니다.
문제해결 키워드	• 이 문제는 성폭력 피해자 심리상담의 초기단계에서 유의해야 할 사항에 관한 것입니다. 성폭력 상담과 같은 특수 상담의 특징과 그에 수반되는 유의사항을 묻는 문제는 필기 · 실기 시험에서 자주 출제되고 있으므로, 무조건적인 암기보다는 이해가 필요합니다. • 성폭력 피해자 심리상담에서는 가능하면 초기에 피해자의 가족상황과 성폭력 피해의 합병증 등에 관한 상세한 정보를 얻음으로써 피해자인 내담자가 위기상황에서 필요로 하는 즉각적인 욕구에 효과적으로 대처하도록 도움을 제공해야 합니다.
기출 데이터 ★	18년 기출

PART 2

모범답안

(1) 자문내용

① 성폭력 피해 후 피해자는 성폭력으로 인한 충격과 혼란의 단계를 거쳐 자신의 성폭력 피해 사실을 인정하지 않으려는 부정단계(Denial Phase)에 접어들게 된다. 부정단계에서 피해자는 여러 일상적인 문제에 관심을 보이면서 외견상 적응된 것 같은 모습을 보이지만, 정작 성폭력 자체에 대해서는 무관심한 듯한 태도를 보인다.

② 부정단계는 개인이 현실을 직시하지 못하여 부정하는 것이기는 하나, 이를 무조건 건강하지 못하다고 판단할 필요는 없다. 그와 같은 반응은 피해자가 성폭력 경험을 직시하는 데 좀 더 시간이 필요함을 의미하는 것이기 때문이다.

③ 피해자가 성폭력 피해 이후 부정단계에 들어갈 경우 성폭력 자체에 대해 외견상 무관심을 표명하는 만큼 상담을 받지 않으려는 경향을 보일 수 있다. 결국 성폭력 상담에 있어서 위기개입은 피해자에 대한 유일한 개입이 될 수도 있다는 점에서 중요하다.

(2) 조치방법

① 성폭력 피해자는 성폭력 관련 핵심감정들을 감당할 수 없을 때 의식적 혹은 무의식적 수준에서 핵심감정을 억압하거나 부인하는 경향이 있다. 따라서 성폭력으로 인한 내면의 상처를 치유하기 위해서는 우선적으로 억압했거나 부인했던 감정들을 인식하고 수용하며, 이를 표현하도록 하는 것이 선행되어야 한다.

② 상담자는 피해자인 내담자에게 보조를 맞추어 내담자가 화제를 주도하도록 개방함으로써 신뢰감을 촉진시킨 후 서서히 상담을 위한 유대를 발전시켜 나가야 한다. 이를 위해 상담자는 내담자에게 상담내용의 주도권을 줌으로써 내담자에게 현재상황에서 표현할 수 있는 내용에 대해서만 이야기할 수 있도록 배려해야 한다. 만약 내담자가 성폭력 피해의 문제가 없다고 계속해서 부인하는 경우 일단 수용하며, 언제든지 상담의 기회가 있음을 설명해야 한다.

유사문제유형

전화로 어떤 여성이 다급한 목소리로 자신이 방금 강간을 당했다고 보고하면서 두려워하고 있다. 상담자로서 취할 조치 방법을 5가지 기술하시오.

092 자문 Ⅲ

다음 보기는 임상심리학에서 일반적인 자문의 순서를 나타낸 것이다. 빈칸에 들어갈 내용을 각각 쓰시오.

- 제1단계 : 질문의 이해
- 제2단계 : (A)
- 제3단계 : (B)
- 제4단계 : 종결
- 제5단계 : (C)

점 수	• 3점 배점 문제로 출제됩니다. • 답안당 1점씩 채점됩니다.
문제해결 키워드	자문의 순서를 묻는 문제는 유형에 약간의 차이를 두고 자주 출제되고 있으므로, 반드시 자문의 일반적인 순서 전체를 숙지하시기 바랍니다.
기출 데이터 ★★	07, 21년 기출

모범답안

① A : 평가
② B : 중재
③ C : 추적조사

더 알아보기 자문의 순서

- 제1단계 : 질문의 이해
  자문가는 피자문자의 자문 의뢰 목적과 함께 의뢰된 문제의 성질을 명확히 파악함으로써, 자문의 성격이 자신의 전문성에 부합하는 것인지 확인한다.
- 제2단계 : 평가
  자문가는 면접법이나 관찰법, 다양한 정보 · 자료의 수집 등을 통해 의뢰된 문제에 대해 조사하며, 상황을 명확하게 평가한다.
- 제3단계 : 중재
  자문가는 실제적인 자문을 통해 피자문자가 얻고자 하는 바에 대한 정확한 중재 전략을 전개한다.
- 제4단계 : 종결
  자문의 목적이 충족되거나 더 이상의 자문이 무의미하다고 판단되는 경우 자문이 종결된다. 이 경우 자문가는 잔여 쟁점들을 처리한다.
- 제5단계 : 추적조사
  자문가는 자문의 효과를 극대화하기 위해 자문의 결과에 의한 새로운 변화를 지속적으로 추적한다.

093 슈퍼비전

상담 슈퍼비전(Supervision)에서 회기 기록의 장점을 3가지 기술하시오.

점 수	6점 배점 문제로 출제됩니다.
문제해결 키워드	상담 슈퍼비전의 필요성이나 슈퍼비전의 기능에 관한 것인지, 일선 상담자의 상담 회기 기록이 상담 슈퍼비전에서 유용한 점에 관한 것인지, 아니면 슈퍼바이저의 슈퍼비전 회기 기록의 장점에 관한 것인지 모호한 경향이 있지만, 회기 기록의 장점 혹은 유용성에 관한 문제에 해당됩니다.
기출 데이터 ★	19년 기출

모범답안

① 슈퍼바이지의 자기통찰

슈퍼바이지는 슈퍼비전 회기를 기록하면서 자신만의 편안한 공간에서 좀 더 깊은 통찰을 얻을 수 있다. 즉, 슈퍼비전 회기 중 자신이 통찰한 것을 토대로 생각을 더욱 발전시키며, 슈퍼바이저의 말을 참고하여 자신이 세운 가정과 임상적 판단에 대해 다시 한 번 점검한다.

② 슈퍼바이저의 슈퍼비전 점검 및 평가를 통한 향후 전략 수립

슈퍼바이저는 슈퍼비전 회기를 기록하면서 자신의 슈퍼비전 양식을 확인할 수 있다. 또한 회기 기록을 근거로 어떤 내용을 어떤 방식으로 다루었는지, 지난 슈퍼비전 회기에서 다룬 내용들이 다음 상담에 실제로 반영되고 있는지를 살펴보면서 슈퍼바이지를 평가하고 다음 슈퍼비전에 대한 전략을 세운다.

③ 교육적 · 행정적 자료

슈퍼바이지에 대한 종합적 평가가 교육적 · 행정적 결정에 중대한 영향을 미치는 상황에서는 슈퍼바이저의 세심한 기록이 추후 슈퍼바이저와 슈퍼바이지 간의 갈등을 줄이는 중요한 자료가 될 수 있다.

더 알아보기 슈퍼비전의 기능(Kadushin)

- 교육적 기능

  교육적 슈퍼비전(Supervision)의 핵심은 슈퍼비전을 받는 슈퍼바이지(Supervisee)로서 상담자의 지식과 기술을 향상시키는 데 있다. 슈퍼바이저(Supervisor)는 기관의 기본가치, 임무 및 목적에 대한 교육과 함께 다양한 서비스 실천이론 및 모델에 대한 교육을 통해 상담자의 문제해결 및 실천기술 향상을 도모한다.
- 관리적 · 행정적 기능

  관리자로서 슈퍼바이저의 역할은 기관의 규정과 절차에 부합하는 서비스를 제공하는 데 초점을 둔다. 가장 적합한 상담자에게 특정 내담자의 사례를 위임하는 것을 비롯하여 상담자의 사례관리 및 서비스 제공을 감독하고 평가하는 역할을 수행한다.
- 지지적 기능

  슈퍼비전의 교육적 기능 및 관리적(행정적) 기능은 상담자의 수단적 욕구에 관심을 두지만, 지지적 기능은 상담자의 개별적 욕구에 관심을 둔다. 슈퍼바이저는 슈퍼바이지인 상담자의 동기와 사기를 진작시키는 한편 불만족과 좌절을 해결함으로써 업무만족을 높이는 데 초점을 둔다.

094 청소년 상담

다음 보기의 사례를 읽고 물음에 답하시오.

> 충북 청주시의 **초등학교 5학년 학생인 박모 군은 평소 또래 친구들과 어울리지 못하고 집단따돌림을 당하던 중 일주일 전 자신이 거주하는 아파트에서 뛰어내려 스스로 목숨을 끊었다. 같은 반 학생들은 집단따돌림에 대한 가담 여부를 떠나 박모 군의 자살소식을 듣고 실의에 잠겼으며, 심지어 박모 군의 죽음에 대해 죄책감까지 느끼게 되었다. 박모 군의 담임선생님은 이러한 사실을 교장선생님께 전하였고, 교장선생님은 아이들의 심리적 안정을 위해 임상심리사를 학교로 초대하였다.

(1) 보기의 내용과 관련된 임상심리사의 주요역할 및 기능에 대해 기술하시오.

(2) 임상심리사가 학생들을 도울 수 있는 방법을 구체적으로 4가지 기술하시오.

점 수	• 10점 배점 문제로 출제됩니다. • '기술하시오' 문제이므로 간략히 풀어서 답안을 작성합니다.
문제해결 키워드	• 이 문제는 정확한 복원이 어렵고 문제 자체가 매우 포괄적인 내용을 다루고 있으므로 몇 가지 다른 답안도 가능합니다. 참고로 임상심리사의 일반적인 역할로는 '진단 및 평가, 심리치료, 심리재활, 교육 및 훈련, 자문, 행정 및 지도, 연구' 등이 있습니다. • 이 문제의 핵심은 임상심리사의 다양한 역할들을 토대로 실제 임상장면에서 적용할 수 있는 구체적인 문제해결 방법을 제시하는 것으로 보입니다.
기출 데이터 ★★★	04, 08, 18년 기출

모범답안

(1) 보기의 내용과 관련된 임상심리사의 주요역할 및 기능에 대해 기술하시오.

① 심리치료

임상심리사는 동급생의 자살로 인해 심리적인 충격을 받고 있는 학생들의 심리적인 문제를 해결하기 위해 노력하게 되는데, 이는 임상심리사의 심리치료자로서의 역할에 해당한다. 임상심리사는 정신역동치료, 행동주의치료, 인지행동치료, 인간중심치료 등을 통해 학생들의 불안이나 분노를 조절하는 것은 물론, 놀이치료, 스트레스 대처훈련, 자살 및 위기에의 개입, 각종 신경증 및 정신장애에 대한 개입 등을 통해 그들의 다양한 심리적 문제에 적극적으로 대처한다.

② 자 문

박모 군의 담임선생님과 학교 교장선생님은 학생들의 심리적인 문제와 관련된 경험부족 혹은 정보부족으로 인해 치료적 해결책을 제시할 수 없다. 임상심리사는 해당 분야의 전문가로서 그들의 요청에 의해 자문을 제공하게 되는데, 이는 임상심리사의 자문가로서의 역할에 해당한다. 자문가로서 임상심리사는 학생들의 교육 및 학교생활에 대한 책임감을 가진 교사들이 효과적인 학생지도를 수행하도록 돕는다.

(2) 임상심리사가 학생들을 도울 수 있는 방법을 구체적으로 4가지 기술하시오.

① 심리적인 충격을 받고 있는 학생, 학부모, 교사들에게 필요한 교육적 자료와 전문적 조언을 제공한다.

② 교내 보건교사와 함께 학생들의 불안감소를 위한 놀이치료, 미술치료 등 집단치료 프로그램을 계획 · 수립 · 진행한다.

③ 심각한 후유증을 보이는 학생들을 대상으로 개인상담을 실시한다.

④ 지역사회기관과 연계하여 집중적이고 지속적인 도움이 필요한 학생들을 대상으로 치료프로그램이 제공되도록 지원한다.

더 알아보기 청소년 자살행동의 5단계모델(Jacobs)

단계	내용
제1단계	• 유아기 때부터 오랜 기간에 걸쳐 어떠한 문제를 경험하면서 외로움과 무기력감을 느낀다. • 가정불화, 부모의 이혼, 부모의 권위적 · 강압적인 태도 등 특히 가정적인 문제가 주를 이룬다.
제2단계	• 청소년기 이전의 문제가 청소년기에 이르러서도 지속적으로 그들을 괴롭히며, 이는 새로운 문제로의 전이로 나타난다. • 무단결석, 낮은 학업성취도, 자신의 신체에 대한 부정적 인상 등은 특히 이전의 문제에서 비롯된 경우가 많다.
제3단계	• 점차 스트레스 요인에 대응하는 데 어려움을 느끼면서 심한 사회적 고립감을 경험한다. • 가정과 학교에서 벗어나고 싶어 음주를 하거나 자살과 관련된 자료를 탐색하기 시작한다.
제4단계	• 자신에게 아무런 희망이 없음을 느끼면서 남아 있던 사회적 관계마저 끊어버리려는 듯한 일련의 사건을 일으킨다. • 자신의 신체를 보호하려는 별다른 의지를 보이지 않으면서 폭력사건에 가담하거나 임신상태에 이르기도 한다.
제5단계	• 자살을 시도하기에 앞서 자살에 대해 자기합리화를 한다. • 죽음은 고통에서 해방되는 아름다운 순간이라는 유서를 남기기도 한다.

095 정신재활 및 정신사회재활 I

다음 보기의 사례를 읽고 물음에 답하시오.

올해 30세인 A씨는 인천광역시에 위치한 **회사에 다니고 있다. A씨는 지난 1년 전부터 회사 직원들을 비롯한 주위 사람들이 자신을 감시하고 있고, 자신이 평소 하는 말이 언론을 통해 보도되고 있다며 몹시 불안해하고 있다. 또한 알아들을 수 없는 말들을 혼자 중얼거리는가 하면, 종종 문을 걸어 잠근 채 다른 사람들과 만나는 것을 거부하곤 하였다.

당신은 임상심리사로서 A씨와 같이 정신질환을 가진 사람들을 모아서 정신재활프로그램을 운영하고자 한다. 이러한 정신재활에 있어서 가장 기본적인 원리에 해당하는 것을 5가지 기술하시오.

점 수	• 5점 배점 문제로 출제됩니다. • '기술하시오' 문제이므로 간략히 풀어서 답안을 작성합니다.
문제해결 키워드	• 사실 정신재활과 정신사회재활은 명확히 구분하기 어려운 측면이 있습니다. 그 이유는 2가지 모두 환자의 신체적 · 정신적 · 사회적 · 직업적 능력을 최대한 회복시켜 인간으로서 살아갈 수 있는 권리 내지 존엄성을 회복시키는 것을 근본적인 목적으로 하고 있기 때문입니다. • 임상심리사 시험에서도 정신재활의 원리와 정신사회재활의 원리에 대한 문제가 출제되고 있으나, 모두 동일한 출처에서 비롯된 것인지는 명확하지 않습니다. 참고로 이 문제 해설은 'Anthony, W. et al., 『정신재활』, 손명자 譯, 성원사 刊', '박상규, 『정신재활의 이론과 실제』, 학지사 刊' 등을 참조하였습니다.
기출 데이터 ★★★	03, 05, 15년 기출

모범답안

① 정신재활의 일차적인 초점은 정신과적 장애를 가진 사람의 능력을 향상시키는 데 있다.
② 정신재활이 환자에게 주는 이득은 그가 살고 있는 환경 속에서 필요한 행동을 향상시키는 데 있다.
③ 정신재활은 다양한 기법들을 사용하므로 절충적이라고 할 수 있다.
④ 정신재활의 주요 초점은 정신과적 장애를 가진 사람의 직업성과를 향상시키는 데 있다.
⑤ 환자가 희망을 가지는 것은 재활과정의 필수요소이다.

더 알아보기 **정신사회재활의 기본원리**

- 강점의 강조(Emphasis on Strengths)
  클라이언트의 병리보다 강점을 강조한다.
- 개별화된 평가 및 돌봄(Differential Assessment and Care)
  각각의 클라이언트의 독특한 욕구, 결핍, 환경에 기초한다.
- 지금-여기(Now & Here)
  과거의 문제보다 현재의 상태를 강조한다.
- 전문가의 열의(Commitment from Staff)
  전문가는 매우 열성적이다.
- 자기결정(Self-determination)
  인간은 자기결정의 권리와 책임을 가지고 있다.
- 환경적 자원의 활용(Utilizing Environmental Resources)
  서비스를 위해 환경 내의 인물과 자원을 동원한다.
- 정상화(Normalization)
  클라이언트에 대한 서비스는 최대한 정상적인 환경 내에서 제공한다.
- 사회의 변화(Social Change)
  사회적 환경의 변화를 시도한다.
- 조기개입(Early Intervention)
  조기개입을 선호한다.
- 취업의 강조(Emphasis on Employment)
  재활과정에서 직업재활이 중요하다.
- 기술의 습득(Equipping Clients with Skills)
  개인은 사회적 · 직업적 · 교육적 · 대인관계적 기술을 비롯하여 그 밖의 다양한 기술들을 습득할 수 있다.
- 친밀한 서비스 환경(Intimate Environment of Service)
  전문가는 권위적인 태도나 가식적인 태도를 버리고 친절한 태도로써 돌봄서비스를 제공한다.
- 의학적 측면보다 사회적 측면의 강조(Social rather than Medical Emphasis)
  돌봄서비스모델은 의학적이기보다는 사회적이다.

096 정신재활 및 정신사회재활 II

만성 정신질환자를 위한 정신사회재활의 일반적인 목표를 3가지 쓰시오.

점 수	• 3점 배점 문제로 출제됩니다. • 문제에서 요구하는 답안의 수에 따라 부분점수가 부과됩니다.
문제해결 키워드	• 이 문제는 정신사회재활의 일반적인 목표를 제시하는 것으로서, 명확한 정답이 있는 것은 아닙니다. • 정신사회재활의 목표는 아래 해설에서처럼 임상적 측면, 기능적 측면, 주관적 측면으로 구분할 수 있습니다.
기출 데이터 ★★	15, 23년 기출

모범답안

① 증상의 호전을 장기간 지속시킨다.

② 대인관계 및 독립적인 생활 기술을 습득하도록 한다.

③ 보다 만족스러운 삶의 질을 성취하도록 한다.

더 알아보기 정신사회재활의 필요성(Test et al.)

- 현재 정신과 치료의 주류를 이루는 약물치료는 증상을 감소시키는 데는 효과적인 반면, 정신과적 증상의 원인을 제거하는 데는 효과적이지 못하다.
- 정신장애인은 작은 스트레스에도 심한 정신병리를 보일 수 있으므로, 그들을 둘러싼 환경(전문가, 지역사회, 사회제도 등)을 정신장애인의 스트레스를 줄이는 방향으로 재조직할 필요가 있다.
- 정신장애인은 일상의 생존에 필요한 기능이 결여되어 있으므로, 그와 같이 결여된 기능을 보완하고 지원하는 일이 매우 중요하다.
- 입원중심치료는 입원 과정에서 파생되는 부작용으로 인해 장기간의 치료를 필요로 하므로, 이를 대체할 수 있는 형태의 접근이 필요하다.
- 탈원화는 입원치료에 의한 집중적인 케어(Care)의 연결을 어렵게 하였다. 이와 같이 입원치료를 통해 제공되는 케어는 재활의 과정을 통해 재현될 수 있다.
- 정신장애인의 재활은 일반 신체장애인의 재활보다 복잡하다. 정신장애인의 손상은 일반 신체장애인의 손상에 비해 유동적이므로, 보다 집중적인 관리가 필요하다.
- 정신사회재활의 대상은 정신장애인에게만 국한되지 않는다. 정신사회재활은 그들을 둘러싼 환경 또한 정신장애인에게 우호적으로 변화되어야 한다는 것을 의미한다.
- 대부분의 정신장애인은 타인과의 긴밀한 유대관계를 맺는 능력이 부족하다. 따라서 정신장애인이 소외되고 고립된 생활에서 벗어날 수 있도록 대인관계를 증진시키기 위한 노력이 요구된다.

097 재활치료와 재활모형

재활모형에서 손상, 장애, 핸디캡의 의미를 쓰고, 개입방법상의 차이점을 설명하시오.

점 수	• 5점 배점 문제로 출제됩니다. • '설명하시오' 문제이므로 간략하게 설명을 작성해야만 감점사항이 없습니다.
문제해결 키워드	정신재활 절차의 3단계로 '제1단계 – 평가 및 진단, 제2단계 – 계획안 수립, 제3단계 – 개입'을 들 수 있습니다.
기출 데이터 ★★★★	10, 13, 18, 23년 기출

PART 2

모범답안

(1) 의 미

① 손상(Impairment)

㉠ 생리적 · 심리적 · 해부학적 구조 또는 기능에 이상이 있는 상태를 말한다. 신체기관의 구조나 기능이 상실되는 것, 비정상적으로 병리적인 상태에 놓이는 것, 심리적 손상이 일시적 혹은 영구적으로 있는 것을 의미한다.

㉡ 사고장애나 지리멸렬, 망상, 환각, 불안, 우울, 집중력이나 기억력 상실, 주의산만, 무감동 등의 증상을 나타낸다.

② 장애(Disability)

㉠ 손상으로 인해 정상적인 행동을 수행할 능력이 제한 또는 결핍된 상태를 말한다. 즉, 개인이 사회적 상황에서 주어진 역할이나 과제를 해내지 못하거나 수행하는 데 한계를 보이는 것으로 볼 수 있다.

㉡ 기능상의 어려움으로 인해 일을 할 때나 자기 활동을 수행할 때, 의사소통이나 사회생활을 할 때 지장이 있다.

③ 핸디캡(Handicap)

㉠ 손상이나 장애로 인해 정상적인 역할수행에 제한 또는 장애가 발생함으로써 사회적 불이익을 경험하는 상태를 말한다.

㉡ 핸디캡은 주로 낙인이나 편견에서 비롯되는데, '장애인'이라는 수식어가 사회적인 불리조건을 형성하며, 그로 인해 사회생활에서의 한계를 유발한다.

(2) 개입방법상의 차이점

① 동일한 질환이나 사고에 의해 신체적 혹은 정신적 장애 상태에 놓인 경우에도 손상(Impairment)은 기관의 차원에서, 장애(Disability)는 개인의 차원에서, 핸디캡(Handicap)은 사회의 차원에서 접근이 이루어진다.

② 손상의 경우 약물치료, 정신치료 등 일반의학의 측면에서 손상의 경감에 초점을 둔 임상적 치료가 필요한 반면, 장애의 경우 재활상담, 일상생활 기술훈련, 역할훈련 등 재활의학의 측면에서 개인의 능력 개발 및 환경자원의 활용에 초점을 둔 임상적 재활이 필요하다. 또한 핸디캡의 경우 권익옹호, 편견해소, 제도적 변화 등 사회적 측면에서 사회체계의 변화를 유도하는 데 초점을 둔 사회적 재활이 필요하다.

유사문제유형

재활치료의 주요개념으로 병리, 손상, 장애, 핸디캡을 각각 설명하시오.

더 알아보기 치료와 재활의 일반적인 차이점

치 료	재 활
개인의 증상과 병리감소를 목적으로 함	개인의 강점이나 자원의 개발을 목적으로 함
다양한 인과이론에 기초하여 개입을 결정함	개입결정 시 인과이론에 기초하지 않음
과거, 현재, 미래에 초점을 둠	현재와 미래에만 초점을 둠
증상 및 가능한 원인을 측정함	현재 요구되는 기술 및 자원을 측정함
정신의학, 정신역동이론 등의 역사적 근거를 가짐	인간자원개발, 신체재활, 직업재활, 특수교육 등의 근거를 가짐
일차적 기술로 약물치료, 정신치료 등을 활용함	일차적 기술로 자원조정, 직업기술훈련 등을 활용함

098 만성 정신질환자의 회복과 치료 I

만성 정신질환을 가지고 있는 환자의 치료 및 재활을 위한 가족성원의 올바른 태도와 피해야 할 태도를 각각 5가지 제시하시오.

점 수	• 10점 배점 문제로 출제됩니다. • 총 10가지를 제시해야 하므로 답안을 최대한 응축하여 작성할 수 있는 요령이 필요합니다.
문제해결 키워드	• 만성 정신질환자의 가족 내 치료 및 재활을 위한 구체적인 태도들을 제시하도록 합니다. • 문제 자체가 어렵지는 않으므로 단순암기보다는 충분한 이해를 필요로 합니다.
기출 데이터 ★★★	05, 14, 20년 기출

모범답안

(1) 올바른 태도

① 환자가 치료와 재활을 지속적으로 받을 수 있도록 지지하고 돕도록 한다.
② 환자의 재발을 방지하기 위해 약을 지속적으로 복용하도록 격려한다.
③ 환자가 병원이나 지역사회 내에서 보다 나은 서비스를 받을 수 있도록 환자의 입장을 대변해 준다.
④ 차분하고 인내하는 집안 분위기를 유지하도록 한다.
⑤ 환자의 역할수행에 대한 기대치를 현실적인 수준으로 낮추도록 한다.
⑥ 환자가 치료와 스트레스를 적게 주는 활동에 참여하도록 격려한다.

(2) 피해야 할 태도

① 환자에게 지나치게 과잉개입하며, 자신의 모든 것을 희생한 채 환자를 헌신적으로 돌본다.
② 환자에게 지나치게 잔소리를 하거나 비판적인 어투로 말한다.
③ 가족 내에서 환자를 따돌리거나 친구를 만나지 못하게 한다.
④ 환자의 작은 호전을 마치 당연한 것으로 생각한다.
⑤ 환자가 금세 호전될 것이라고 기대한다.
⑥ 환자로 인해 자신이 좋아하는 여가 활동이나 개인적 활동을 포기한다.

099 만성 정신질환자의 회복과 치료 II

학습 및 환경변화를 통해 만성 정신질환자의 사회적 기능을 최대한 회복시키는 것을 '정신사회재활'이라고 한다. 정신사회재활에서 환자를 대상으로 한 치료적 개입에 포함되는 내용(구성요소)을 4가지 쓰시오.

점 수	4점 배점 문제로 출제됩니다.
문제해결 키워드	이 문제는 2016년 3회 18번 기출문제와 매우 유사한 문제로 볼 수 있습니다. 다만, 2016년 3회 문제에서는 재활개입의 방법적 측면을 설명하도록 요구하고 있으므로, 위의 해설 내용으로 제시된 구성요소 6가지와 함께 각 방법에 대한 간략한 정리가 요구됩니다.
기출 데이터 ★★★★	09, 13, 16, 21년 기출

모범답안

① 사회기술훈련

㉠ 사회기술훈련은 의사소통의 결여로 인해 발생하는 환자의 역기능적인 대인관계나 사회기술상의 결함을 극복하도록 하기 위한 구조화된 교육과정이다.

㉡ 환자가 사회생활을 하는 데 있어서 필요한 제반 기술들을 체계적이고 조직적으로 가르치는 것으로서, 대화기술, 사교적 관계를 형성하는 기술, 금전을 관리하는 기술, 스트레스를 관리하는 기술, 건강을 유지하는 기술 등이 포함된다.

② 환자 교육

㉠ 환자 교육은 치료를 위한 효과적인 방법을 지도하는 것은 물론 환자의 자존감을 키우고 회복에 대한 희망을 심어줌으로써 환자가 보다 적극적인 자세로 치료 과정에 참여하도록 유도한다.

㉡ 약물을 복용해야 하는 이유는 무엇인지, 복용하는 약물의 효과 및 부작용은 무엇인지 등을 가르치며, 증상 교육을 통해 현재와 과거의 증상을 인지하고 재발경고 징후를 파악함으로써 재발을 막는 데 초점을 둔다.

③ 가족 교육 및 치료

㉠ 가족 교육 및 치료는 환자의 가족에게 정신병의 원인 및 진단, 증상, 예후, 난폭한 행동에 대한 대처요령 등을 가르치는 것은 물론 가족 내 긴장이나 스트레스에서 비롯되는 역기능적 의사소통의 해소 요령 등을 교육하는 것이다.

㉡ 가족을 대상으로 한 교육은 환자의 장애에 대한 올바른 지식을 전달함으로써 이전에는 이해하지 못했던 환자의 행동을 보다 잘 이해할 수 있도록 하며, 가족의 고통과 부담을 줄임으로써 가족성원들이 환자와 함께 집에서 생활하며 경험하는 어려움을 감소시킨다.

④ 직업재활

㉠ 직업재활은 만성 정신질환자에게 필요한 물품 및 서비스를 제공받을 수 있는 수단을 제공하는 동시에 사회적인 접촉 기회를 제시하고 사회적인 역할을 부여하는 효과적인 재활치료의 중요 요소이다.

㉡ 환자가 직업을 가진다는 것은 곧 혼자서 독립적으로 생활할 수 있다는 것을 의미하므로, 직업재활은 정신사회재활의 궁극적인 목표이기도 하다.

⑤ 지역사회 지지서비스

㉠ 만성 정신질환자를 병원에 수용하는 것은 인위적 · 일시적으로 사회적인 지지만을 제공하는 것일 뿐이며, 장기적인 측면에서 환자의 사회적인 지지체계를 약화시킴으로써 정신질환의 치료 가능성을 감소시키는 부작용을 초래한다.

㉡ 지역사회 지지서비스는 지역사회 내의 정신건강복지센터(정신보건센터)를 비롯한 다양한 기관과의 연계를 통해 의학적 치료는 물론, 재정적 지원 및 주거공간의 확보, 자원의 연결, 여가활동의 제공 등 다양하고 포괄적인 서비스를 제공하는 것이다.

⑥ 다양한 주거 프로그램

㉠ 중간 집, 요양소, 낮 병원 등 다양한 주거 형태는 만성 정신질환자의 입원기간을 단축시키고 보다 신속한 사회 복귀를 돕는 과정이다.

㉡ 주거 프로그램은 환자에게 외래치료의 대체형태로서 치료의 연속성을 유지하도록 하는 동시에 사회적 지지체계와의 접촉을 유지할 수 있도록 돕는 것이다.

유사문제유형

• 만성 정신질환자에 대한 재활개입 방법을 3가지 쓰고, 각각에 대해 설명하시오.
• 정신사회재활을 계획하고 개입할 때 재활치료의 기본 구성요소를 5가지 쓰시오.

100 정신치료

시간-제한적 집단정신치료의 주요 특징을 3가지 쓰시오.

점 수	• 6점 배점 문제로 출제됩니다. • 문항당 2점으로 부분점수가 채점됩니다.
문제해결 키워드	사실 이 문제는 맞히기 매우 어려운 고난이도의 문제에 해당합니다. 일반적으로 시간제한 심리치료나 단기치료에 대한 내용들은 심리치료 관련 교재들에서 종종 볼 수 있습니다. 그로 인해 일부 교재에서는 이 문제의 답안으로 단순히 시간제한 심리치료나 단기치료의 특징을 열거하기도 합니다. 그러나 이는 엄밀한 의미에서 오답으로 볼 수 있습니다. 그 이유는 문제에서 요구하는 바가 시간제한 심리치료 혹은 단기치료가 아닌 '시간-제한적 집단정신치료'로서, 시간제한적 치료, 집단치료, 정신치료의 특성들을 모두 포함하고 있기 때문입니다.
기출 데이터 ★★★	15, 21, 23년 기출

모범답안

① 기능수준 및 집단의 동질성을 고려한 집단 참여자의 선정

시간-제한적 집단치료(Time-limited Group Psychotherapy)는 어느 정도 자아강도와 지능수준, 기본적인 인간 관계 능력과 심리적 수용능력, 변화에의 동기 등을 가지고 있는 내담자에게 적합하다. 또한 집단 구성 시 비슷한 증상을 보이는 동질집단을 구성하는 것이 효과적이다. 반면에 만성정신장애, 심한 정신병이나 성격장애, 급성 정신병 상태, 약물중독이나 심각한 자살시도 등을 경험하고 있는 사람에게는 적합하지 않다.

② 대인관계학습의 접근법

대인관계학습은 집단 참여자들을 통한 피드백과 자기 이해를 포함하는 광범위하고 복합적인 치료요인으로, 집단상황을 통한 지금-여기에서의 교정적 정서경험으로 볼 수 있다. 시간-제한적 집단치료는 치료과정에서 학습한 것을 실생활에 적용시킬 수 있도록 기회를 제공하기 위해 계획된 종결을 적절히 활용함으로써, 단기간의 치료를 통해서도 대인관계학습에 따른 성격변화를 이룰 수 있는 것으로 보고되고 있다.

③ 시간-제한(Time-limited)의 의도적인 활용

폴크스(Foulkes)는 집단정신치료에서 시간제한을 강조하면서, 집단정신치료를 종결해야 할 결정적인 시기로 대략 6개월을 제안한 바 있다. 치료에 있어서 시간제한을 의도적으로 적용할 경우 환자들에게 빨리 회복하려는 동기를 유발하고 매 회기에서 지리멸렬한 주제에서 벗어나 중요한 작업에 집중하도록 유도하며, 자기효율성을 수반하는 개인의 책임감을 인식하도록 할 수 있다.

더 알아보기 시간-제한적 집단정신치료가 부상하게 된 이유

- 정신분석적 정신치료와 얄롬(Yalom)의 집단정신치료에서 궁극적인 성격변화를 목표로 치료자와 환자 간에 합의가 도출될 때까지 장기적으로 시행하는 데서 오는 양자 간의 경제적 · 심리적 부담감을 줄일 수 있다.
- 실존치료, 게슈탈트치료 등 인간에 대한 전체적인 접근을 중시하는 이론이 수용됨에 따라, 치료자들 사이에서 완벽한 치료가 가능하지 않다는 합의가 도출되고 있다.
- 치료효과만큼 경제성, 효율성의 문제가 중시됨에 따라 보험자에 의해서 치료방법 및 치료기간이 제한되는 관리의료체제에 부응할 수 있다.
- 인지행동 집단치료를 비롯한 구조적인 시간제한 집단치료가 급증함에 따라 그 대안으로 비구조적인 집단정신치료에 있어서 시간제한의 가능성을 제시하게 되었다.

PART 3

사례형 10선

남에게 이기는 방법의 하나는 예의범절로
이기는 것이다.

– 조쉬 빌링스

PART 3 사례형 10선

01 상담사례 I

다음 보기의 사례를 읽고 물음에 답하시오.

> 내담자 : 이건 정말 믿을 수가 없어요. 선생님, 지난번 상담을 받을 때 남편이 집에 일찍 들어오겠다고 약속했었잖아요? 그런데 정말로 남편이 제시간에 맞춰 집에 오더라고요. 그렇게 약속을 잘 지킬 줄 몰랐는데, 정말 깜짝 놀랐다니까요.

보기에서 내담자의 말에 대한 상담자의 공감적 반응을 적절히 제시하시오.

점 수	5점 배점 문제로 출제됩니다.
문제해결 키워드	• '반영적 반응'과 '공감적 반응'은 동일한 것일까요? 대부분의 수험생 분들이 이 문제를 2014년 17번 기출문제와 동일한 것으로 착각한 것 같습니다. 그러나 '반영적 반응'과 '공감적 반응'은 서로 유사하지만 유의미한 차이가 있습니다. • '반영적 반응'은 내담자의 말과 행동에서 표현되는 감정 · 생각 · 태도를 상담자가 다른 참신한 말로 부연하는 기술입니다. 반면에 '공감적 반응'은 상담자가 직접 경험하지 않고도 내담자의 감정을 거의 같은 수준으로 이해하고 반응하는 기술입니다.
기출 데이터 ★★★★	03, 05, 12, 16, 18, 20년 기출

모범답안

상담자 : 남편분께서 지난번 상담에서 한 집에 일찍 들어오겠다는 약속을 지켜 주어서 상담자인 저로서도 정말 놀랍고 기쁘네요.

더 알아보기 공 감

공감(Empathy)은 '감정이입적 이해'로도 불리는 것으로, 로저스(Rogers)는 공감을 "치료자가 내담자의 경험을 마치 자기 자신의 것처럼 지각하고 이해하며, 그 이해한 것을 내담자에게 전달하는 것"으로 정의하였다. 이러한 공감은 공감적 태도에서 공감적 경청을 한 뒤 공감적 반응을 하는 과정으로 연결되므로, 공감적 반응(Empathic Response)은 곧 내담자에게 전달되는 공감의 최종 산출물로 치료자의 특정한 반응을 도출하는 행위이다. 웩슬러(Wexler)는 공감적 반응에 대해 치료자가 "당신(내담자)과 같이 있다"는 감정 경험의 동반자적 입장을 전달하는 것 이상이어야 한다고 주장하였다.

02 진단사례 I

다음 보기의 사례를 읽고 물음에 답하시오.

A씨는 올해 24세로 군 입대를 앞두고 병사용 진단서를 발급받기 위해 병사진단용검사에 의뢰되었다. MMPI 검사 결과 타당도척도에 대한 T점수가 L척도 38, F척도 112, K척도 36으로 나타났다. 또한 임상척도에 대한 T점수에서 5번 Mf 척도를 제외한 대부분의 임상척도에서 높은 점수를 보였으며, 그중 6번 Pa 척도, 7번 Pt 척도, 8번 Sc 척도 점수에서 90 이상으로 다른 임상척도에 비해 높은 점수를 보였다. A씨는 자신이 평소 과대망상증상을 보인다고 호소하였다.

보기에서 A씨의 MMPI 검사결과에 따라 유추 가능한 진단명과 함께 진단의 이유를 각각 기술하시오.

점 수	6점 배점 문제로 출제됩니다.
문제해결 키워드	이 문제는 MMPI 원판을 기준으로 출제된 것이므로, 원판의 기준에 따라 관련 교재들을 참조하여 답안을 작성하였습니다.
기출 데이터 ★	15년 기출

모범답안

(1) 진단명

꾀병(Malingering)

(2) 진단의 이유

① MMPI의 타당도척도 중 F척도(Infrequency, 비전형척도)가 L척도(Lie, 부인척도)나 K척도(Correction, 교정척도)보다 압도적으로 높게 나타나는 것은 부정왜곡(Faking-bad) 프로파일에 해당한다.

② 정신병리를 가진 사람의 경우 F척도 점수가 70~90 정도로 나타나면서 L척도나 K척도와 함께 동반상승하는 양상을 보이는 반면, 부정왜곡 프로파일에서는 F척도가 단독으로 매우 높게(흔히 100 이상) 나타나는 양상을 보인다.

③ 부정왜곡 프로파일과 무작위반응 프로파일의 차이점은 부정왜곡 프로파일의 경우 L척도와 K척도 점수가 50 이하로 낮은 반면, 무작위반응 프로파일의 경우 보통 그보다 높은 양상을 보인다. 또한 부정왜곡 프로파일의 경우 척도 6 Pa(Paranoia, 편집증)와 척도 8 Sc(Schizophrenia,정신분열증)가 동반상승하는 양상을 보이는 반면, 무작위반응 프로파일의 경우 척도 8이 단독상승하는 양상을 보인다.

④ 부정왜곡 프로파일은 실제 자신의 상태보다 나쁘게 보이려거나 혹은 병이 더욱 심한 것처럼 보이려고 하는 사람에게서 나타나는데, 특히 감정의뢰자나 징집의뢰자에게서 종종 발견된다. 보기의 사례에서 A씨는 군 입대를 앞두고 자신이 평소 과대망상증상을 보인다고 주장하고 있으나, 이는 군대징집 회피를 위한 의도적인 목적에서 비롯된 것으로 의심할 수 있다.

허위성장애(Factitious Disorder)에 대한 DSM-5의 진단기준

- 자신에게 부과된 허위성장애(Factitious Disorder Imposed on Self)
  - 신체적 혹은 심리적 징후 혹은 증상의 위장, 또는 손상이나 질병의 유발이 거짓으로 밝혀진다.
  - 자신이 마치 병들거나, 손상을 입거나, 상처를 입은 것처럼 다른 사람들에게 말한다.
  - 이와 같은 위장행동은 어떠한 가시적인 보상이 없음이 명백하다.
  - 위장행동은 망상장애나 다른 정신증적 장애와 같은 정신장애에 의해 더 잘 설명되지 않는다.
- 타인에게 부과된 허위성장애(Factitious Disorder Imposed on Another)
  - 신체적 혹은 심리적 징후 혹은 증상의 위장, 또는 손상이나 질병의 유발이 또 다른 사람에게서 거짓으로 밝혀진다.
  - 타인(희생양)이 마치 병들거나, 손상을 입거나, 상처를 입은 것처럼 다른 사람들에게 말한다.
  - 이와 같은 위장행동은 어떠한 가시적인 보상이 없음이 명백하다.
  - 위장행동은 망상장애나 다른 정신증적 장애와 같은 정신장애에 의해 더 잘 설명되지 않는다.

PART 3

더 알아보기

- 부정왜곡 프로파일(Faking-bad)은 이른바 "모두 그렇다" 프로파일과 매우 유사합니다. "모두 그렇다" 프로파일은 부정왜곡 프로파일보다 L척도와 K척도 점수는 더 낮게, F척도 점수는 더 높게 나타나는 경향이 있습니다. 이 2가지 프로파일은 공통적으로 척도 6과 척도 8이 동반상승하는 양상을 보이는데, 다만, "모두 그렇다" 프로파일의 경우 신경증과 연관된 3개 척도(척도 1, 2, 3)가 부정왜곡 프로파일보다 낮은 양상을 보임으로써 정적 기울기에 의해 정신병적 형태를 취하기도 합니다.
- 몇몇 수험생 분들은 진단명으로 '허위성장애(Factitious Disorder)'를 제시했을 것으로 짐작합니다. 그러나 이는 오답에 해당합니다. 그 이유는 꾀병의 경우 의도적으로 증상을 만들거나 과장하지만, 그 이면에는 군대징집 회피, 형벌 회피, 사회적 책임 회피, 보상금 취득 등의 명확한 의도가 있습니다. 반면에 허위성장애는 환자역할을 하려는 의도 외에 다른 현실적인 이득을 얻고자 하는 의도는 없습니다. 따라서 꾀병과 허위성장애를 반드시 구분하여야 합니다.

03 상담이론 적용사례 I

다음 보기의 사례를 읽고 물음에 답하시오.

김 대리는 업무능력이 뛰어나고 남보다 승진도 빠르다. 그러던 중 어느 날 사소한 실수를 저지르게 되었다. 상사와 동료들이 모두 괜찮다고 하였으나 정작 김 대리 본인만은 자신이 실수를 저질렀다는 사실을 용납하기 어려웠다. 김 대리는 "약간의 실수라도 저지른다면, 나의 회사생활은 끝이다."라고 생각하고 있었던 것이다. 김 대리는 이와 같은 심리적인 어려움으로 인해 이직까지 고려하고 있다.

보기에 제시된 김 대리의 사례를 REBT의 ABCDE 치료모델에 맞추어 설명하시오.

점 수	5점 배점 문제로 출제됩니다.
문제해결 키워드	• 특정 사례를 ABCDE 모델에 맞추어 각각의 단계별로 설명하는 것이 문제의 핵심입니다. • 특정 사례를 ABCDE 모델의 과정으로 설명하는 방식은 교재마다 매우 다양하게 제시되어 있으므로, 무조건적인 암기보다는 해당 내용에 대한 충실한 이해가 요구됩니다.
기출 데이터 ★★	15, 19년 기출

모범답안

① A(Activating Event, 선행사건)

내담자의 감정을 동요시키거나 내담자의 행동에 영향을 미치는 사건을 의미한다.

예 김 대리는 사소한 실수를 저질렀다.

② B(Belief System, 비합리적 신념체계)

선행사건에 대한 내담자의 비합리적 신념체계나 사고체계를 의미한다.

예 "나는 실수를 저질렀어. 이건 용납하기 어려운 일이야. 실수를 저질렀으니, 이제 나의 회사생활은 끝이야."

③ C(Consequence, 결과)

선행사건을 경험한 후 자신의 비합리적 신념체계를 통해 그 사건을 해석함으로써 느끼게 되는 정서적 · 행동적 결과를 말한다.

예 • 바람직하지 않은 정서적 결과 : 극심한 우울과 불안, 자괴감, 무가치감 등
• 바람직하지 않은 행동적 결과 : 자포자기 상태에서 자신의 업무를 소홀히 하거나 동료들과 어울리기를 피함

④ D(Dispute, 논박)

내담자가 가지고 있는 비합리적 신념이나 사고에 대해 그것이 사리에 부합하는 것인지 논리성 · 현실성 · 실용성(효용성)에 비추어 반박하는 것으로, 내담자의 비합리적 신념체계를 수정하기 위한 것이다.

예 • 논리성 : "사소한 실수로 회사생활이 끝났다고 생각하는 것이 과연 논리적으로 타당한가?"
• 현실성 : "사람은 누구나 실수를 저지르는데, 나라고 실수를 저지르지 않겠는가?"
• 실용성(효용성) : "실수를 저질렀다고 해서 의기소침해 있는 것이 나의 인간관계나 직장생활에서 어떤 도움이 되겠는가?

⑤ E(Effect, 효과)

논박으로 인해 나타나는 효과로, 내담자가 가진 비합리적인 신념을 철저하게 논박하여 합리적인 신념으로 대체한다.

예 • 인지적 효과 : "비록 실수를 저질렀지만, 그렇다고 내가 무능력한 사람은 아니다" 또는 "누구나 실수를 저지르는 만큼 나도 항상 완벽할 수만은 없다."

• 정서적 효과 : "실수를 저지른 것에 대해 약간 실망스럽지만, 그렇다고 우울하거나 불안하지는 않다" 또는 "실수를 저질렀어도 나의 상사와 동료들이 나를 미워하지는 않는다."

• 행동적 효과 : "다음에는 이와 같은 실수를 되풀이하지 않도록 좀 더 집중해야겠다" 또는 "앞으로는 지금보다 더 나아지기 위해 열심히 노력해야겠다."

04 상담사례 II

다음 보기의 사례를 읽고 물음에 답하시오.

> 내담자 : "저는 지난 밤 너무도 기이한 꿈을 꾸었어요. 벌써 제대한 지 2년이 넘었는데, 군대 취사병으로 있을 때로 돌아갔죠. 저는 저녁메뉴로 돼지를 잡아야 하는 상황이었는데요, 평소 살아있는 동물을 죽이는 것을 무척이나 싫어했음에도 고참의 지시에 따를 수밖에 없었죠. 그런데 그 돼지가 어찌나 힘이 세고 튼튼한 놈인지 칼로 놈의 목을 몇 차례 찔렀지만 마치 저를 비웃듯 계속 몸부림을 치더라고요. 이러다가는 안 되겠다 싶어 온힘을 주어 그 놈의 목을 힘껏 비틀어서는 놈의 목 한가운데를 최대한 깊숙이 찔러 넣었죠. 그러자 돼지가 몸부림을 그치고 조용히 고개를 돌렸는데요, 그 돼지가 바로 형이었던 거예요. 너무도 황당하고 두려워서 잠에서 깨어났는데요, 등에서 식은땀이 줄줄 흐르더라고요."

보기의 내담자가 이야기한 꿈의 내용을 듣고 상담자가 제시해야 할 적절한 반응을 반영, 명료화, 직면, 해석의 상담기법으로 표현하시오.

점 수	4점 배점 문제로 출제됩니다.
문제해결 키워드	이 문제는 2013년 2차 실기시험에서 변형된 형태로 출제된 바 있습니다. 특히 사례의 예로 '아버지'와 '형', '사슴'과 '돼지'가 교체되어 출제되었으나, 상담기법으로서 반영, 명료화, 직면, 해석의 구체적인 적용을 다루는 점에서 큰 차이는 없습니다. 다만, 기출복원문제 특성상 보기의 예문이나 지문의 내용에 약간의 차이가 있을 수 있으며, 문제의 특성상 제시되는 답안에도 차이가 있을 수 있습니다.
기출 데이터 ★★★★	05, 09, 15, 21, 23년 기출

모범답안

(1) 반 영

"당신은 지난밤 꿈으로 인해 정말 많이 놀랐나 보군요."

(2) 명료화

"당신은 칼에 맞은 돼지가 당신에게 고개를 돌렸을 때 황당하고 두려웠다고 말했는데요. 황당하고 두려웠다는 것은 구체적으로 어떤 죄책감이 들었다는 의미인가요?"

(3) 직 면

① "그 꿈의 결말은 결국 형을 칼로 찔렀다는 것인데, 당신이 평소 형을 미워한 것은 아닌가요?"

② "당신은 살아있는 동물을 죽이는 것을 무척이나 싫어한다고 말했는데요. 칼에 몇 차례 찔리고도 죽지 않은 돼지를 굳이 있는 힘껏 칼로 찔러 죽이려고 할 필요까지 있었나요?"

(4) 해 석

① "돼지가 힘이 무척 세고 튼튼하다고 한 것은 아마도 당신이 평소 형에 대해 가지고 있던 열등감일 수 있습니다. 혹시 당신의 형에 대한 열등감이 그와 같은 꿈으로 나타난 것은 아닌지 추측해 봅니다."

② "이 꿈은 당신이 평소 형에 대해 가지고 있던 무의식적인 사고나 감정을 담고 있는 것으로 볼 수 있을 것 같습니다. 이제 그 이야기를 나눠 보도록 하죠."

05 상담윤리 관련사례 I

다음 보기의 사례를 읽고 물음에 답하시오.

> A군은 임상심리학 전공 대학원생으로, **상담센터에서 실습을 하고 있다. A군은 자신이 개발한 새로운 프로그램을 상담에 적용해 보려던 차에, 마침 평소 자신이 호감을 가지고 있던 한 여학생이 상담센터를 찾아와 상담을 신청한 사실을 알게 되었다. A군은 그 여학생과의 상담을 자신이 맡겠다고 제안하였다.

보기의 내용에 제시된 A군의 행동이 윤리적으로 타당한지의 여부를 쓰고, 그에 대한 이유를 제시하시오.

점 수	5점 배점 문제로 출제됩니다.
문제해결 키워드	이 문제는 명확한 정답이 있는 것이 아니므로 다양한 답안이 도출될 수 있습니다. 다만, 여기서는 보기의 내용 중 전문성 결여 문제(A군의 실습생으로서 지위와 역할, 검증되지 않은 프로그램의 실제 적용에 따른 문제)와 상담관계문제(A군의 내담자에 대한 평소 호감, 개인적인 이해의 개입)에 초점을 두고, 이를 한국상담심리학회(KCPA)의 상담전문가 윤리강령과 '이장호, 『상담심리학』, 박영사 刊'의 관련 내용을 참조하여 답안으로 작성하였습니다.
기출 데이터 ★★	15, 20년 기출

모범답안

(1) 윤리적 타당성 여부(상담을 진행해도 되는가?)

윤리적 문제 동반(상담 불가)

(2) 이 유

① 전문가로서의 태도 : 전문적 능력과 성실성의 결여

㉠ 상담자는 자기 자신의 교육과 수련, 경험 등에 의해 준비된 범위 안에서 전문적인 서비스와 교육을 제공해야 한다. 또한 상담자는 자신의 신념체계, 가치, 제한점 등이 상담에 미칠 영향력을 자각하고 있어야 한다. 이는 전문적 능력과 성실성을 요구하는 전문가로서의 올바른 태도에 해당한다.

㉡ A군은 임상심리학 전공 대학원생이지만 아직 교육과 수련, 경험 등에서 완벽히 준비된 전문가로 보기 어렵다. 또한 A군이 스스로 개발한 새로운 프로그램은 그 효과나 한계점 등이 입증되지 않았으므로, 이를 실제 내담자에게 적용할 때 나타날 수 있는 부작용이나 위험성을 충분히 고려하고 있다고 볼 수 없다.

㉢ 따라서 A군은 자신이 제공할 수 있는 전문적인 도움의 한계, 자신이 개발한 새로운 프로그램이 내담자에게 미칠 수 있는 위험 등을 인식하고 지도감독자의 도움을 요청하는 것이 바람직하다. 즉, 상담자는 전문인으로서의 능력과 효율성에 대한 자기반성이나 평가가 있어야 하며, 자신의 이익이 아닌 내담자의 이익을 최우선으로 하여 내담자를 도울 수 있는 방법을 강구해야 하는 것이다.

② 상담관계 : 다중관계의 위험

㉠ 상담관계의 부적절한 유형으로서 다중관계는 상담자가 내담자와 함께 상담자–내담자로서의 관계를 맺는 것 이외에 다른 관계를 맺는 것을 말한다. 금전이나 상품의 거래관계, 친구나 친척 등 지인과의 친밀관계, 이성친구나 애인과의 성적관계 등이 대표적인 다중관계에 해당한다.

㉡ A군은 평소 자신이 호감을 가지고 있던 여학생을 대상으로 자신이 상담을 하겠다고 제안하고 있으나, 현 상황에서 A군이 자신의 개인적 욕구와 함께 그것이 상담에 미칠 영향력을 충분히 고려하고 있다고 볼 수 없다.

㉢ 따라서 A군은 내담자에 대한 자신의 개인적 욕구와 영향력을 충분히 자각하고 있어야 하며, 어떠한 경우에도 상담관계에서 비롯된 내담자의 신뢰와 의존을 자기 자신을 위해 이용해서는 안 된다. 즉, 상담자는 내담자와의 다중관계 혹은 상담자 자신의 전문적 판단에 영향을 미칠 수 있는 다른 관계를 맺지 않도록 노력해야 하는 것이다.

06 상담이론 적용사례 II

다음 보기의 사례를 읽고 물음에 답하시오.

> 올해 중학교 1학년인 A군은 어머니와 함께 상담치료소를 방문하였다. A군은 어머니가 자신을 못살게 군다고 투덜거리면서, 잔소리를 듣지 않으려고 치료 프로그램에 참여하게 되었다고 말하였다. 면담 과정에서 A군은 초등학교 3학년 때 반항성장애의 진단을 받은 것으로 나타났다. 치료자가 그와 관련된 이야기를 하는 도중, A군의 어머니가 A군의 반항적이고 도전적인 행동을 변화시켜야 한다고 주장하는 반면, A군은 어머니의 잔소리와 외출금지 명령이 자신을 자극한 것이라고 항변하면서 문제는 어머니에게 있으며, 자신은 문제가 없다고 주장하였다.

보기의 A군의 행동에 대해 ABC 모델을 적용하여 A군을 치료에 참여시키는 방법에 대해 기술하시오.

점 수	8점 배점 문제로 출제됩니다.
문제해결 키워드	이 문제는 명확한 정답이 있는 것은 아닙니다. ABC 모델에서는 '선행사건(Antecedents)', '행동(Behavior)', '후속결과(Consequences)'의 핵심을 이해하는 것도 중요하지만, 사실 그 자체만으로 치료장면 전반을 설명하기에는 한계가 있습니다. 따라서 행동치료에 대한 보다 포괄적인 이해를 필요로 합니다.
기출 데이터 ★★	12, 20년 기출

PART 3

모범답안

① ABC 모델은 '선행사건(Antecedents) → 행동(Behavior) → 후속결과(Consequences)'의 시간적 순서를 나타내는 것으로, 개인의 행동을 유발시키는 특정한 선행사건과 후속 결과가 곧 행동을 지속시키는 유지조건(Maintaining Conditions)이 된다는 사실을 강조한다.

② 선행사건(A)은 행동이 일어나도록 하는 상황 혹은 단서로서 '자극통제(Stimulus Control)'를 포함한다. 이러한 자극통제는 촉진(Prompts)과 상황적 조건(Setting Events)으로 이루어지는데, 이때 촉진은 행동을 하도록 유도하는 신호를, 상황적 조건은 행동을 유발하는 환경적 조건을 말한다. 반면에 후속결과(C)는 그 행동이 다시 일어나게 할 것인지의 여부를 결정한다. 일반적으로 행동의 결과가 만족스러운 경우 해당 행동의 반복 가능성은 높아진다. 그러나 앞으로 일어날 후속결과에 대한 기대는 다시 선행사건(A)이 되어 개인의 행동 수행 여부에 영향을 미치게 된다.

③ 행동치료의 ABC 모델은 증상이나 행동을 직접변화시키는 것이 아닌 문제행동을 유지시키는 조건을 변화시키는 데 중점을 둔다. 따라서 치료자는 내담자의 행동을 유지시키는 조건을 변화시키기 위해 우선 행동의 유지조건으로서 선행사건과 후속결과를 확인해야 한다. 보기의 사례에서는 A군의 반항적인 태도와 A군 어머니의 잔소리 등이 문제행동의 유지조건으로 작용하고 있다. 다음으로 현재 행동을 유발시키는 직접적인 원인은 과거의 사건이 아닌 지금 일어나고 있는 사건이라는 점을 기억한다. 보기의 사례에서는 A군의 과거 반항성장애의 진단사실이 중요한 것이 아닌, 지금 일어나고 있는 A군과 A군 어머니의 서로를 비난하는 태도와 서로에게 책임을 떠넘기는 태도에 주의를 기울일 필요가 있다. 더 나아가 개인의 행동이 학습에 의해 지속될 수도 변화될 수도 있다는 사실을 유념한다. 이는 유전적 · 생물학적인 원인에 의한 심리적 장애들도 학습을 통해 변화될 수 있음을 의미한다.

④ 그러므로 치료자는,

㉠ 선행사건과 후속결과로 나타나는 행동의 유지조건에 주목하여 A군과 A군 어머니에게 부적응적인 행동이 반복되어 나타나는 상황을 인식시킨다.

㉡ A군과 A군 어머니에게 지금의 상호 비난과 책임회피 행동이 치료에 도움이 되지 않는다는 사실을 주지시킨다.

㉢ 유전적 · 생물학적인 원인에 의한 심리적 장애들도 학습을 통해 변화될 수 있다는 사실을 강조함으로써 치료에의 기대를 가질 수 있도록 돕는다.

07 진단사례 II

다음은 38세 미혼 여성의 다면적인성검사(MMPI) 결과이다. 이를 토대로 수검자의 임상적 특징, 가능한 진단명, 주로 사용하는 방어기제에 대해 간략히 기술하시오.

L (76), F (42), K (80), 1 (85), 2 (60), 3 (78), 4 (62), 5 (42), 6 (53), 7 (60), 8 (56), 9 (42), 10 (50)

점 수	6점 배점 문제로 출제됩니다.
문제해결 키워드	이 문제는 MMPI 원판을 기준으로 출제된 것이므로, 원판의 기준에 따라 관련 교재들을 참조하여 답안을 작성하였습니다.
기출 데이터 ★★	12, 18년 기출

모범답안

(1) 임상적 특징

① 수검자는 타당도척도의 L척도(Lie, 부인척도)에서 76, K척도(Correction, 교정척도)에서 80으로 높은 점수를 보인 반면, F척도(Infrequency, 비전형척도)에서 42로 낮은 점수를 보이고 있다. 이는 타당도척도의 코드 유형상 'V형'에 해당한다. V형은 L척도와 K척도가 동시에 최소 60 이상인 데 반해, F척도는 50 이하인 경우를 말한다. 이와 같은 V형은 방어적 성향의 정상인이나 입사지원자에게서 흔히 나타나지만, 건강염려증 환자나 히스테리 환자 또는 만성 정신장애를 가진 사람에게서도 나타난다.

② 수검자는 임상척도의 척도 1 Hs(Hypochondriasis, 건강염려증)에서 85, 척도 3 Hy(Hysteria, 히스테리)에서 78로 높은 점수를 보이고 있다. 이와 같은 1-3(Hs & Hy)의 상승척도쌍은 심리적인 문제가 신체적인 증상으로 전환되어 나타날 수 있음을 시사한다. 이 경우 수검자는 자기중심적 성향으로 대인관계에서 피상적인 양상을 보이며, 자신의 외현적 증상이 심리적인 요인에 의한 것임을 인정하지 않으려 할 것이다.

(2) 가능한 진단명

① DSM-Ⅳ 분류기준 : 신체형장애(Somatoform Disorders) 중 전환장애(Conversion Disorder)

② DSM-5 분류기준 : 신체증상 및 관련 장애(Somatic Symptom and Related Disorders) 중 전환장애(Conversion Disorder)

(3) 주로 사용하는 방어기제

억압(Repression) 및 부인(Denial)

더 알아보기

MMPI의 1-3(Hs & Hy) 상승척도쌍의 점수와 척도 2(Depression, 우울증)의 점수 차이가 크면 클수록 전환장애의 가능성이 증가하는 것으로 보고되고 있습니다. 답안으로 신체형장애 중 전환장애를 제시한 것은 1-2(Hs & D) 상승척도쌍의 경우 신체형장애 중 신체화장애, 1-3(Hs & Hy) 상승척도쌍의 경우 신체형장애 중 전환장애의 진단가능성이 좀 더 높은 것으로 알려져 있기 때문입니다. 이와 같은 진단명은 가능성의 범주에 해당하는 것이므로 명확한 정답이 있는 것은 아닙니다.

신체증상 및 관련 장애(Somatic Symptom and Related Disorders) (DSM-5 분류기준)

신체형장애(DSM-Ⅳ)	신체증상 및 관련 장애(DSM-5)
• 신체화장애(Somatization Disorder) • 전환장애(Conversion Disorder) • 동통장애(Pain Disorder) • 건강염려증(Hypochondriasis) • 신체변형장애(Body Dysmorphic Disorder) 등	• 신체증상장애(Somatic Symptom Disorder) • 질병불안장애(Illness Anxiety Disorder) • 전환장애(Conversion Disorder) • 허위성(가장성)장애(Factitious Disorder) 등

08 진단사례 Ⅲ

다음은 50대 여성 내담자의 웩슬러지능검사(K-WAIS) 결과이다. 이를 토대로 다음의 물음에 답하시오.

하위검사명	평가치	하위검사명	평가치
기본지식	8	빠진곳찾기	5
숫자외우기	6	차례맞추기	6
어휘문제	10	토막짜기	5
산수문제	7	모양맞추기	6
이해문제	8	바꿔쓰기	5
공통성 문제	9		

(1) 정신과적 진단의 종류 2가지와 함께 감별진단을 위해 고려해야 하는 사항을 4가지 기술하시오.

(2) 내담자가 신경학적 검사상 특별한 소견이 없이 최근 남편의 외도로 인해 스트레스를 받았다고 가정할 때, 이 내담자에게서 나타난 숫자 외우기 및 산수문제 점수의 상대적 저하와 함께 동작성 지능의 전반적 저하를 설명하시오.

점 수	6점 배점 문제로 출제됩니다.
문제해결 키워드	• 이 문제는 보기의 사례 내용에 대한 정확한 복원이 이루어지지 않아 혹은 문제 자체가 완벽하지 못하여 몇 가지 다른 답안도 가능합니다. 사실 임상장면에서 웩슬러지능검사의 소검사 결과만을 가지고 정신과적 진단을 내리거나 그에 대해 감별진단을 하는 것도 쉽지 않습니다. 더욱이 문제상에서 내담자에 대한 현 병력이나 과거 병력, 신경학적 검사 결과 등에 대한 구체적인 소견 없이 추측성 진단을 내리는 것은 결코 바람직하지 않습니다. • 여기서 정신과적 진단으로 주요 우울장애와 범불안장애를 제시한 이유는 이 2가지가 동반되어 나타나는 경우가 많기 때문입니다.
기출 데이터 ★★	17, 20년 기출

모범답안

(1) 정신과적 진단 및 감별진단을 위한 고려사항

① 정신과적 진단 2가지

주요 우울장애, 범불안장애

② 감별진단을 위한 고려사항 4가지

㉠ 주의산만과 욕구불만을 참지 못하는 성향은 주의력결핍 및 과잉행동장애(ADHD)에서도 나타날 수 있으나, 이는 보통 12세 이전 아동기 동안 상당한 임상적 증상을 포함한다.

㉡ 강박장애의 반복적인 생각이나 회피행동은 범불안장애에서도 나타날 수 있다. 그러나 범불안장애의 반복적인 생각들은 보통 강박장애에서 보이는 비현실적 · 비합리적으로 보이는 강박사고와 달리 실생활에 대한 걱정인 경우가 많다.

㉢ 외상후스트레스장애(PTSD)에서도 불안은 언제나 존재한다. 만약 불안과 걱정이 외상후스트레스장애로 더 잘 설명될 경우 범불안장애를 진단할 수 없다. 또한 주요 우울장애는 외상후스트레스장애의 진단기준 대부분을 포함하지 않으며, 다른 외상후스트레스장애의 증상이 없을 때 진단된다.

PART 3

㉣ 광범위한 불안과 걱정은 우울장애, 양극성장애 및 정신병적 장애에서 흔히 동반되므로, 이러한 상태에서 과도한 불안이 발생한다고 해서 이를 서로 분리하여 범불안장애로 진단해서는 안 된다.

(2) 숫자 외우기 및 산수문제 점수의 저하, 동작성 지능의 전반적 저하

① 숫자 외우기(Digit Span)는 즉각적인 기계적 회상, 사고 패턴을 전환할 수 있는 능력, 주의력 및 주의집중력, 청각적 연속능력, 기계적 학습능력 등을 측정한다. 만약 수검자가 이 소검사에서 반응 실패를 보일 경우 낮은 기억력, 연속적 능력의 문제, 불안, 주의산만, 낮은 동기, 낮은 지능 등을 검토해야 한다. 특히 이 소검사는 수검자의 상태 불안, 즉 검사에 대한 불안에 의해 영향을 많이 받는다.

② 산수문제(Arithmetic)는 청각적 기억력, 연속적 능력, 수리적 추론 및 계산능력, 주의력 및 주의집중력, 현실접촉 및 정신적 기민성 등을 측정한다. 만약 수검자가 이 소검사에서 반응 실패를 보일 경우 주의력 및 주의집중력 부족, 종이와 연필을 사용하지 않는 데 대한 불안, 패배주의적 태도 등을 검토해야 한다. 이 소검사는 특히 수검자의 불안을 유발하는데, 이와 같은 불안과 좌절에 대해 반응하는 방식이 임상적으로 가치가 있다.

③ 동작성 지능은 비언어적 추론능력 및 개념형성능력은 물론 동작의 협응을 통해 비언어적 능력을 동작으로 표현할 수 있는 능력이 요구된다. 그러나 동작성 지능의 전반적인 저하를 보이는 대표적인 정신장애로 우울장애가 보고된다는 점에 주목할 필요가 있다. 즉, 우울장애 환자들이 수검 상황에서 보이는 주의력 및 주의집중력 저하, 불안, 낮은 동기로 인한 정신 운동성 지연 등은 실용적인 과제를 다루거나 시간제한이 있는 과제를 수행하는 데 있어서 상당한 어려움을 초래하게 된다.

④ 문제상에서 내담자가 신경학적 검사상 특별한 소견이 없이 최근 남편의 외도로 인해 스트레스를 받은 상태임을 가정할 경우, 숫자 외우기 및 산수문제 점수의 저하, 동작성 지능의 전반적 저하는 결국 내담자의 스트레스 상황에서의 주의력 및 주의집중력 저하, 불안, 낮은 동기로 인한 정신 운동성 지연 등에서 비롯되었다고 볼 수 있다.

더 알아보기 **언어성 IQ와 동작성 IQ의 점수차에 대한 해석**

- 웩슬러지능검사(K-WAIS)는 개인이 속한 연령집단에서의 유의미한 점수 차이를 근거로 하여 언어성 IQ(VIQ)와 동작성 IQ(PIQ) 간의 점수차를 이용한 해석이 가능하다. 특히 언어성 IQ와 동작성 IQ 간의 점수차가 15점 이상인 경우 임상적 · 신경학적 측면에서 유의미한 것으로 간주되며, 특히 그 차이가 20점 이상인 경우 수검자의 뇌손상이나 정신장애를 의심하기도 한다.
- 언어성 IQ와 동작성 IQ 간의 유의미한 차이가 있는 경우 수검자의 흥미 패턴, 인지양식(장 의존성/장 독립성), 뇌기능장애, 정서적 문제, 정보처리나 표현방식에서의 결함, 시간적 압박하에서의 작업능력결함 등에 주의를 기울일 필요가 있다.
- 문제상에서 50대 여성 내담자의 웩슬러지능검사 결과 동작성 소검사(빠진곳찾기, 차례맞추기, 토막짜기, 모양맞추기, 바꿔쓰기)에 의한 동작성 IQ가 언어성 소검사(기본지식, 숫자외우기, 어휘문제, 산수문제, 이해문제, 공통성문제)에 의한 언어성 IQ에 비해 임상적으로 유의미하게 낮은 양상을 보이고 있다. 또한 프로파일상에서 전체 IQ(FIQ)는 전반적으로 동일 연령대에 비해 낮은 수준을 나타내는 것으로 추정할 수 있다.
- 이와 같이 전체 IQ가 평균하 수준을 보이면서 동작성 IQ가 언어성 IQ에 비해 임상적으로 유의미하게 낮은 경우, 그 원인 및 임상적 특징을 다음과 같이 정리할 수 있다.

주요 원인	• 시 · 공간적 자극을 처리하는 뇌의 우반구가 손상된 경우 • 우울증, 신경증적 장애, 강박장애 등을 가진 경우
특 징	• 시각-운동 협응능력이 상대적으로 저조함 • 즉각적인 문제해결 능력이 저조함 • 실용적인 과제를 다루는 데 어려움이 있음 • 시간제한이 있는 과제를 수행하는 데 어려움이 있음

09 검사해석사례 Ⅰ

다음 보기의 사례를 읽고 물음에 답하시오.

> 검사자는 뇌졸중 환자를 대상으로 글자 지우기 검사를 실시하였다. 그런데 환자는 시야 좌측의 글자를 다 못 지우는 것이었다.

(1) 보기의 사례와 같은 현상을 무엇이라 지칭하는가?

(2) 뇌의 어느 반구의 손상인가?

(3) 이와 같은 현상을 평가할 수 있는 검사 종류를 한 가지만 쓰시오.

점 수	• 6점 배점 문제로 출제됩니다. • 문제에서 요구하는 답안의 수에 따라 부분점수가 부과됩니다.
문제해결 키워드	이 문제의 답안으로 (1) 보기의 사례와 같은 현상은 '편측 무시(편측 공간 무시)' 혹은 '무시 증후군'을 제시하여도 무방할 것으로 보입니다.
기출 데이터 ★★	17, 21년 기출

PART 3

모범답안

(1) 보기의 사례와 같은 현상

편측 무시(Unilateral Neglect) 또는 무시 증후군(Neglect Syndrome)

(2) 뇌의 반구 손상 위치

우반구 손상

(3) 이와 같은 현상을 평가할 수 있는 검사 종류

선 이등분 검사 또는 직선이분 검사(Line Bisection Test)

더 알아보기

• 관련 검사

– (3) 관련 현상을 평가할 수 있는 검사 종류는 그 수가 많으므로, 위의 답안에 제시된 것 이외에 다음의 검사들 중 하나를 제시하여도 된다.

– 단, 글자 지우기 검사(Letter Cancellation)는 이미 문제상에 제시되어 있으므로 생략한다.

– 그림 그리기와 베끼기 검사(Drawing and Copying Test)
– 선 지우기 검사(Line Cancellation)
– 알버트 검사(Albert's Test)
– 시계 그리기(Clock Drawing)
– 캐서린 버지고 척도(CBS ; Catherin Bergego Scale)
– 행동적 주의집중 검사(BIT ; Behavioral Inattention Test) 등

• 무시 증후군(Neglect Syndrome)

– 무시 증후군은 뇌병변 반대쪽에 의미 있는 자극을 제시하였을 때 그 자극을 감지하지 못하거나 반응을 하지 않는 현상을 말한다.

– 예를 들어 우반구 손상 환자에게 자신의 왼편에 어떤 물건을 집게 하였을 때, 그 물건을 잘 찾지 못하거나 손 움직임이 느릴 수 있다.

– 다만, 이와 같은 반응상의 장애가 기본적인 감각장애나 운동장애에 기인한 것이 아니어야 한다.

– 무시 증후군은 감각성 무시(Sensory Neglect), 동시자극에 대한 감각 소멸(Sensory Extinction to Double Simultaneous Stimulation), 운동성 무시(Motor Neglect), 편측 무시(Unilateral Neglect) 또는 편측 공간 무시(Hemispatial Neglect) 등 여러 가지 형태가 있다.

10 검사해석사례 II

다음 보기의 사례를 읽고 물음에 답하시오.

> 인천광역시의 **중학교 1학년에 재학 중인 A군은 부모가 이혼한 상태이다. A군은 어머니와 함께 살고 있으며, 보통 주말이나 방학을 이용하여 아버지와 지내고 있다. A군은 아버지의 말을 잘 따르는 편이고, 자신도 아버지와 함께 시간을 보내는 것을 좋아한다. 그런데 A군은 수업시간에 주의가 산만하고 과제를 제대로 수행하지 않으며, 종종 짜증을 부리는 모습을 보였다. A군에 대한 웩슬러지능검사 결과 언어성 IQ(VIQ)는 114, 동작성 IQ(PIQ)는 134, 전체 IQ(FIQ)는 126을 나타냈다. 특이한 것은 산수에서 7점, 숫자에서 11점으로 다른 하위검사에 비해 상대적으로 낮은 점수를 받았다.

보기의 내용에서 A군의 지능검사 결과 및 신상정보로 유추 가능한 해석을 제시하시오.

점 수	10점 배점 문제로 출제됩니다.
문제해결 키워드	이 문제의 해설 내용은 DSM-5 진단기준에 부합하도록 새롭게 변경한 것입니다.
기출 데이터 ★★	05, 20년 기출

모범답안

① A군의 지능검사 결과 전체 IQ(FIQ)가 '126'이므로 우수(Superior)의 범위에 해당한다고 볼 수 있다. 그러나 언어성 IQ(VIQ)와 동작성 IQ(PIQ)의 차이가 15점 이상인 경우 임상적 · 신경학적 측면에서 유의미한 것으로 간주되며, 특히 그 차이가 20점 이상인 경우 뇌손상이나 정신장애를 의심할 수 있는 만큼 언어성 IQ와 동작성 IQ의 점수차에 주의를 기울여야 한다.

② 일반적으로 언어성 IQ가 동작성 IQ에 비해 상대적으로 낮은 경우 청각적-언어적 정보처리능력, 언어능력 및 읽기능력 등에서의 저조한 수행을 보일 수 있으며, 이는 자폐증, 학습장애, 주의력결핍 및 과잉행동장애, 품행장애나 반사회성성격장애 등에서 비롯된 것일 수 있다.

③ 보기의 사례 내용만으로 정확한 진단을 내리기는 어려우나, A군이 주의가 산만하고 과제를 제대로 수행하지 않으며, 종종 짜증을 부리는 모습을 보인다는 점, 그리고 웩슬러지능검사의 소검사 중 산수(Arithmetic)와 숫자(Digit Span)에서 상대적으로 낮은 점수를 보인다는 점은 주의력결핍 및 과잉행동장애(ADHD ; Attention-Deficit/Hyperactivity Disorder)를 시사한다. 특히 주의력결핍 및 과잉행동장애의 증상들은 웩슬러지능검사의 소검사 중 주의산만성 요인과 연관된 산수(Arithmetic), 숫자(Digit Span), 기호쓰기(Coding) 등에서의 저조한 수행결과를 나타내는 것으로 보고되고 있다.

④ 주의력결핍 및 과잉행동장애(ADHD)가 뇌손상 및 기능결함, 유전, 심리적 요인 등에 의해 발병하며, 특히 아동이나 청소년에게서 학습의 어려움, 과제지향성 부족, 학업성취도 저하 등을 보이는 특정학습장애(Specific Learning Disorder)를 동반하기도 한다는 점에서 그에 대한 감별진단이 필요하다. 특정학습장애 또한 생물학적 원인이나 심리적 요인에 의해 발병하며, 지능수준에 비해 현저한 학습부진 양상을 보이고 과잉행동을 나타내는 경향이 있다. 다만, 특정학습장애가 읽기, 쓰기, 산술 등의 기초적 학습능력과 관련된 심리적 과정상의 장애를 특징으로 하는 데 반해, 보기의 사례에서는 그와 관련된 구체적인 학습기능상의 문제를 제시하고 있지 않다.

더 알아보기 **언어성 IQ와 동작성 IQ의 점수차에 대한 해석**

DSM-5 분류기준에 의한 특정학습장애(Specific Learning Disorder)는 DSM-Ⅳ 분류기준상 학습장애(Learning Disorders)가 새롭게 변경된 것입니다. 주의력결핍 및 과잉행동장애(ADHD)와 특정학습장애는 DSM-5에서 공통적으로 신경발달장애(Neurodevelopmental Disorders)의 하위유형으로 분류되는 만큼 다양한 특성들을 공유하고 있으며, 그와 관련하여 DSM-5에서도 이 2가지가 흔히 동반되어 나타난다고 제시하고 있습니다. 다만, 특정학습장애의 경우 학업적 기술을 배우고 사용하는 데 있어서의 어려움과 연관된 반면, 주의력결핍 및 과잉행동장애(ADHD)의 경우 그와 같은 기술을 수행하는 데 있어서의 어려움과 밀접하게 연관됩니다.

2024년

기출복원문제 및 해설

모든 전사 중 가장 강한 전사는 이 두 가지,

시간과 인내다.

– 레프 톨스토이

제1회 임상심리사 2급 실기 기출복원문제 및 해설

01

상담장면에서 내담자는 성격발달의 수준이나 불안의 정도에 따라 여러 가지 유형의 방어기제를 사용한다. 내담자에게서 나타날 수 있는 방어기제의 유형을 5가지만 쓰시오. 5점 04, 07, 10, 17, 21, 22, 23년 기출

심화해설

① 억압(Repression)

죄의식이나 괴로운 경험, 수치스러운 생각을 의식에서 무의식으로 밀어내는 것으로서 선택적인 망각을 의미한다.

예 부모의 학대에 대한 분노를 억압하여 부모에 대한 이야기를 무의식적으로 꺼리는 경우

② 부인 또는 부정(Denial)

의식화되는 경우 감당하기 어려운 고통이나 욕구를 무의식적으로 부정하는 것이다.

예 애인이 교통사고로 사망했음에도 불구하고 그의 죽음을 인정하지 않은 채 여행을 떠난 것이라고 주장하는 경우

③ 합리화(Rationalization)

현실에 더 이상 실망을 느끼지 않기 위해 또는 정당하지 못한 자신의 행동에 그럴듯한 이유를 붙이기 위해 자신의 말이나 행동을 정당화하는 것이다.

예 여우가 먹음직스러운 포도를 발견하였으나 먹을 수 없는 상황에 처했을 때 "저 포도는 신 포도라서 안 먹는다"고 말하는 경우

④ 반동형성(Reaction Formation)

자신이 가지고 있는 무의식적 소망이나 충동을 본래의 의도와 달리 반대되는 방향으로 바꾸는 것이다.

예 미운 놈에게 떡 하나 더 준다.

⑤ 투사(Projection)

사회적으로 인정받을 수 없는 자신의 행동과 생각을 마치 다른 사람의 것인 양 생각하고 남을 탓하는 것이다.

예 자기가 화가 난 것을 의식하지 못한 채 상대방이 자기에게 화를 낸다고 생각하는 경우

전문가의 한마디

방어기제의 유형에 관한 문제는 보통 3~5가지를 쓰고 설명하는 방식으로 출제되고 있으므로, 가급적 위의 5가지 유형의 명칭과 함께 간략한 내용까지 기억해 두시기 바랍니다. 다만, 이번 문제에서는 설명하라는 별다른 지시가 없으므로, 각 유형의 명칭만 답안으로 작성하도록 합니다. 또한 방어기제의 유형은 그 수가 매우 많으므로, 위의 5가지 이외에 다른 것을 제시하여도 무방합니다. 참고로 방어기제는 지그문트 프로이트(Sigmund Freud) 이후 안나 프로이트(Anna Freud)에 의해 정리되었으며, 이후 많은 정신분석 이론가들이 첨삭해 왔습니다.

02 벡(Beck)의 인지적 오류 5가지를 쓰고, 각각에 대해 설명하시오.

10점 | 07, 15, 18, 22, 23년 기출

심화해설

① 임의적 추론(Arbitrary Inference)
어떤 결론을 지지하는 증거가 없거나 그 증거가 결론에 위배됨에도 불구하고 그와 같은 결론을 내린다.
예 자신의 메시지에 답변이 없다고 하여 상대방이 의도적으로 회피하는 것이라고 판단하는 경우

② 선택적 추상화(Selective Abstraction) 또는 정신적 여과(Mental Filtering)
다른 중요한 요소들은 무시한 채 사소한 부분에 초점을 맞추고, 그 부분적인 것에 근거하여 전체 경험을 이해한다.
예 필기시험에서 우수한 성적을 거두었으나 실기시험의 결과에 스스로 만족하지 못하는 사람이 전체 시험을 망쳤다고 판단하는 경우

③ 과도한 일반화 또는 과잉일반화(Overgeneralization)
한두 가지의 고립된 사건에 근거해서 일반적인 결론을 내리고 그것을 서로 관계없는 상황에 적용한다.
예 맞선으로 처음 만난 사람에게서 좋은 인상을 받았다고 하여 그 사람의 모든 됨됨이가 올바르고 선하다고 판단하는 경우

④ 개인화(Personalization)
자신과 관련시킬 근거가 없는 외부사건을 자신과 관련시키는 성향으로, 실제로는 다른 것 때문에 생긴 일에 대해 자신이 원인이고 자신이 책임져야 할 것으로 받아들인다.
예 자신이 시험을 망쳤기 때문에 여자친구와 헤어졌다고 판단하는 경우

⑤ 이분법적 사고 또는 흑백논리적 사고(Dichotomous Thinking)
모든 경험을 한두 개의 범주로만 이해하고 중간지대가 없이 흑백논리로써 현실을 파악한다.
예 완벽하지 않은 것은 곧 잘못된 것이라고 판단하는 경우

⑥ 과장/축소 또는 의미확대/의미축소(Magnification/Minimization)
어떤 사건 또는 한 개인이나 경험이 가진 특성의 한 측면을 그것이 실제로 가진 중요성과 무관하게 과대평가하거나 과소평가한다.
예 어떤 학생이 한두 번 지각했다고 해서 그 학생이 게으르다고 판단하는 경우, 혹은 시험에 수석으로 합격하고도 단지 운이 좋아서 좋은 결과에 이르렀다고 보는 경우

⑦ 정서적 추론 또는 감정적 추리(Emotional Reasoning)
자신의 정서적 경험이 마치 현실과 진실을 반영하는 것인 양 간주하여 이를 토대로 그 자신이나 세계 또는 미래에 대해 그릇되게 추리한다.
예 자신이 부적절하다는 느낌을 통해 아무런 쓸모없는 사람이라고 단정하는 경우

⑧ 긍정 격하(Disqualifying the Positive)
자신의 긍정적인 경험이나 능력을 객관적으로 평가하지 않은 채 그것을 부정적인 경험으로 전환하거나 자신의 능력을 낮추어 본다.
예 자신의 계획이 성공에 이르렀음에도 불구하고 이를 자신의 실력이 아닌 운에 의한 것으로 돌리는 경우

⑨ 재앙화 또는 파국화(Catastrophizing)
어떠한 사건에 대해 자신의 걱정을 지나치게 과장하여 항상 최악을 생각함으로써 두려움에 사로잡힌다.
예 길을 걷다가 개에게 물린 사람이 이제 곧 광견병으로 목숨을 잃게 될 것이라 생각하는 경우

⑩ 잘못된 명명(Mislabelling)

어떠한 하나의 행동이나 부분적 특성을 토대로 사람이나 사건에 대해 완전히 부정적이고 단정적으로 명명한다.

예 한 차례 지각을 한 학생에 대해 '지각대장'이라는 이름표를 붙이는 경우

⑪ 독심술적 사고(Mind-reading)

충분한 근거 없이 다른 사람의 마음을 마음대로 추측하고 단정한다.

예 자신이 타인의 마음을 정확하게 꿰뚫어 볼 수 있는 능력을 지녔다고 믿는 경우

⑫ 예언자적 오류(Fortune Telling)

충분한 근거 없이 미래에 일어날 일을 단정하고 확신한다.

예 미팅에 나가봤자 호감 가는 이성과 짝이 되지 않거나 그에게 거부당할 것이 분명하다고 믿는 경우

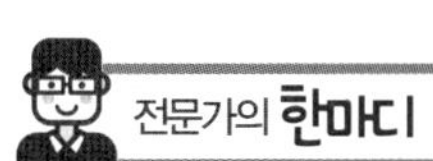

벡(Beck)의 인지적 오류에 관한 문제는 인지적 오류의 유형을 제시된 개수만큼 쓰고 설명하거나(→ 2023년 1회 2번), 보기의 사례로 제시하여 그에 해당하는 인지적 오류의 명칭을 직접 작성하거나(→ 2022년 1회 5번), 보기에 주어진 인지적 오류의 명칭과 그것에 대한 각각의 설명을 서로 매칭시키는 방식으로 출제됩니다(→ 2023년 2회 12번).

요컨대, 이 문제에서는 인지적 오류에 해당하는 각각의 유형에 대한 예를 쓰라는 지시가 없으므로, 반드시 예를 답안으로 작성해야 하는 것은 아닙니다. 사실 인지적 오류의 유형과 그 예는 명확한 정답이 있는 것이 아닙니다. 그 이유는 어떤 예가 보는 사람의 관점에 따라 두 가지 이상의 유형에 동시에 포함될 수도 있기 때문입니다. 다만, 주의해야 할 것은 인지적 오류의 유형이 머릿속에 떠오르지 않은 나머지 벡(Beck)의 인지치료의 주요 개념으로서 '자동적 사고(Automatic Thoughts)'를 답안으로 작성할 경우 오답으로 처리된다는 점입니다. 그 이유는 인지적 오류가 곧 '부정적 자동적 사고'를 의미하기 때문입니다.

03 얄롬(Yalom)이 제시한 집단상담의 치료적 요인을 5가지 기술하시오.

5점 09, 12, 13, 14, 17, 18, 19, 21, 24년 기출

심화해설

① 희망의 고취(Instillation of Hope)

집단은 집단성원들에게 문제가 개선될 수 있다는 희망을 심어주는데, 이때 희망 그 자체가 치료적 효과를 가질 수 있다.

② 보편성(Universality)

참여자 자신만 심각한 문제, 생각, 충동을 가진 것이 아니라 다른 사람들도 자기와 비슷한 갈등과 생활경험, 문제를 가지고 있다는 것을 알고 위로를 얻는다.

③ 정보전달(Imparting Information)

집단성원들은 집단상담자에게서 다양한 정보를 습득함으로써 자신의 문제에 대해 보다 명확하게 이해하며, 동료 참여자에게서 직 · 간접적인 제안, 지도, 충고 등을 얻는다.

④ 이타심(Altruism)

집단성원들은 위로, 지지, 제안 등을 통해 서로 도움을 주고받는다. 자신도 누군가에게 도움을 줄 수 있고, 타인에게 중요할 수 있다는 발견은 자존감을 높여준다.

⑤ 1차 가족집단의 교정적 재현(The Corrective Recapitulation of the Primary Family Group)

집단은 가족과 유사한 점이 있다. 다시 말해 집단상담자는 부모, 집단성원은 형제자매가 되는 것이다. 집단성원은 부모형제들과 교류하면서 집단 내에서 상호작용을 재현하는데, 그 과정을 통해 그동안 해결되지 못한 갈등상황에 대해 탐색하고 도전한다.

⑥ 사회기술의 발달(Development of Socializing Techniques)

집단성원으로부터의 피드백이나 특정 사회기술에 대한 학습을 통해 대인관계에 필요한 사회기술을 개발한다.

⑦ 모방행동(Imitative Behavior)

집단상담자와 집단성원은 새로운 행동을 배우는 데 좋은 모델이 될 수 있다.

⑧ 대인관계학습(Interpersonal Learning)

집단성원과의 상호작용을 통해 자신의 대인관계에 대한 통찰과 자신이 원하는 관계형성에 대한 아이디어를 가질 수 있으며, 대인관계 형성의 새로운 방식을 시험해 볼 수 있는 장이 된다.

⑨ 집단응집력(Group Cohesiveness)

집단 내에서 자신이 인정받고, 수용된다는 소속감은 그 자체로 집단성원의 긍정적인 변화에 영향을 미친다.

⑩ 정화(Catharsis)

집단 내의 비교적 안전한 분위기 속에서 집단성원은 그동안 억압되어온 감정을 자유롭게 발산할 수 있다.

⑪ 실존적 요인들(Existential Factors)

집단성원과의 경험 공유를 통해 자기 자신이 다른 사람에게 아무리 많은 지도와 후원을 받는다고 해도 자신의 인생에 대한 궁극적인 책임은 스스로에게 있다는 것을 배운다.

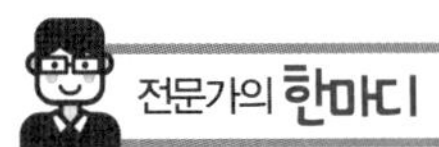

얄롬(Yalom)은 자신의 저서『집단정신치료의 이론과 실제, The Theory and Practice of Group Psychotherapy』 개정 제5판 서문을 통해 그동안 심리치료의 결실을 '치유(Cure)'로 여긴 것이 자신의 착각이었음을 고백하면서, 치유가 아닌 '변화(Change) 또는 성장(Growth)'을 강조하였습니다. 그와 함께 변화나 성장을 가져오는 요인을 기존의 '치유적 요인(Curative Factors)'에서 '치료적 요인(Therapeutic Factors)'으로 변경하였습니다. 얄롬이 제시한 집단의 치료적 요인은 위의 문제 해설에서 볼 수 있듯이 총 11가지입니다. 참고로 집단의 치료적 요인에 관한 내용은 교재에 따라 다르게 제시되기도 합니다. 'Corey, G.,『집단심리상담의 이론과 실제』, 조현재 外 譯, 시그마프레스 刊'에서는 집단의 치료적 요인을 다음과 같이 제시하고 있습니다.

- 신뢰와 수용
- 희 망
- 변화를 위한 실천
- 정 화
- 자기-드러내기
- 피드백의 이점
- 공감과 관심
- 자유로운 시도
- 친밀감
- 인지적 재구조화
- 직 면
- 논 평

04 다음 보기의 사례를 읽고 물음에 답하시오.

6점 20년 기출

내담자 : "저는 지난밤 너무도 기이한 꿈을 꾸었어요. 아버지와 함께 숲으로 사냥을 나섰는데요, 사냥감에 온통 주의를 기울이느라 깊숙한 곳까지 다다르게 되었죠. 그런데 갑자기 바위 뒤편에서 커다란 물체가 튀어나오는 거예요. 저는 순간 사슴인 줄 알고 방아쇠를 당겼지요. 어렴풋이 그 물체가 쓰러진 듯이 보였고, 저는 두근거리는 가슴을 부여잡은 채 서서히 다가갔어요. 가까이 가보니 그 물체는 사슴이 아닌 아버지였어요. 아버지가 숨을 쉬지 않은 채 죽어 있더라고요. 저는 너무도 황당하고 두려워서 잠에서 깨어났는데요, 등에서는 식은땀이 줄줄 흐르더라고요."

보기의 내담자가 이야기한 꿈의 내용을 듣고 상담자가 '명료화'와 '직면'으로 반응하는 것을 대화체로 쓰시오.

(1) 명료화

심화해설

① "비록 꿈이지만, 총을 잘못 쏘아 아버지를 돌아가시게 한 것에 대해 죄책감 같은 것을 느꼈는지도 모르겠군요."
② "황당하고 두려웠다는 것은 구체적으로 어떤 죄책감이 들었다는 의미인가요?"

(2) 직 면

심화해설

① "혹시 권위적이고 무관심한 아버지가 일찍 사고로 세상을 떠났으면 하는 생각이 마음 한구석에 있었는지도 모르겠군요."
② "평소 아버지를 미워했나요?"

(3) 반 영

심화해설

① "당신은 그런 끔찍한 꿈을 꾸고 마음이 몹시 당황했군요."
② "당신은 지난밤 꿈으로 인해 정말 많이 놀랐나보군요."

(4) 해 석

심화해설

① "권위적인 존재에 대한 적개심을 간접적으로나마 인정하고 표현했다는 점이 중요하다고 볼 수 있겠군요."
② "아버지에 대한 적개심이 총을 오작동하도록 만든 것은 아닌가요?"

전문가의 한마디

이 문제는 '아버지와 사슴', '형과 돼지'의 사례로 임상심리사 시험에 종종 등장하는 문제로서, 특히 2016년 3회 실기시험(8번) 및 2022년 3회 실기시험(3번)에 출제된 문제의 변형된 형태에 해당합니다. 수험생들의 의견에 따르면, 사슴이 등장하는 사례의 내용에는 큰 차이가 없으나, '반영'과 '해석'의 기법이 제외된 채 '명료화'와 '직면'의 반응 예를 대화체로 표현하도록 요구하고 있다는 것이었습니다. 사실 2016년 3회 및 2022년 3회 문제의 경우 상담자의 반응을 문제상에서 구체적인 대화체의 표현으로 제시하여 그에 가장 부합하는 개입기술의 명칭을 답안으로 제시하면 되었으므로 비교적 쉬운 문제로 볼 수 있었습니다. 그러나 이번 문제는 개입기술의 명칭만을 제시한 채 상담자가 내담자의 진술에 대해 특정 개입기술로써 어떻게 반응할지를 역으로 구체적인 대화체의 표현으로 쓰도록 요구하고 있다는 점에서 상당히 까다로운 문제로 볼 수 있습니다. 그 이유는 내담자의 진술에 대한 상담자의 반응에 있어서 단 하나의 표현, 즉 단 하나의 정답이 있는 것은 아니며, 앞선 두 회의 문제 지문에서 볼 수 있듯이 실제 시험에서조차 각각의 개입기술에 따른 표현들이 약간씩 다르게 제시되고 있기 때문입니다. 결국 이 문제는 다양한 답안이 제시될 수 있으며, 채점자에 따라 서로 다르게 채점이 이루어질 수도 있는 것입니다. 요컨대, 해설 본문에서는 '명료화'와 '직면'의 반응 예 외에 '반영'과 '해석'의 반응 예를 추가적으로 수록하였는데, 이는 임상심리사 시험이 동일한 문제를 그대로 반복해서 출제하기보다는 약간씩 변형된 형태로 출제하는 경향이 있다는 점을 염두에 둔 것입니다. 물론 이 문제의 답안으로 '명료화'와 '직면'의 반응 예 외에 다른 기법의 반응 예를 추가적으로 답안에 기술할 경우 오답처리 됩니다.

05 행동치료기법 중 토큰 이코노미(Token Economy)의 장점을 5가지 쓰시오.

5점 12, 18, 21년 기출

심화해설

① 후속강화에 의한 1차적 강화 효과의 극대화

토큰강화는 하나의 기대행동에 두 번의 강화인을 받는 결과를 유발한다. 즉, 기대행동을 했을 때 토큰을 받음으로써 1차적 강화가 이루어지고, 획득한 토큰으로 평소 가지고 싶은 물건이나 특혜(기회)를 얻게 됨으로써 2차적 강화가 이루어지는 것이다.

② 강화자극의 포화현상에서 비롯되는 강화력 감소의 예방

토큰은 다양한 강화물로의 교환이 가능하므로 환자의 필요에 따라 효과가 좌우되는 포화현상을 제거할 수 있다. 예를 들어, 사탕이 더 이상 강화력을 가지지 못한다면 이를 과자로 대체할 수 있다.

③ 토큰의 저장 및 적립에 따른 충족 지연 습성의 획득

장기간 토큰을 저장 및 적립하여 더 크고 값진 물건이나 특혜와 교환할 수 있으므로 강화의 효과가 상대적으로 크다. 예를 들어, 아동은 토큰을 즉시 교환하기보다 이를 장기간 저장하여 목돈을 만듦으로써 값비싼 장난감을 얻는 경험을 하게 된다.

④ 강화 제공의 간편성

환자의 행동을 강화할 때 간편하게 주고받을 수 있다. 예를 들어, 강화자극의 제공을 위해 사탕이나 장난감을 항상 들고 다닐 필요는 없다.

⑤ 토큰의 즉각적 배분을 통한 강화 지연의 예방

토큰의 즉각적인 배분을 통해 강화의 지연을 예방할 수 있다. 특히 아동은 기대행동을 하고 난 다음 강화자극이 즉각적으로 주어지지 않을 때 실망을 하게 된다. 한 학기나 한 학년이 끝났을 때 시상을 하는 방식으로는 아동의 지속적인 관심을 끌기 어렵다.

06 집단상담의 집단 과정에서 집단 구성 시 현실적 고려사항을 5가지 쓰시오. 5점 18년 기출

심화해설

① 집단성원(집단원)의 구성 – 동질집단 대 이질집단

㉠ 집단의 목표를 고려하여 집단을 동질적인 사람들로 구성할지 아니면 이질적인 사람들로 구성할지 결정한다.

㉡ 일반적으로 어떤 욕구와 목표를 가진 특정 집단의 경우 이질적인 사람들보다는 동질적인 사람들로 집단을 구성하는 것이 낫다. 특히 집단의 동질성은 집단의 응집력을 높이며, 그들의 삶의 위기에 대한 개방적이고 깊숙한 탐색을 할 수 있도록 한다.

② 집단의 크기

㉠ 집단성원들의 연령, 집단상담자의 경험정도, 집단의 형태, 집단에서 탐색할 문제 등을 고려하여 집단의 크기를 결정한다.

㉡ 집단의 크기는 집단성원 간의 상호작용을 위한 충분한 기회를 제공해 주고, 모든 집단성원들이 참여하여 '집단'이라는 느낌을 가질 수 있는 정도가 적당하다. 예를 들어, 아동 대상 집단의 크기는 3~4명, 청소년 대상 집단의 크기는 6~8명이 적당하며, 매주 만나는 성인 집단의 경우 집단상담자 1명에 집단성원 8명이 이상적인 것으로 알려져 있다.

③ 회기의 빈도와 기간

㉠ 집단상담자의 집단 운영 스타일과 집단 참여자의 유형을 고려하여 회기의 빈도와 기간 등을 결정한다.

㉡ 일반적으로 아동 및 청소년 대상 집단의 경우 비교적 짧은 시간 동안 자주 만나도록 하는 것이 주의력을 집중시키는 데 유리하다. 반면, 대학생 및 성인 대상 집단의 경우 매주 1회기 2시간 정도가 적당한데, 이는 집중적인 작업이 가능할 만큼 충분한 동시에 지루하지 않을 정도의 시간이다.

④ 전체 집단회기의 길이

㉠ 집단 프로그램의 시간적 한계에 따른 구성원 개인의 목표 달성 정도나 삶에 미치는 영향력 등을 고려하여 전체 집단회기의 길이를 결정한다.

㉡ 종료일이 정해진 집단은 집단성원들로 하여금 그들이 개인적인 목표를 달성할 수 있는 시간이 영원하지 않는다는 것을 깨닫게 함으로써 집단 참여에 대한 책임감을 느끼도록 돕는다. 반면, 일부 동질적인 집단은 여러 해 동안 진행되기도 하는데, 이러한 구조는 집단성원들로 하여금 문제 사항을 깊이 있게 다루도록 하며, 인생의 변화를 위한 도전을 돕는다.

⑤ 집단 실시 장소

㉠ 집단 프로그램의 물리적 환경과 구성원 개인의 사생활 보호 등을 고려하여 집단 실시 장소를 결정한다.

㉡ 혼란스러운 병실이나 강당은 바람직하지 않으며, 의자나 탁자 등으로 혼잡스럽지 않고 편안히 앉을 수 있는 집단상담실이 좋다. 특히 집단성원들이 둥글게 원형으로 앉는 배열이 효과적인데, 이는 모든 참여자들이 서로를 바라볼 수 있고 자유롭게 신체적인 접촉을 할 수 있기 때문이다.

⑥ 집단의 개방성 여부 – 개방집단 대 폐쇄집단

㉠ 집단 구성에 있어서 변화를 추구할지 아니면 원래의 구성을 유지할지를 고려하여 개방집단 혹은 폐쇄집단을 결정한다.

㉡ 개방집단은 집단성원들의 변화를 통해 집단성원들을 자극시키는 장점이 있는 반면, 집단성원들 간 결속력이 약해질 수 있는 단점도 있다. 특히 개방집단에서는 새로운 집단성원을 한 번에 한 명씩 받아들이는 것이 좋으며, 입회 면담 때 집단의 기본원칙에 대해 설명하는 것이 바람직하다.

전문가의 **한마디**

집단상담에서 집단 구성 시 고려사항에 대해서는 여러 교재에서 약간씩 다르게 설명하고 있으나, 여기서는 문제상의 표현과 마찬가지로 "집단 구성 시 현실적 고려사항"을 구체적으로 소개하고 있는 'Corey, M. S. et al., 『집단상담 과정과 실제』, 김명권 外 譯, 시그마프레스 刊'의 해당 내용을 토대로 답안을 작성하였습니다. 참고로 문제상에서 고려사항을 5가지 쓰도록 요구하고 있으므로, 위의 해설에서 내용상 서로 연결되어 있는 '③ 회기의 빈도와 기간'과 '④ 전체 집단회기의 길이'를 하나로 통합하여 쓰도록 합니다.

더 알아보기 **집단상담에서 기본적인 규칙의 수립에 관한 집단상담자의 준수사항(Corey & Corey)**

- 비밀유지가 무엇이고 어떤 의미를 가지는지, 그것이 왜 중요한지, 그리고 이를 지키는 데 있어서의 어려움은 무엇인지 등을 명확히 정의하여 집단성원을 보호한다.
- 물리적 위협, 두려움, 강요, 과도한 동료들의 압박으로부터 집단성원의 권리를 보호한다.
- 집단에 참여함으로써 발생할 수 있는 위험부담(예 생활의 변화 등)에 대해 집단성원과 대화를 하며, 집단성원 스스로 그와 같은 위험을 직면하고자 하는지에 대해 탐색하도록 돕는다.
- 자발적으로 참여하는 집단성원은 물론 비자발적인 집단성원들로부터 참여에 대한 동의를 받고 이를 확인하는 절차를 거친다.
- 상담자가 집단성원에게 어떤 모습을 기대하고 있는지에 대해 말해준다.
- 집단성원에게 집단에서 활용되는 기법이나 활동에는 어떤 것들이 있는지를 알려준다.

07 접수면접에 포함되어야 할 내용을 5가지 쓰시오.

5점 16, 20년 기출

심화해설

① 접수면접을 위한 기본 정보(인적사항)
접수면접의 날짜, 내담자 및 면접자의 이름, 내담자의 생년월일 등

② 내담자의 호소문제
내담자가 상담을 받으려는 이유, 상담소를 찾아온 목적 혹은 배경(내원의 계기) 등

③ 현재 및 최근의 주요 기능 상태
내담자가 일상생활을 어떻게 진행하고 있는지에 관한 정보, 내담자의 현재 및 최근(6개월 혹은 1년) 기능 수행 정도

④ 스트레스의 원인
내담자의 말과 표현방식에서 나타나는 스트레스 양상, 다양한 스트레스 조건에 대한 탐색(예 대인관계의 불화, 의사결정, 학업, 경제적 어려움 등)

⑤ 사회적 · 심리적 자원(지원체계)
내담자가 문제 상황에서 주변으로부터 지원을 받거나 내담자를 심리적으로 지지해 줄 수 있는 지원체계

⑥ 호소문제와 관련된 개인사 및 가족관계
과거 동일한 문제에 대한 내담자의 대처방식, 내담자의 호소문제에 대한 가족들의 행동 및 태도, 내담자의 가족 안에서의 역할 수행 및 관계 맺는 양식 등

⑦ 외모 및 행동
내담자의 옷차림, 두발상태, 표정, 말할 때의 특징, 시선의 적절성, 면접자와 대화할 때의 태도, 행동, 예절 등

⑧ 진단평가 및 면접자의 소견
정신의학적 · 심리학적 진단 및 분류체계를 이용한 내담자의 문제에 해당하는 적절한 진단명 부여, 내담자에 대한 느낌 · 인상, 내담자에 대한 관찰 내용, 상담전략이나 상담계획에 대한 의견제시 등

08 다음 보기는 슈퍼비전의 기능에 대한 설명이다. 괄호 안에 들어갈 슈퍼비전의 기능을 쓰시오. 4점 20년 기출

(1) (A) 기능은 슈퍼바이지의 업무능력 개선에 목표를 두고 업무에 필요한 지식과 기술을 제공하는 것이다.
(2) (B) 기능은 슈퍼바이지의 업무만족감 고취를 목표로 하여 효과적인 업무수행을 위한 심리적 자원을 제공하는 것이다.

심화해설

A : 교육적
B : 지지적

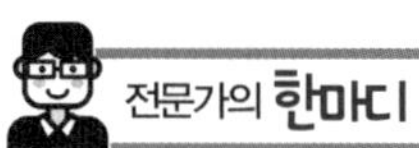

슈퍼비전의 기능에 관한 문제는 2017년 1회 실기시험(5번)에 출제된 바 있으나, 이 두 문제는 보기의 내용에서 차이가 있습니다. 다만, 보기의 내용이 다르다고 해서 문제에서 요구하는 답안까지 다른 것은 아니므로, 해설의 내용을 충분히 이해하도록 합니다. 참고로 슈퍼비전의 기능은 다양한 학자들에 의해 제안되었으나, 카두신(Kadushin)이 제안한 3가지가 널리 알려져 있습니다.

더 알아보기 슈퍼비전의 기능(Kadushin)

① 교육적 기능
교육적 슈퍼비전의 핵심은 슈퍼비전을 받는 슈퍼바이지(Supervisee)로서 상담자의 지식과 기술을 향상시키는 데 있다. 슈퍼바이저(Supervisor)는 기관의 기본가치, 임무 및 목적에 대한 교육과 함께 다양한 서비스 실천이론 및 모델에 대한 교육을 통해 상담자의 문제해결 및 실천기술 향상을 도모한다.

② 관리적 · 행정적 기능
관리자로서 슈퍼바이저의 역할은 기관의 규정과 절차에 부합하는 서비스를 제공하는 데 초점을 둔다. 가장 적합한 상담자에게 특정 내담자의 사례를 위임하는 것을 비롯하여 상담자의 사례관리 및 서비스 제공을 감독하고 평가하는 역할을 수행한다.

③ 지지적 기능
슈퍼비전의 교육적 기능 및 관리적(행정적) 기능은 상담자의 수단적 욕구에 관심을 두지만, 지지적 기능은 상담자의 개별적 욕구에 관심을 둔다. 슈퍼바이저는 슈퍼바이지인 상담자의 동기와 사기를 진작시키는 한편 불만족과 좌절을 해결함으로써 업무만족을 높이는 데 초점을 둔다.

09 심리치료자가 내담자에 대해 비밀보장을 할 수 없는 경우를 6가지 쓰시오.

6점 11, 16, 20년 기출

심화해설

① 내담자가 자신이나 타인의 생명을 위협하는 경우
② 내담자가 중대한 범죄행위로 사회의 안전을 위협하는 경우
③ 내담자가 감염성이 있는 치명적인 질병이 있다는 확실한 정보를 가졌을 경우
④ 미성년인 내담자가 학대를 당하고 있는 경우
⑤ 내담자가 아동학대를 하는 경우
⑥ 법적으로 정보의 공개가 요구되는 경우

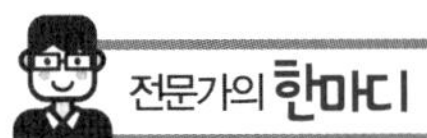

비밀보장의 예외사유에 관한 내용은 교재에 따라 약간씩 다르게 제시될 수 있으나 내용상 차이가 있는 것은 아닙니다. 위의 문제 해설은 한국상담학회 윤리강령 '제2장 정보의 보호' 中 '제7조 비밀보장의 한계'에 제시된 내용을 토대로 임상심리사 2급 및 청소년상담사 2급 필기시험의 지문을 참조하였습니다. 복습 차원에서 다음의 문제들을 풀어보시기 바랍니다.

치료관계에서 얻은 내담자의 정보에 대한 비밀보장의 예외적인 경우에 해당하지 않는 것은? 임상 17년 기출

① 자해의 위험성이 있는 경우
② 제3자에게 위해가 가해질 우려가 있는 경우
③ 감염성 질병이 있는 경우
④ 내담자에게 알리지 않고 내담자의 정보를 책에 인용한 경우

답 ④

임상심리학자로서 지켜야 할 내담자에 대한 비밀보장에 관한 설명으로 틀린 것은? 임상 11, 21년 기출

① 일반적으로 상담과정에서 내담자에 대해 알게 된 사실을 다른 사람들에게 말하면 안 된다.
② 아동 내담자의 경우에도 아동에 관한 정보를 부모에게 알려서는 안 된다.
③ 자살 우려가 있는 경우 내담자의 비밀을 지키는 것보다는 가족에게 알려 자살예방조치를 취하는 것이 더 중요하다.
④ 상담 도중 알게 된 내담자의 중요한 범죄사실에 대해서는 비밀을 지킬 필요가 없다.

답 ②

집단상담에서 비밀보장 원칙의 예외상황으로 옳지 않은 것은? 청소년 20년 기출

① 집단원이 자신을 해칠 의도나 계획을 갖고 있는 경우
② 집단원이 타인을 해칠 의도나 계획을 갖고 있는 경우
③ 집단원의 직장에서 집단원에 관한 정보를 요청한 경우
④ 법원에서 판결을 위해 집단원에 관한 정보를 요청한 경우
⑤ 집단원이 코로나19 확진자임을 알게 된 경우

답 ③

제1회 기출복원문제

10 투사기법의 장점과 단점을 각각 4가지씩 기술하시오.

8점 19년 기출

(1) 장 점

심화해설

① 라포(Rapport) 형성

투사기법은 검사자와 수검자 간 라포를 형성시켜 준다. 대부분의 투사기법은 흥미롭기 때문에 검사 초기에 느끼는 불편감을 없애줄 수 있다.

② 자존감 유지

투사기법은 수검자의 자존감을 저하시키지 않는다. 투사기법을 사용한 투사검사들에는 상당한 융통성이 주어지는 검사들이 많으므로, 수검자의 자존감을 손상시키지 않으면서 검사를 수행하는 것이 가능하다.

③ 아동 수검자에게 적합

투사기법은 아동과 같이 언어적 이해력에 제한이 있는 사람들에게 실시하기가 용이하다.

④ 제한적 언어 기능을 가진 수검자에게 적합

투사기법은 비언어적 자극을 사용함으로써 언어 기능에 제한이 있는 수검자에게도 실시하기가 용이하다.

⑤ 왜곡 반응 방지

투사기법은 자기보고식 검사처럼 반응을 왜곡하기가 어렵다. 더욱이 숙련된 평가자를 속인다는 것이 그리 쉬운 일은 아니다.

(2) 단 점

심화해설

① 표준화된 절차의 부족

투사기법을 사용한 투사검사들은 실시 과정에 대한 표준화된 절차가 부족하다. 실시 과정에서 검사자의 언어표현이 검사 결과에 영향을 미칠 수 있으며, 동일한 언어표현을 사용한다고 하더라도 검사자의 태도가 수검자의 검사 반응에 영향을 미칠 수 있다.

② 채점 및 해석 과정의 객관성 부족

검사의 초기 자료에 대해 객관적인 채점체계가 적용되었다 하더라도 해당 자료들을 통합하고 해석하는 과정에서 검사자의 임상적 경험 및 이론적 성향이 영향을 미치게 된다. 특히 해석 과정에서 수검자의 성격역동보다는 검사자의 이론적 성향이나 선호하는 가설 등이 반영될 가능성이 있다.

③ 규준자료에 대한 정보 부족

규준자료에 대한 정보 부족은 검사자로 하여금 자신의 경험이나 자신이 선호하는 이론에 기초하여 해석을 내리도록 한다. 그러나 검사자가 접한 대상이 전체 규준을 대표한다고 보기는 어렵다.

④ 신뢰도 관련 문제

심리검사의 채점 과정은 객관적이어야 하며, 마지막 통합 및 해석 과정에서 신뢰도 또한 갖추어야 한다. 그러나 투사기법을 사용한 투사검사들은 양적인 측정치들이 규준에 따라 바로 해석되지 않으며, 그로 인해 동일한 검사결과라 하더라도 해석자에 따라 다른 결론에 도달할 수 있다.

⑤ 타당도 관련 문제

투사기법을 사용한 투사검사에서 대부분의 타당도 연구는 통계적인 분석이나 실험설계상 제한점이 있는 경우가 많다. 대다수 투사검사들은 정확한 공존타당도(동시타당도 또는 공인타당도)를 제시하지 못하는데, 이는 검사 해석에서 직접적인 영향을 미칠 수도 있다.

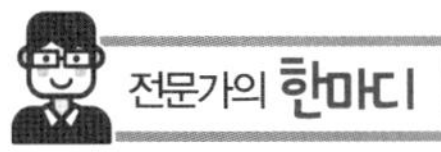

이 문제는 임상심리사 자격시험이 왜 어려운지, 왜 대다수 수험생들이 예상보다 낮은 점수를 받았다고 하소연하는지를 여실히 보여주는 문제이기도 합니다. 왜냐하면 대다수 수험생들이 이 문제에 대해 투사적 검사(투사검사)의 일반적인 장단점을 답안으로 작성하였을 것이기 때문입니다. 그러나 이 문제는 투사기법의 장단점에 관한 것으로, 기존 임상심리사 2급 1차 필기시험에도 출제된 바 있는 투사적 검사의 장단점에 관한 문제와는 약간 다른 것입니다. 물론 위의 해설에서 살펴볼 수 있듯이 문제상에 제시된 투사기법의 장단점과 일반적인 투사적 검사의 장단점의 차이점을 명확히 구분하기 어렵다고 해도, 이 문제는 비교적 정확한 출처가 있고 출제자 또한 해당 출처를 토대로 정답지를 마련하였을 것이므로, 가급적 위의 해설 내용을 충실히 작성하여야 정답으로 인정받을 수 있을 것으로 보입니다. 문제 해설과 관련된 내용은 '김재환 外, 『임상심리검사의 이해(제2판)』, 학지사 刊'에 기술되어 있습니다.

11 K-WISC-Ⅳ의 4가지 지표점수를 쓰시오.

4점 17, 22년 기출

심화해설

① 언어이해지표(VCI ; Verbal Comprehension Index)
  ㉠ 주요(핵심) 소검사 : 공통성(Similarities), 어휘(Vocabulary), 이해(Comprehension)
  ㉡ 보충 소검사 : 상식(Information), 단어추리(Word Reasoning)

② 지각추론지표(PRI ; Perceptual Reasoning Index)
  ㉠ 주요(핵심) 소검사 : 토막짜기(Block Design), 공통그림찾기(Picture Concepts), 행렬추리(Matrix Reasoning)
  ㉡ 보충 소검사 : 빠진 곳 찾기(Picture Completion)

③ 작업기억지표(WMI ; Working Memory Index)
  ㉠ 주요(핵심) 소검사 : 숫자(Digit Span), 순차연결(Letter-Number Sequencing)
  ㉡ 보충 소검사 : 산수(Arithmetic)

④ 처리속도지표(PSI ; Processing Speed Index)
  ㉠ 주요(핵심) 소검사 : 기호쓰기(Coding), 동형찾기(Symbol Search)
  ㉡ 보충 소검사 : 선택(Cancellation)

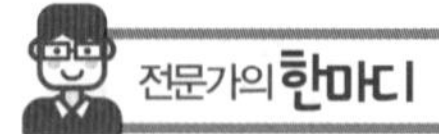

이 문제는 K-WISC-Ⅳ(한국판 웩슬러 아동용 지능검사 제4판)의 척도별 구성에 관한 것으로서, 이전 기출문제와 달리 K-WISC-Ⅳ의 4가지 지표(혹은 지표점수)에 포함되는 소검사를 쓰라는 별도의 지시 없이 각 지표의 명칭만 답안으로 작성하도록 요구하고 있습니다. 따라서 이 문제에 대해서는 '언어이해지표(VCI)', '지각추론지표(PRI)', '작업기억지표(WMI)', '처리속도지표(PSI)'의 4가지 지표 명칭을 답안으로 작성하도록 합니다. 다만, 이와 같은 문제는 보통 각 지표별 소검사의 명칭도 포함하여 쓰도록 요구하거나, 더 나아가 주요(핵심) 소검사와 보충 소검사를 구별하여 쓰도록 요구할 수 있으므로 반드시 위의 해설 내용을 충분히 암기하도록 합니다.

참고로 'Index'를 K-WAIS-Ⅳ에서는 '지수'로, K-WISC-Ⅳ에서는 '지표'로 부르기도 하며, 'Core Subtests'를 K-WAIS-Ⅳ에서는 '핵심 소검사'로, K-WISC-Ⅳ에서는 '주요 소검사'로 부르기도 하는 등 관련 매뉴얼에서 서로 다른 우리말 용어를 사용하는 경우들을 볼 수 있으나, 이는 번역상의 차이일 뿐입니다. 임상심리사 시험에서는 이와 같은 번역상의 차이를 서로 구분하지 않는 것으로 보이므로, 이점 착오 없으시기 바랍니다.

12 심리검사 결과 해석 시 주의할 사항을 5가지 기술하시오. 5점

심화해설

① 검사해석의 첫 단계는 검사 매뉴얼을 알고 이해하는 것이다.
② 내담자가 받은 검사의 목적과 제한점 및 장점을 검토해 본다.
③ 백분위나 표준점수가 해석에 포함될 경우 채점되는 과정이 설명되어야 한다.
④ 결과에 대한 구체적 예언보다는 오히려 가능성의 관점에서 제시되어야 한다.
⑤ 내담자의 이해를 증가시키며, 내담자 스스로 해석을 할 수 있도록 격려해야 한다.
⑥ 검사 결과는 내담자가 이용 가능한 다른 정보와 관련하여 제시되어야 한다.
⑦ 내담자가 검사해석의 내용을 이해하는지 확인하며, 그 정보에 대한 반응을 표현할 수 있도록 격려해야 한다.
⑧ 검사 결과로 나타난 장점과 약점 모두가 객관적으로 검토되어야 한다.

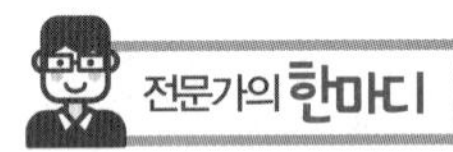

이 문제는 앞서 2023년 1회 실기시험(10번)에 출제된 "심리검사 결과의 올바른 해석을 위한 해석지침"과는 다른 문제입니다. 그 이유는 해석지침이 본래 심리검사 결과 해석의 방향이나 큰 틀에서의 방법에 관한 내용을 담고 있다면, 주의사항은 심리검사 결과 해석에서 검사자가 지켜야 할 혹은 삼가야 할 구체적인 행동을 담고 있기 때문입니다. 또한 이 문제는 "심리검사 결과 해석 상담 시 주의해야 할 사항"과도 다른 내용입니다. 그 이유는 심리검사 결과 해석 시 주의사항이 심리검사의 결과를 해석할 때 특히 주의를 기울여야 할 사항에 초점을 맞춘다면, 심리검사 결과 해석 상담 시 주의사항은 해석된 내용을 토대로 상담을 진행할 때 특히 주의를 기울여야 할 사항에 초점을 두기 때문입니다. 사실 심리검사 결과 해석과 관련된 주의사항은 교재에 따라 약간씩 다르게 제시되고 있으나, 이 문제의 경우 1차 필기시험에도 출제되어 비교적 정확한 출처가 있으므로, 가급적 위의 해설로 제시된 내용을 암기하시기 바랍니다. 이와 관련된 보다 자세한 내용은 '김봉환 外, 『학교진로상담』, 학지사 刊'을 참조하시기 바랍니다.

심리검사 결과 해석 시 주의할 사항과 가장 거리가 먼 것은? 16, 22년 기출

① 검사해석의 첫 단계는 검사 매뉴얼을 알고 이해하는 것이다.
② 내담자가 받은 검사의 목적과 제한점 및 장점을 검토해 본다.
③ 결과에 대한 구체적 예언보다는 오히려 가능성의 관점에서 제시되어야 한다.
④ 검사 결과로 나타난 장점이 주로 강조되어야 한다.

답 ④

더 알아보기 **심리검사 결과 해석 상담 시 주의해야 할 사항**

- 내담자가 검사 결과를 이해하고 이용할 수 있는 능력이 있음을 보여 주며, 내담자가 자신이 직면한 의사결정에 도움을 얻기 위해 검사 정보를 직접 이용하는 것이 중요하다는 사실을 강조한다.
- 해석 과정이 시작되기 전에 내담자에게 자신이 받은 검사에 대해 어떻게 느끼는지 물어보도록 한다.
- 논의될 검사가 어떤 것인가를 내담자에게 상기시키면서 검사 결과에 대해 논의하도록 한다.
- 검사 결과를 내담자가 가진 다른 정보와의 관계 속에서 논의하도록 한다.
- 전문적인 용어를 삼가고 이해하기 쉬운 용어로써 검사의 목적을 제시한다.
- 검사 결과에 대한 언어적인 해석과 함께 도식적인 제시를 병행한다.
- 내담자의 검사 결과를 지나치게 규정짓는 것을 삼간다.
- 면접이 끝날 무렵 전체 면접의 결과를 요약하되 내담자 스스로 직접 요약해 보도록 한다.

13 MMPI 검사 결과 타당도 척도에 대한 T점수가 L척도 46, F척도 110, K척도 45로 나타났으며, 5번 Mf척도를 제외한 대부분의 임상척도가 높게 나타났다. 이와 같은 프로파일을 나타낼 수 있는 성향을 가진 사람들의 유형을 3가지 쓰시오.

6점 09, 20년 기출

심화해설

① 자신의 문제성을 과장하여 반응함으로써 주위의 관심이나 도움을 받으려는 사람
② 검사 자체 또는 검사자에게 저항하는 사람
③ 자신의 책임을 회피하거나 다른 사람을 기만할 목적을 가진 사람(예 보상을 위한 감정의뢰자, 병역을 기피하는 징집의뢰자 등)

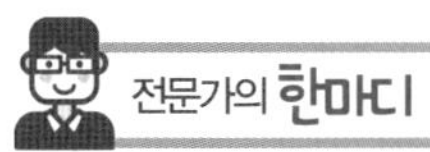

이 문제는 정확한 복원이 이루어지지 않아 실제 문제와 차이가 있을 수 있습니다. 특히 구체적인 수치에 있어서 이전 문제의 변형된 형태로 출제되었을 가능성을 배제할 수 없으므로, 이점 감안하여 학습하시기 바랍니다.

요컨대, MMPI의 타당도 척도 중 F척도는 검사태도의 지표로서 이상반응을 탐지하거나 프로파일의 유효성 여부 또는 정신병리 정도를 파악하기 위한 척도입니다. 특히 F척도에서 80 이상의 높은 점수는 극도의 불안이나 정체성의 위기에 의해 나타날 수도 있지만, 보통 정신병 상태 또는 정신병의 의도적인 가장을 반영합니다. 즉, 수검자가 생소하지 않은 문항에 대해 비전형적으로 응답함으로써 의도적으로 일탈된 반응을 나타내는 것으로 볼 수도 있다는 것입니다. 특히 F척도가 다른 타당도 척도인 L척도나 K척도보다 압도적으로 높게 나타나는 것은 부정왜곡(Faking-bad) 프로파일의 전형적인 형태입니다. 이는 정신병리를 가진 사람의 경우 F척도 점수가 70~90 정도로 나타나면서 L척도나 K척도와 함께 동반상승하는 양상을 보이는 반면, 부정왜곡 프로파일에서는 F척도가 단독으로 100 이상 높게 나타나는 양상을 보이기 때문입니다.

참고로 MMPI-2에서는 FBS척도(증상타당도 척도, Fake Bad Scale)가 일명 '부정왜곡 척도'로 불리는데, 특히 꾀병을 탐지하기 위해 고안된 FBS척도는 다른 모든 척도들 가운데 가장 낮은 타당도로 인해 표준채점 양식에서 제외시키는 경향이 있습니다. 이와 관련하여 청소년상담사 2급 필기시험에 다음과 같은 문제가 출제된 바 있습니다.

MMPI-2에서 신체장애 등급을 받거나 상해관련 소송에서 증상의 과장 또는 가장을 탐지할 목적으로 개발된 척도는?

청소년 18년 기출

① L척도
② FB척도
③ FP척도
④ S척도
⑤ FBS척도

답 ⑤

14 MMPI 2개 척도에 대한 분석에서 4-9/9-4 척도의 임상 양상을 4가지 기술하시오.

4점 06, 08, 11, 15, 17, 20, 21, 23년 기출

심화해설

① 재범 우려가 있는 범죄자나 신체노출, 강간 등의 성적 행동화를 보이는 사람, 결혼문제나 법적 문제 등에 연루된 사람에게서 종종 나타난다.
② 충동적 · 반항적 성격과 함께 과격하고 공격적인 행동을 특징으로 한다.
③ 일시적으로 다른 사람에게 좋은 인상을 주기도 하지만, 자기중심적 성향과 다른 사람에 대한 불신으로 대인관계가 피상적이다.
④ 자신의 행동에 대해 무책임하여 신뢰감을 주지 못하며, 사회적 가치를 무시하여 반사회적 범죄행위를 저지르기도 한다.
⑤ 합리화의 방어기제를 사용하여 자신의 문제를 외면하며, 실패의 원인을 다른 사람에게 전가하기도 한다.
⑥ 반사회성 성격장애(Antisocial Personality Disorder), 양극성 장애(Bipolar Disorder)의 진단이 가능하다.

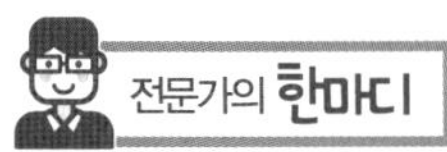

이 문제는 명확한 정답이 있는 것이 아니므로 다양한 답안이 도출될 수 있습니다. 참고로 4-9(9-4) 유형을 해석하는 경우 다른 척도와의 관계를 주의 깊게 살펴볼 필요가 있습니다. 가령 척도 1(Hs, 건강염려증), 2(D, 우울증), 3(Hy, 히스테리), 7(Pt, 강박증)은 척도 4(Pd, 반사회성)가 상승했을 때 나타나는 행동화 가능성을 억제할 수 있는 반면, 척도 6(Pa, 편집증), 8(Sc, 정신분열증)은 그와 같은 행동화 가능성을 증가시킬 수 있습니다. 참고로 1차 필기시험에 다음과 같은 문제들이 출제된 바 있습니다.

다음 MMPI 프로파일에 대한 해석으로 적합하지 않은 것은? 17년 기출

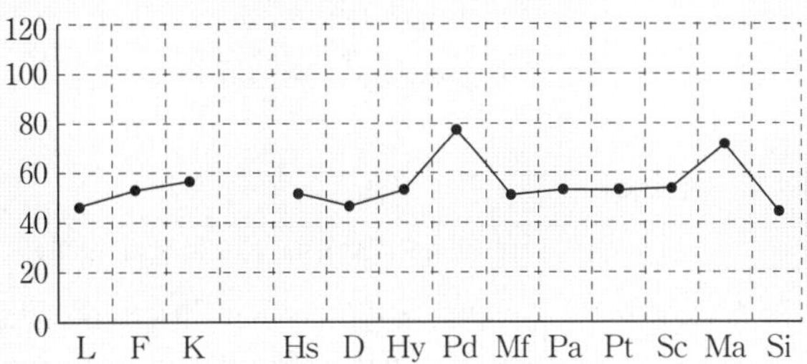

① 수동-공격성 프로파일로 볼 수 있다.
② 행동화 문제를 나타낼 가능성이 높다.
③ 비순응적이고 반사회적인 경향이 높다.
④ 대인관계가 피상적이고 이기적일 가능성이 높다.

답 ①

해설

수동-공격성 프로파일은 4-6/6-4 상승척도쌍에서 나타난다.

다음은 MMPI의 2개 척도 상승 형태분석 결과이다. 어느 척도 상승에 해당하는 것인가? 19년 기출

> 이 프로파일은 반사회적 인격장애 특징을 나타낸다. 즉, 사회적 규범과 가치관, 제도에 대해 무관심하거나 무시하며, 반사회적 행위로 인해 권위적인 인물과 자주 마찰을 빚는다. 이들의 성격 특징은 충동적이고 무책임하며 타인과 관계에서 신뢰를 얻기 어렵다.

① 1-2
② 2-7
③ 3-5
④ 4-9

답 ④

15 기질 및 성격검사(TCI)의 하위척도를 이루는 4가지 기질과 3가지 성격을 쓰시오.

7점 18, 24년 기출

(1) 4가지 기질(기질척도)

심화해설

① 자극추구(NS ; Novelty Seeking)

㉠ 새로운 자극이나 보상 단서에 이끌려 행동이 활성화되는 유전적 성향과 연관된다. 특히 두뇌의 행동조절 시스템 중 행동활성화 시스템(BAS ; Behavioral Activation System)과 밀접한 관련이 있다.

㉡ 이 척도에서 높은 점수를 받은 사람은 충동적이고 호기심이 많으며, 신기한 것에 쉽게 이끌리고 빨리 흥분하는 경향이 있다. 반면, 낮은 점수를 받은 사람은 성미가 느리고 절제되어 있으며, 새로운 자극에 별다른 흥미가 없거나 오히려 저항적인 태도를 보이면서 익숙한 것을 더욱 편안하게 느낀다.

② 위험회피(HA ; Harm Avoidance)

㉠ 위험하거나 혐오스러운 자극에 대해 행동이 억제되고 위축되는 유전적 성향과 연관된다. 특히 두뇌의 행동조절 시스템 중 행동억제 시스템(BIS ; Behavioral Inhibition System)과 밀접한 관련이 있다.

㉡ 이 척도에서 높은 점수를 받은 사람은 조심성이 많고 세심하며, 겁이 많고 잘 긴장하는 경향이 있다. 반면, 낮은 점수를 받은 사람은 매사 낙천적이고 걱정이 없으며, 자신감이 있고 역동적이다.

③ 사회적 민감성(RD ; Reward Dependence)

㉠ 사회적 보상 신호, 즉 타인의 표정 및 감정 등에 대해 강하게 반응하는 유전적 성향과 연관된다. 특히 두뇌의 행동조절 시스템 중 행동유지 시스템(BMS ; Behavioral Maintenance System)과 밀접한 관련이 있다.

㉡ 이 척도에서 높은 점수를 받은 사람은 감수성이 풍부하고 공감적이며, 타인에게 헌신적이고 사회적 접촉을 좋아하는 경향이 있다. 반면, 낮은 점수를 받은 사람은 타인의 감정에 둔감하고 무관심하며, 혼자 있는 것에 만족하고 타인에게 자신의 감정을 잘 드러내지 않는다.

④ 인내력(P ; Persistence)

㉠ 지속적인 강화가 없더라도 한 번 보상된 행동을 일정 시간 동안 꾸준히 지속하려는 유전적 성향과 연관된다. 특히 두뇌의 행동조절 시스템 중 행동유지 시스템(BMS ; Behavioral Maintenance System)과 밀접한 관련이 있다.

㉡ 이 척도에서 높은 점수를 받은 사람은 근면하고 끈기가 있으며, 좌절이나 피로에도 불구하고 꾸준히 노력하는 경향이 있다. 반면, 낮은 점수를 받은 사람은 게으르고 비활동적이며, 일관성과 끈기가 부족하여 좌절이나 장애물에 부딪치면 쉽게 포기한다.

(2) 3가지 성격(성격척도)

심화해설

① 자율성(SD ; Self-Directedness)

㉠ 자신이 선택한 목표와 가치를 이루기 위해 자신의 행동을 상황에 맞게 통제, 조절, 적응시키는 능력과 연관된다.

㉡ 이 척도에서 높은 점수를 받은 사람은 성숙하고 책임감이 있으며, 목표지향적이고 건설적이면서 자존감이 높고 자신을 신뢰하는 경향이 있다. 반면, 낮은 점수를 받은 사람은 미성숙하고 책임감이 부족하며, 내적으로 조직화된 원칙이 결여되어 있으므로 의미 있는 목표를 설정 및 추구하는 데 어려움이 있다.

② 연대감(CO ; Cooperativeness)

㉠ 자기 자신을 사회의 통합적인 한 부분으로 지각할 수 있는 정도에 관한 것으로, 타인에 대한 수용 능력 및 타인과의 동일시 능력과 연관된다.

㉡ 이 척도에서 높은 점수를 받은 사람은 타인에게 관대하고 친절하고 협조적이며, 자신과 다른 성향을 가진 사람도 인정할 줄 알고 타인의 욕구나 선호를 존중하는 경향이 있다. 반면, 낮은 점수를 받은 사람은 타인에게 비판적 · 비협조적이고 자신의 이익을 추구하며, 자신과 다른 성향을 가진 사람에 대한 배려와 인내심이 적다.

③ 자기초월(ST ; Self-Transcendence)

㉠ 자기 자신을 우주의 통합적인 한 부분으로 지각할 수 있는 정도에 관한 것으로, 우주만물과 자연을 수용하고 동일시하면서 이들과 일체감을 느낌으로써 도달하는 개인의 영성(Spirituality)과 연관된다.

㉡ 이 척도에서 높은 점수를 받은 사람은 정서적으로 집중된 상태에서 자기와 시공간을 잊고 몰입하며, 모호함이나 불확실성을 잘 견디면서 창조적이고 독창적으로 자신의 활동을 충분히 즐기는 경향이 있다. 반면, 낮은 점수를 받은 사람은 현실적 · 세속적이고 상상력이 부족하며, 모호함이나 불확실성을 잘 견디지 못하면서 자신이 하는 일의 모든 것을 통제하려고 한다.

전문가의 한마디

기질 및 성격검사(TCI)의 하위척도로서 기질과 성격에 대해서는 2018년 1회 실기시험(5번)에서 4가지 기질과 3가지 성격을 쓰고 설명하도록, 2023년 3회 실기시험(19번)에서 3가지 성격 척도를 쓰고 설명하도록 요구한 바 있으므로, 가급적 위의 7가지 기질 및 성격 척도의 명칭과 함께 간략한 내용까지 기억해 두시기 바랍니다. 다만, 이번 문제에서는 설명하라는 별다른 지시가 없으므로, 각 척도의 명칭만 답안으로 작성하도록 합니다.
요컨대, 기질(Temperament)은 자극에 대해 자동적으로 일어나는 정서적 반응 경향성을, 성격(Character)은 개인이 추구하는 목표 및 가치에서의 개인차를 반영합니다. 기질 및 성격검사(Temperament and Character Inventory)는 미국 워싱턴 대학교 교수인 클로닝거(Cloninger)의 심리생물학적 인성모델에 기초하여 개발된 것으로, 기질을 측정하는 4개의 척도와 성격을 측정하는 3개의 척도를 포함하여 총 7개의 기본척도로 이루어져 있습니다. 클로닝거의 심리생물학적 인성모델에서 기질과 성격은 인성(Personality)을 이루는 두 개의 큰 구조로 분리되는데, TCI는 이를 토대로 개인의 기질과 성격을 구분하여 측정함으로써 이를 명확히 구분하지 못한 기존 성격검사의 한계를 극복하고자 한 것입니다. 이와 같이 기질과 성격의 분리를 통해 개인의 인성발달에 영향을 미친 유전적 영향과 환경적 영향을 구분하여 인성발달 과정을 이해할 수 있도록 한 것이 TCI의 가장 큰 장점이라 할 수 있습니다.

16 로샤 검사 결과를 엑스너(Exner) 방식으로 채점하고자 한다. 엑스너 종합체계방식의 주요 채점 항목을 5가지만 기술하시오.

5점 15, 20, 23년 기출

심화해설

① 반응영역 또는 반응의 위치(Location)
수검자의 주된 반응이 어느 영역에 대해 일어나고 있는가?

② 발달질(Developmental Quality)
반응영역에서 발달수준은 어떠한가?

③ 결정인(Determinant)
반응을 결정하는 데 영향을 미친 반점의 특징은 어떠한가?

④ 형태질(Form Quality)
반응이 잉크반점의 특징에 얼마나 부합하는가?

⑤ 반응내용(Content)
반응은 어떤 내용의 범주에 포함되는가?

⑥ 평범반응(Popular)
일반적으로 흔히 나타나는 반응인가?

⑦ 쌍반응(Pair Response)
사물에 대해 대칭적으로 지각하고 있는가?

⑧ 조직화 활동(Organizational Activity)
자극을 어느 정도 조직화하여 응답하고 있는가?

⑨ 특수점수(Special Score)
어떠한 특이한 반응을 보이고 있는가?

전문가의 한마디

로샤 검사와 관련하여 최근 임상심리사 2급 실기시험에 출제된 문제들을 정리하면 다음과 같습니다.

A. 2023년 1회 17번 : "로샤 검사 결과를 엑스너(Exner) 방식으로 채점하고자 한다. 엑스너 종합체계방식의 주요 채점 항목을 5가지만 기술하시오."
B. 2015년 3회 10번 : "아동 로샤 검사에서 기호화하는 항목을 6가지만 쓰시오."
C. 2012년 5번 : "로샤 검사 결과를 엑스너(Exner) 방식으로 채점하고자 한다. 질문을 통해 탐색해야 할 내용을 3가지 기술하시오."

이 문제들은 모두 동일한 문제일까요? 아니면 서로 다른 문제일까요?
위의 문제들 중 A와 B는 사실상 동일한 문제인 반면, C는 그와 다른 문제에 해당합니다.
우선 A는 "…주요 채점 항목"으로, B는 "…기호화하는 항목"으로 서로 다르게 제시하고 있습니다. 그러나 여기서 기억해야 할 것은 '채점(Scoring)'이 곧 수검자의 반응을 기호화하는 것을 말한다는 점입니다. 따라서 이 두 문제는 동일한 내용을 묻고 있습니다. 그러나 C는 질문 단계(Inquiry)에서 탐색해야 할 정보에 대해 묻고 있는 것으로 보이며, 이 경우 반응영역 또는 반응의 위치(Location), 결정인(Determinant), 반응내용(Content) 등 3가지가 해당됩니다. 문제 역시 다른 문제들과 달리 3가지를 기술하도록 요구하고 있습니다. 이와 같이 임상심리사 시험에 출제되는 문제들은 약간의 차이로 서로 다른 정답이 존재합니다. 따라서 이를 위해 문제 자체를 적절히 분석할 수 있는 능력이 요구됩니다.

17 사회성숙도 검사(Social Maturity Scale)에서 아동의 발달을 측정하기 위해 이용하는 영역 6가지를 쓰시오.

6점 15, 22년 기출

심화해설

① 자조 영역(SH ; Self-Help)

자조 일반(SHG ; Self-Help General), 자조 식사(SHE ; Self-Help Eating), 자조 용의(SHD ; Self-Help Dressing)의 3가지 영역을 통해 자조능력을 측정하기 위한 것으로서, 총 39개 문항으로 구성되어 있다.

② 이동 영역(L ; Locomotion)

기어다니는 능력부터 어디든지 혼자서 다닐 수 있는 능력까지를 측정하기 위한 것으로서, 총 10개 문항으로 구성되어 있다.

③ 작업 영역(O ; Occupation)

단순한 놀이에서부터 고도의 전문성을 요하는 작업에 이르기까지 다양한 능력을 측정하기 위한 것으로서, 총 22개 문항으로 구성되어 있다.

④ 의사소통 영역(C ; Communication)

동작, 음성, 문자 등을 매체로 수용능력 및 표현능력을 측정하기 위한 것으로서, 총 15개 문항으로 구성되어 있다.

⑤ 자기관리 영역(SD ; Self-Direction)

금전의 사용, 물건의 구매, 경제적 자립 준비, 그 밖의 책임 있고 분별 있는 행동을 통해 독립성과 책임감을 측정하기 위한 것으로서, 총 14개 문항으로 구성되어 있다.

⑥ 사회화 영역(S ; Socialization)

사회적 활동, 사회적 책임, 현실적 사고 등을 측정하기 위한 것으로서, 총 17개 문항으로 구성되어 있다.

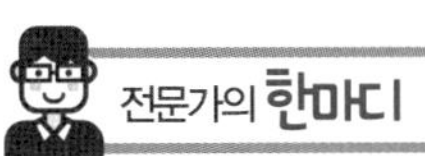

사회성숙도 검사(SMS ; Social Maturity Scale)는 돌(Doll)에 의해 고안된 바인랜드 사회성숙척도(Vineland Social Maturity Scale)를 김승국과 김옥기가 0~30세까지의 일반인 2,230명을 대상으로 표준화한 검사도구입니다. 특히 사회적응능력 발달 수준을 평가하여 아동의 인지적 성숙도를 측정할 수 있다는 점에서, 장애아동 및 비장애아동의 진단 및 치료 목적으로 활용되고 있습니다.

18 재활치료의 주요 개념으로서 병리(Pathology), 손상(Impairment), 장애(Disability), 핸디캡(Handicap)을 각각 설명하시오.

4점 06, 15, 19년 기출

심화해설

① 병리(Pathology)

㉠ 원인 요소에 의한 중추신경계 이상이나 병적 소인을 말한다. 정신병적 증상을 일으킬 수 있는 뇌종양이나 감염 등 원인 요소가 이에 해당한다.

㉡ 인지, 주의집중력, 자율신경 기능, 각성과 정보전달 과정에서 결손을 유발하게 되며, 이상증상들이 상호 작용하여 급성적인 병리 상태를 일으킨다.

② 손상(Impairment)

㉠ 생리적 · 심리적 · 해부학적 구조 또는 기능에 이상이 있는 상태를 말한다. 신체기관의 구조나 기능이 상실되는 것, 비정상적으로 병리적인 상태에 놓이는 것, 심리적 손상이 일시적 혹은 영구적으로 있는 것을 의미한다.

㉡ 사고장애나 지리멸렬, 망상, 환각, 불안, 우울, 집중력이나 기억력 상실, 주의산만, 무감동 등의 증상을 나타낸다.

③ 장애(Disability)

㉠ 손상으로 인해 정상적인 행동을 수행할 능력이 제한 또는 결핍된 상태를 말한다. 즉, 개인이 사회적 상황에서 주어진 역할이나 과제를 해내지 못하거나 수행하는 데 한계를 보이는 것으로 볼 수 있다.

㉡ 기능상의 어려움으로 인해 일을 할 때나 자기 활동을 수행할 때, 의사소통이나 사회생활을 할 때 지장이 있다.

④ 핸디캡(Handicap)

㉠ 손상이나 장애로 인해 정상적인 역할 수행에 제한 또는 장애가 발생함으로써 사회적 불이익을 경험하는 상태를 말한다.

㉡ 핸디캡은 주로 낙인이나 편견에서 비롯되는데, '장애인'이라는 수식어가 사회적인 불리조건을 형성하며, 그로 인해 사회생활에서의 한계를 유발한다.

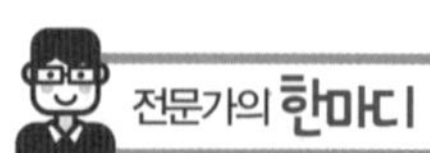

이 문제에서는 '병리', '손상', '장애', '핸디캡'을 재활치료의 주요 개념으로 제시하고 있으나, 교재에 따라 이를 정신재활모형의 4단계로 간주하기도 합니다. 사실 정신재활모형은 세계보건기구(WHO, 1980)가 제안한 '손상', '장애', '핸디캡'의 3단계가 가장 널리 알려져 있으며, 여기에 '병리'를 포함시킨 것은 리버만(Liberman, 1988)입니다. 임상심리사 1차 필기 및 2차 실기 시험에서도 보통 3단계가 출제되고 있으나, 경우에 따라 변형된 형태의 4단계에 관한 문제도 출제될 수 있습니다.

제2회 임상심리사 2급 실기 기출복원문제 및 해설

01 전문가로서 임상심리사가 지켜야 할 일반 상담윤리로서의 윤리원칙을 6가지 쓰시오. 6점

심화해설

① 유능성

임상심리사는 자신의 강점과 약점, 자신이 가지고 있는 기술과 그것의 한계에 대해 충분히 자각해야 한다. 이를 위해 자신의 적절한 수련 및 경험에서 나온 서비스만을 제공하여야 한다. 또한 지속적으로 교육수련을 받고 경험을 쌓음으로써 변화와 발전의 시대적 흐름 속에서도 항상 최신의 기술을 가지고 있어야 한다.

② 성실성

임상심리사는 전문적이고 개인적인 성실성을 유지해야만 한다. 이를 위해 다른 사람들을 다루는 데 있어서 그들을 존중해야 하며, 공정하고 정직해야 한다. 성실하고 정직한 자세로 내담자에게 자신의 서비스로부터 기대할 수 있는 바를 설명하며, 자신의 작업과 관련하여 스스로의 욕구 및 가치가 어떠한 영향을 미치는지 알고 있어야 한다.

③ 전문적이고 과학적인 책임

임상심리사는 전문적이고 과학적인 기초 위에서 활동함으로써 자신의 지식과 능력의 범위를 인식할 의무가 있다. 환자나 내담자에게 최선을 다해 서비스를 제공하며, 이를 위해 필요에 따라 타 분야의 전문가들에게 자문을 구하여야 한다.

④ 인간의 권리와 존엄에 대한 존중

임상심리사는 각 개인의 개성과 문화의 차이에 대해 민감해야 하며, 자신의 일방적인 지식과 편견을 지양해야 한다. 개인의 자유, 사생활 그리고 기밀성에 대한 권리를 존중해야 하며, 자신의 환자나 내담자가 잘못된 결정을 내리고 있는 것으로 판단될지라도, 그들의 의지에 반하여 자신의 소망이나 의견을 강요해서는 안 된다.

⑤ 타인의 복지에 대한 관심

임상심리사는 자신이 제공하는 서비스를 통해 타인의 삶의 질이 개선될 수 있도록 노력해야 한다. 특히 자신의 환자나 내담자를 착취하거나 그들에게 해가 되는 일을 삼가야 한다.

⑥ 사회적 책임

임상심리사는 타인을 도우며, 인간 행동에 대한 과학과 지식을 진보시키기 위해 일한다. 특히 인간의 행동과 심리에 모순되거나 부당한 착취의 우려가 있는 정책에 대해 반대하여야 한다.

이 문제는 정확한 복원이 이루어지지 않아 실제 문제와 차이가 있을 수 있습니다. 다만, 전문가로서의 윤리원칙이 강조되었다는 점, 윤리원칙을 5가지가 아닌 6가지를 쓰도록 요구했다는 점에서 2020년 2회 실기시험(3번)에 출제된 키치너(Kitchener)의 상담윤리의 5가지 기본원칙을 쓰는 문제와는 다른 유형이며, 2022년 3회 실기시험(4번)에 출제된 임상심리사의 윤리원칙으로서 '유능성'에 관한 문제와 연관된 것으로 파악되고 있습니다.

요컨대, 임상심리사 시험에 종종 출제되는 임상심리사 혹은 심리학자의 윤리원칙은 사실 1992년 미국심리학회(APA ; American Psychological Association)에서 수립한 《심리학자의 윤리원칙 및 행동규약, Ethical Principles of Psychologists and Code of Conduct》에 근거합니다. 이 윤리규약은 일반원칙(General Principles)으로 다음의 6가지를 제시하였습니다.

Principle A : Competence(유능성)
Principle B : Integrity(성실성)
Principle C : Professional and Scientific Responsibility(전문적이고 과학적인 책임)
Principle D : Respect for People's Rights and Dignity(인간의 권리와 존엄에 대한 존중)
Principle E : Concern for Others' Welfare(타인의 복지에 대한 관심)
Principle F : Social Responsibility(사회적 책임)

미국심리학회(APA)에서는 2002년 윤리규약을 대폭 개정하였으며, 개정된 윤리규약에 따른 일반원칙은 다음의 5가지입니다.

Principle A : Beneficence and Nonmaleficence(유익성과 무해성)
Principle B : Fidelity and Responsibility(신뢰와 책임감)
Principle C : Integrity(성실성)
Principle D : Justice(공정성)
Principle E : Respect for People's Rights and Dignity(인간의 권리와 위엄에 대한 존중)

02 건강심리학의 발달배경을 3가지 쓰시오.

6점 17년 기출

심화해설

① 급성질환에서 만성질환으로의 질병 양상의 변화

㉠ 과거에는 결핵, 폐렴, 그 밖의 감염병 등 급성질환(Acute Disorder)이 질병과 사망의 중요 원인이었으나, 이는 치료방법의 혁신과 공중보건위생 수준의 향상으로 감소하였다. 이와 같은 급성질환은 단기 질병으로서 바이러스나 세균의 침입에 의해 발병하며, 그 대부분은 치료가 가능한 것이었다.

㉡ 현대 산업사회에서는 심장질환, 암, 호흡기 질환 등 만성질환(Chronic Illness)이 질병과 사망의 중요 원인으로 대두되고 있다. 이와 같은 만성질환은 더 오래 사는 사람들에게 서서히 발전하며, 보통 치료할 수 없고 환자나 건강관리자들의 관리를 필요로 한다.

㉢ 만성질환은 심리사회적 요인을 주된 원인으로 하고 오랜 기간 관리를 필요로 하는 만큼 특히 심리학적 문제들이 대두된다. 따라서 만성질환을 가진 사람들로 하여금 자신들의 건강상태 변화를 인식시키는 동시에 심리사회적으로 적응하여 스스로 관리할 수 있도록 돕는 치료적 개입이 요구된다.

② 과학과 의학 기술의 발전에 따른 건강심리학 영역의 확장

㉠ 과학과 의학 기술의 발전은 건강심리학자들에 의해 다루어질 수 있는 영역들을 확장하고 있다. 예를 들어, 유방암을 포함한 많은 질병들의 주된 원인 중 하나가 유전자에서 비롯된 것임이 최근에 비로소 알려지기 시작했다. 만약 유방암 진단을 받은 어머니를 둔 자녀에게서 유방암 유전자 검사상 양성반응이 나왔다면, 그로 인해 그녀의 삶이 어떻게 변화하게 될 것인지에 대해 건강심리학이 답하게 된다.

㉡ 생명을 연장시키는 일부 치료들은 환자들의 삶의 질을 심각하게 떨어뜨릴 수 있으며, 환자들은 점차 생명 유지 조치에 대해 선택하도록 요구된다. 그들은 그와 같은 문제에 대해 상담을 필요로 하며, 이때 건강심리학자들이 그 과정에 개입하게 된다.

③ 건강관리 서비스의 확장

㉠ 건강관리는 서비스 산업으로 빠른 성장을 보이고 있다. 최근 몇 년 동안 건강관리사업의 증가에 대한 검토가 이루어졌으나, 건강관리 비용의 급증에도 불구하고 기본적인 건강지표는 향상되지 않고 있다.

㉡ 최근 건강관리 비용의 절감을 위해 건강심리학에서 예방에 대해 지속적으로 강조하고 있다. 또한 건강관리사업이 모든 국민을 서비스 수혜자로 하는 의료보험제도와 직접적인 약정을 체결하게 됨으로써 건강심리학자들의 영향력이 날로 커지고 있다.

④ 건강 관련 의료 수요의 증가

㉠ 건강심리학의 수요 증가는 다양한 단기 행동치료적 개입의 개발로 나타나고 있다. 이는 통증 관리, 흡연 · 음주 등 부적절한 건강습관의 수정, 치료의 부작용 관리 등을 포함한 건강 관련 문제들에 초점을 두고 있다.

㉡ 비만, 흡연 등 위험요인의 제거를 목표로 하는 치료적 개입은 관상동맥성 심장질환의 발병률을 낮추며, 치료의 전 과정을 설명해 주는 유효적절한 개입은 환자의 치료 후 적응력을 증가시키는 것으로 나타났다.

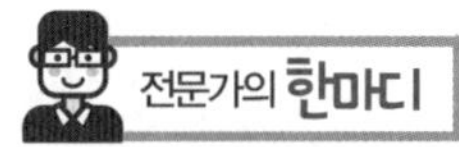

건강심리학(Health Psychology)은 최근에 등장하여 급속도로 성장하고 있는 심리학 영역으로서, 건강의 유지 및 증진, 질병의 예방 및 치료를 목적으로 심리학적인 이론과 방법을 동원하는 학문입니다. 현대인들의 주된 질병 및 사망의 원인을 심리사회적 관점에서 보는 것으로, 최근 현대인들의 건강에 대한 관심이 증폭되면서 현저히 발전하고 있습니다. 특히 건강심리학이 병원에서 의료전문가와 환자 간 원만한 의사소통을 통한 치료의 효율성 증가, 환자가 느끼는 고통과 통증의 완화, 습관성 물질중독의 예방과 치료 등에 크게 공헌할 것으로 기대하고 있습니다.

더 알아보기 **건강심리학과 임상심리학의 차이점**

- 임상심리학은 신체적 병리보다는 정신적 병리에 초점을 둔 반면, 건강심리학은 신체적 병리에 일차적인 관심을 기울인다.
- 임상심리학은 질병의 치료와 건강의 회복에 초점을 둔 반면, 건강심리학은 질병의 치료나 건강의 회복은 물론 건강의 유지 및 증진, 그리고 질병의 예방을 강조한다.
- 건강심리학은 여러 다른 학문들과의 공동협력을 보다 강조한다.

03 프로차스카(James O. Prochaska) 등의 변화단계모델은 개인의 행동이 5단계를 거쳐 변화하는 것으로 가정한다. 프로차스카 등의 행동변화 5단계를 쓰고, 각 단계에 대해 설명하시오. 10점 20, 23년 기출

심화해설

① 제1단계 – 사전 단계(계획 전 단계, 인식 전 단계 또는 전 숙고 단계)
㉠ 가까운 미래(→ 6개월 이내)에 행동변화에 대한 의사가 전혀 없는 단계이다.
㉡ 문제를 인식하지 못하거나 성공에 대한 확신이 없으며, 자신의 행동이 문제가 아니라고 주장하면서 변화를 거부한다.
예 "나는 지금 담배를 많이 피우지만, 그것을 끊어야 한다고 생각하지 않아."

② 제2단계 – 계획 단계(인식 단계 또는 숙고 단계)
㉠ 가까운 미래(→ 6개월 이내)에 행동변화를 하려는 생각이 있는 단계이다.
㉡ 변화를 통해 얻을 수 있는 잠재적 혜택에 대해 인식하지만 그와 상반되는 감정을 느끼며, 실천계획을 구체화시키기에 이르지는 못한다.
예 "담배를 끊는 것이 중요하다는 건 알지만, 지금 금연을 하면 일에 집중하기 어려운걸."

③ 제3단계 – 준비 단계(결심 단계)
㉠ 가까운 시간 내에(→ 1개월 이내) 행동변화를 취하기 위한 구체적인 계획을 세우는 단계이다.
㉡ 과거에 그와 같은 행동을 시도했을 가능성이 있으며, 자신의 행동을 변화시킬 수 있는 방법에 대해 가능한 많은 정보를 수집한다.
예 "담배를 끊으려고 금연패치를 샀어. 아내한테도 금연을 시도하겠다고 다짐했어."

④ 제4단계 – 행동 단계(실행 단계 또는 행동실천 단계)
㉠ 현재 문제를 극복하기 위해 행동하는 단계이다.
㉡ 목표를 달성하기 위해 직접 행동을 펼치지만, 행동변화의 지속성을 유지하지는 못한다.
예 "지금 담배를 피우지는 않지만 자꾸 생각이 나. 그래도 계속 시도해 봐야겠지?"

⑤ 제5단계 – 유지 단계
㉠ 새로 취한 행동을 일정 기간(→ 6개월 이상) 지속하고 있는 단계이다.
㉡ 오래된 습관을 보다 긍정적인 행동으로 대체하며, 재발을 성공적으로 피할 수 있을 때 자신에게 보상한다.
예 "나는 계속 금연을 하고 있어. 이제 금연이 그렇게 어렵게 느껴지지는 않지만, 그래도 주변의 협조가 필요한 것 같아."

⑥ 제6단계 – 종결 단계
㉠ 전혀 유혹을 받지 않고 행동이 완전히 정착되는 단계이다.
㉡ 자기효능감과 함께 어떤 상황에서도 행동변화를 유지할 수 있다는 확신을 가진다.
예 "나는 어떤 상황에서도 담배 생각이 나지 않아."

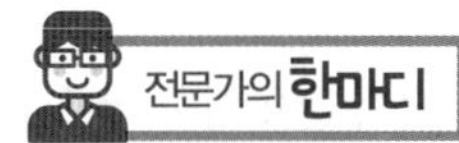

이 문제는 2020년 1회 실기시험(1번) 및 2023년 3회 실기시험(5번)에 출제된 문제의 변형된 형태로, 변화단계모델에서 행동변화 6단계의 명칭을 순서대로 쓰거나 해당 6단계 중 특정 단계를 설명하도록 한 이전 문제들과 달리, 주요 5단계를 쓰고 설명하도록 요구하고 있다는 점에서 차이가 있습니다. 이 경우 마지막 제6단계, 즉 '종결 단계'는 생략하도록 합니다.

요컨대, 프로차스카, 디클레멘트, 노크로스(Prochaska, DiClemente & Norcross)가 제안한 변화단계모델(Stages of Change Model) 혹은 범이론모델(Transtheoretical Model)은 바람직하지 않은 행동에서 바람직한 행동으로 변화할 때 사람들이 겪는 과정을 단계별로 제시하는데, 이를 통해 알코올중독이나 흡연과 같은 물질사용 문제에서부터 운동부족과 같은 행동 문제에 이르기까지 문제 수정의 방법을 단계별로 이해할 수 있도록 돕습니다. 특히 이 모델은 행동변화의 과정으로 5단계, 즉 '사전(전 숙고) 단계(Precontemplation)', '계획(숙고) 단계(Contemplation)', '준비 단계(Preparation)', '행동 단계(Action)', '유지 단계(Maintenance)'를 강조하는데, 여기에 '종결 단계(Termination)'를 추가하여 6단계로 확장하기도 합니다. 그리고 보통 습관적인 행동은 주기적인 과정을 통해 지속적으로 발생하게 되는데, 그에 따라 프로차스카 등도 행동변화의 단계를 선형이 아닌 순환형으로 기술하고 있습니다. 즉, 행동변화는 단 일회만의 수고에 의해 달성되는 것이 아니라 실수(Slip)나 재발(Relapse)을 거치면서 이전의 부적응적 행동을 버리고 적응적 행동 습관을 형성하게 된다는 것입니다. 따라서 6단계 과정의 마지막 단계를 '종결 단계(Termination)' 대신 '재발 단계(Relapse)'로 설명하기도 합니다.

04 재활모형에서 손상(Impairment)과 불이익(Handicap)에 대한 대표적인 개입방법을 예시를 들어 각각 쓰시오.

4점 12년 기출

심화해설

예 A씨는 교통사고를 당하여 한쪽 다리를 절단하는 수술을 받게 되었다.

① 손상(Impairment)

A씨는 한쪽 다리를 상실하였고 그로 인해 우울을 경험할 수 있으므로, 적절한 의학적 · 심리적 치료를 받도록 한다(→ 약물치료, 정신치료 등).

② 장애(Disability)

A씨는 걷는 능력이 제한되어 일상생활의 유지능력이나 직무수행능력이 부족할 수 있으므로, 임상적 재활을 통해 개인 능력을 향상시키고 환경적 자원을 활용할 수 있도록 돕는다(→ 직업재활상담, 역할훈련, 환경지원 등).

③ 불이익 또는 핸디캡(Handicap)

A씨는 취업 등 정상적인 사회활동에 있어서 제약을 받을 수 있다. 이는 개인적 차원의 접근보다는 사회적 차원의 접근을 통해 사회구조적 재활이 이루어질 수 있도록 사회체계의 변화를 이끌어 내려는 노력이 요구된다(→ 제도 변화, 권익 옹호, 편견 해소 등).

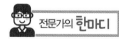

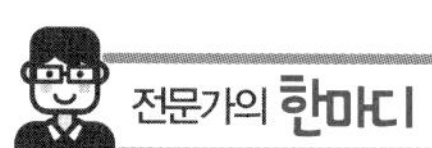

이 문제와 관련하여 2023년 1회 실기시험(19번)에서는 '손상(Impairment), 장애(Disability), 핸디캡(Handicap)'의 3단계 재활모형 중 '장애(Disability)'의 개입방법에 대해 예를 들어 설명하도록 요구한 바 있습니다. 이와 같이 이 문제는 약간씩 변형되어 출제될 수 있으므로, 하나의 공통된 예시를 통해 재활모형의 각 단계에서 수행하는 개입방법들을 서로 비교하는 방식으로 학습하도록 합니다. 또한 이 문제는 이전 문제와 달리 "대표적인 개입방법"을 쓰도록 요구하고 있으므로, 각 단계에서의 대표적인 개입방법(예 '손상'의 경우 약물치료, 정신치료 등 / '불이익'의 경우 제도 변화, 권익 옹호, 편견 해소 등)을 함께 답안으로 작성하도록 합니다. 참고로 위의 해설에서 대표적인 개입방법에 대해서는 '박상규, 『정신재활의 이론과 실제』, 학지사 刊'을 참조하였습니다.

05 파괴적 행동문제를 보이는 청소년을 대상으로 행동치료를 수행할 때 행동원리에 의한 정적 강화의 수준을 높여야 하는 이유를 3가지 쓰시오.

6점 11, 17년 기출

심화해설

① 보상 추구의 반응양식

㉠ 정적 강화(Positive Reinforcement)는 바람직한 행동의 빈도를 증가시키기 위해 칭찬, 미소, 음식, 관심, 좋은 점수 등의 강화자극을 부여하는 것이다. 이때 강화자극은 표적행동의 발생률을 높일 수 있는 후속자극으로서 정적 강화인이 되며, 이러한 후속자극으로 인해 기대행동이 증가하게 되는 것이다.

㉡ 예를 들어, 교사가 교내 폭력사건에 연루된 학생에게 따뜻한 관심을 보여준다면, 그 학생은 자신이 다른 누군가의 관심 대상이라는 사실을 알게 되어 자신의 부적절한 행동을 점차적으로 삼가게 될 것이다. 즉, 교사의 따뜻한 관심(→ 정적 강화인)은 파괴적 행동문제를 보이는 청소년으로 하여금 더욱 따뜻한 관심을 받도록 유인하므로 파괴적 행동이 줄어들게 되는 것이다.

② 처벌의 낮은 효과성

㉠ 파괴적인 성향을 지닌 청소년은 자극과 모험을 추구하며, 사회적인 제재 등 부적절한 행위로 인해 나타날 수 있는 결과에 대해 별다른 두려움을 느끼지 않는 경우가 많다.

㉡ 파괴적 행동문제를 보이는 청소년에게 제재의 위협을 가하거나 실제 벌을 가한다고 해도 일시적으로 이전 행동을 억제할 수 있을 뿐 실질적인 효과를 기대하기는 어려우며, 오히려 처벌의 부작용에 따른 공격성을 증폭시킬 수 있다.

③ 역기능적인 훈육 및 교육 방식으로 인한 부적응 행동의 강화

㉠ 부모나 교사가 청소년의 파괴적인 행동에 대해 무관심하거나 별다른 개입을 하지 않는 경우, 일관되지 못한 태도를 보이는 경우, 고함을 지르거나 과도하게 화를 내는 경우 오히려 청소년의 파괴적 행동을 강화할 수 있다.

㉡ 예를 들어, 교사가 수업 중 떠드는 학생에게 계속 고함을 지르는 경우, 교사는 그와 유사한 상황에서 똑같은 반응을 보일 것이며, 그로 인해 학생들은 그 교사를 멀리하게 되고 심지어 교사의 고함치는 버릇을 모방할 수도 있다.

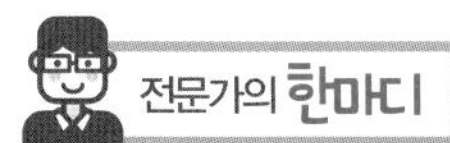

이 문제는 명확한 정답이 있는 것이 아니므로 다양한 답안이 도출될 수 있습니다. 일반적으로 강화와 처벌 모두 행동수정에 유효한 것으로 알려져 있습니다. 다만, 청소년을 대상으로 하는 학교현장에서는 학생들의 지도 및 훈육을 위해 처벌보다는 강화가 보다 바람직하다고 주장하고 있습니다. 그러나 일부 학자들은 강화가 반드시 좋은 결과만을 가져오는 것은 아니라는 의견을 제시하고 있습니다. 그들은 아동의 파괴적인 행동이 부모에게서 관심을 끌기 위한 것일 수 있으며, 이때 부모가 자녀에게 관심을 보이는 것이 오히려 그와 같은 역기능적 행동을 강화할 수도 있다는 것입니다.

더 알아보기

1. 정적 강화자극의 종류

- 소모할 수 있는 강화물(Consumable Reinforcer) : 과자, 사탕, 음료수 등
- 활동할 수 있는 강화물(Activity Reinforcer) : TV 보기, 컴퓨터게임 하기, 친구들과 놀기 등
- 조작할 수 있는 강화물(Manipulative Reinforcer) : 장난감모형 만들기, 색칠하기 등
- 소유할 수 있는 강화물(Possessional Reinforcer) : 좋아하는 옷이나 신발, 구슬이나 인형 등을 갖게 하기
- 사회적인 강화물(Social Reinforcer) : 칭찬해 주기, 미소 지어주기, 안아주기 등

2. 강화자극의 선택 시 고려사항

- 쉽게 구할 수 있는 것이어야 한다.
- 바람직한 행동이 나타난 즉시 줄 수 있는 것이어야 한다.
- 포화가 쉽게 일어나지 않으며, 반복적으로 사용할 수 있는 것이어야 한다.
- 강화자극의 소모에 많은 시간을 필요로 하지 않는 것이어야 한다.

06 정신분석적 치료에서는 이상적인 목표에 도달하게 될 때 치료를 종결하게 된다. 정신분석적 치료의 이상적인 치료 목표를 설명하시오.

6점 16년 기출

심화해설

① 증상을 유발한 무의식적 갈등의 해소와 성격구조의 건강한 변화

정신분석적 치료의 궁극적인 목표는 내담자의 성격구조를 건강하게 변화시키는 것이다. 이는 내담자가 호소하는 증상이 성격의 구조적 갈등에서 비롯된다는 인식에 따른 것이다. 따라서 내담자의 무의식적 갈등을 해결하고 건강한 성격을 함양하도록 함으로써 증상은 자연히 해소된다. 이와 같이 정신분석적 치료는 증상의 제거 자체에 초점을 두기보다는 증상을 유발한 무의식적 갈등과 성격적 문제의 해결을 치료 목표로 한다.

② 무의식적 갈등의 의식화와 심리적 문제에 대한 통찰

대부분의 정신장애는 어린 시절의 좌절경험에 뿌리를 둔 무의식적 갈등에서 비롯되므로, 치료자는 내담자로 하여금 무의식적 갈등의 의식화를 통해 이를 자아(Ego)의 통제하에서 해결될 수 있도록 한다. 내담자는 자신의 증상에 대한 무의식적 의미를 이해하고 자신의 심리적 문제에 대해 통찰함으로써 부적절한 방어기제의 사용을 자제하며, 건강하게 일하고 사랑할 수 있는 성숙한 성격으로 변화할 수 있다.

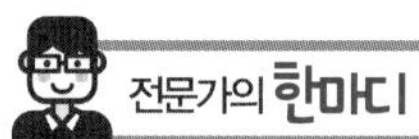

일반적으로 정신분석적 치료 혹은 정신분석 상담의 목표는 구체적인 관점에서 몇 가지로 나열할 수 있으나, 그 궁극적인 치료 목표는 내담자의 성격구조를 건강하게 변화시키는 데 있습니다. 프로이트(Freud)는 그 핵심으로 자아(Ego) 기능의 강화를 강조하였습니다. 즉, 자아의 기능을 강화하여 자아가 성격의 주인으로 확고하게 자리를 잡게 될 때 충동적이고 비합리적인 원초아(Id)를 효과적으로 제어할 수 있으며, 원초아(Id)와 초자아(Superego) 사이에서 현실의 요구를 적절히 조정할 수 있다는 것입니다. 이와 관련하여 프로이트는 "Wo Es war, soll Ich werden(Where Id was, there Ego shall be)", 즉 "원초아가 있는 곳에 자아를 있게 하라"는 유명한 말을 남기기도 했습니다.

더 알아보기 정신분석적 치료에서 치료의 종결 여부에 대한 결정 기준

- 심각한 갈등의 해결 및 자아기능의 향상
- 병리적 방어기제의 사용 감소
- 성격구조상의 중요한 긍정적 변화
- 증상의 상당한 호전 또는 증상을 스스로 극복할 수 있는 능력이 생겼다는 증거의 존재

07 인간중심 상담에서 로저스(Rogers)가 강조한 치료자의 기본 태도를 3가지 쓰시오.

6점 | 08, 10, 14, 17, 18, 19, 20, 21, 22, 23년 기출

① 일치성과 진실성

일치성과 진실성은 치료자(상담자)의 내적인 경험과 외적인 표현이 일치되며, 내담자와의 관계에서 개방적인 표현이 이루어지도록 노력하는 것을 의미한다. 치료자의 일치성과 진실성은 내담자의 진솔한 감정 표현을 유도하며, 이를 통해 진솔한 의사소통이 촉진된다. 치료자는 내담자와의 상담관계에서 순간순간 경험하는 자신의 감정이나 태도를 있는 그대로 솔직하게 인정해야 한다.

② 공감적 이해와 경청

치료자는 내담자의 주관적인 경험을 감지하고 내담자의 마음속으로 들어감으로써 내담자로 하여금 자신의 감정을 더욱 강렬하게 경험하며, 내부의 불일치를 인식할 수 있도록 돕는다. 그러나 공감적 이해는 동정이나 동일시로써 내담자의 감정에 빠져드는 것을 의미하는 것이 아닌 객관적인 입장에서 내담자를 깊이 있게 이해하는 것을 뜻한다.

③ 무조건적인 긍정적 관심(수용) 또는 존중

치료자는 내담자의 사고나 감정, 행동에 대해 옳고 그름, 좋고 나쁨을 평가 또는 판단해서는 안 된다. 치료자는 아무런 조건 없이 수용적인 태도로써 내담자를 존중하며, 내담자의 사고나 감정, 행동에 대한 권리를 인정해야 한다.

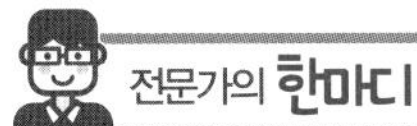

이 문제는 내담자중심치료(인간중심 상담)에서 로저스(Rogers)가 강조한 '치료자(상담자)의 특성', '치료자의 태도', '치료자의 자세', '치료자의 조건', '치료자의 필요충분조건' 등 다양한 표현으로 제시되고 있습니다. 주의해야 할 것은 이 문제를 2018년 1회(10번) 및 2021년 1회(14번) 실기시험 문제, 즉 "인간중심치료에서 로저스(Rogers)가 제시한 내담자의 긍정적 성격변화를 위한 치료의 필요충분조건을 4가지(혹은 5가지) 쓰시오"와 혼동해서는 안 된다는 점입니다. 로저스는 치료의 6가지 필요충분조건을 소개했는데, 위의 3가지는 그중 가장 핵심이 되는 조건에 해당합니다. 이 문제와 관련하여 1차 필기시험에 다음과 같은 문제들이 출제된 바 있습니다.

인간중심치료에서 자기와 경험 간의 일치를 촉진시키고, 자기실현을 하도록 치료자가 지녀야 할 특성과 가장 거리가 먼 것은? 17년 기출

① 공 감
② 진실성
③ 객관적인 이해
④ 무조건적 긍정적 존중

답 ③

심리치료 장면에서 치료자의 3가지 기본 특성 혹은 태도가 강조된다. 이는 인간중심 심리치료의 기본적 치료기제로도 알려져 있는데, 이러한 치료자의 기본 특성에 해당되지 않는 것은? 19년 기출

① 무조건적인 존중
② 정확한 공감
③ 적극적 경청
④ 진솔성

해설

적극적 경청'이 아닌 '공감적 경청'이 옳다. 적극적 경청이 '듣기'에 초점을 둔다면, 공감적 경청은 '이해'에 보다 중점을 둔다.

답 ③

08 실존치료에서는 정상적 불안과 신경증적 불안을 구분하고 있다. 그중 정상적 불안의 특징을 3가지 쓰시오.

6점 | 16, 19년 기출

심화해설

① 정상적 불안은 직면하고 있는 상황에 부합된다. 즉, 정상적 불안은 당면한 사상에 대한 적절한 반응이다.

② 정상적 불안은 억압을 요구하지 않는다. 우리 모두가 결국 죽게 된다는 사실에 타협할 수 있는 것처럼, 우리는 그것과 화해할 수 있다.

③ 정상적 불안은 창조적으로 사용될 수 있다. 예를 들어, 어떤 자극이 불안을 일으키는 딜레마에 직면하고 이를 확인하도록 돕기도 한다.

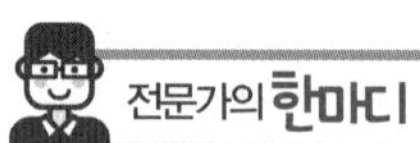

실존치료에서는 불안을 인간생활의 필수조건으로 봅니다. 그 이유는 불안이 인간으로 하여금 생존하고 자기 존재를 유지하고 표현하기 위한 욕구에서 비롯된다고 보기 때문입니다. 그로 인해 실존치료자들은 불안을 정상적 불안과 신경증적 불안으로 구분합니다. 정상적 불안은 당면한 사상에 대한 적절한 반응으로서 병리적 상태가 아닌 긍정적 신호로 볼 수 있는 반면, 신경증적 불안은 상황과 조화를 이루지 못하는 부적절한 반응으로서 보통 의식 밖에서 사람을 무력화시키는 경향이 있기 때문입니다. 따라서 실존치료는 생존의 필수조건으로서 정상적 불안을 생활의 일부로 인정하도록 하는 한편, 신경증적 불안을 최소화하여 심리적 건강을 유지하도록 하는 것을 목표로 합니다. 참고로 실존주의에서 자주 언급되는 실존적 불안은 곧 정상적 불안이자 성장을 자극하는 건설적 불안을 의미하는 것으로 볼 수 있으며, 일부 교재에서는 아예 실존적 불안과 정상적 불안을 동일한 것으로 제시하기도 합니다.

더 알아보기 | **실존치료에서 신경증적 불안의 3가지 특징**

- 신경증적 불안은 상황에 적합하지 못하다. 예를 들어, 어떤 부모는 아이가 차에 치일까봐 불안하여 아이를 절대 집 밖에 나가지 못하도록 할 수 있다.
- 신경증적 불안은 억압된다. 이는 대부분의 사람들이 핵전쟁의 두려움을 억압하는 것과 유사하다.
- 신경증적 불안은 건설적이지 못하고 파괴적이다. 또한 창조성을 자극하기보다는 개인을 마비시키는 경향이 있다.

09 상담 과정에서 나타나는 저항의 의미를 쓰고, 내담자의 저항에 대응하는 방법을 기술하시오. 4점

(1) 저항의 의미

심화해설

저항(Resistance)은 상담이나 심리치료의 진행을 방해하고 현재 상태를 유지하려는 내담자 또는 환자의 의식적 혹은 무의식적 사고, 태도, 감정, 행동을 의미한다.

(2) 저항의 대응방법

심화해설

① 제1단계 – 저항의 수용
 ㉠ 저항의 이유가 무엇이든 간에 상담자는 내담자가 저항하며 나타내는 불안과 두려움 등을 있는 그대로 표현하도록 하며, 이를 수용한다.
 ㉡ 상담자는 내담자로 하여금 저항의 감정을 드러내도록 한 후 이를 판단하지 말고 내담자의 행동을 객관적으로 그대로 묘사해 준다.

② 제2단계 – 저항의 해석
 ㉠ 상담자는 내담자의 저항을 분석하고 해석함으로써 내담자로 하여금 저항 행동의 숨은 의미를 이해하고 통찰할 수 있도록 돕는다.
 ㉡ 상담자가 내담자의 저항을 권위적이고 방어적으로 대하지 않으면, 내담자 스스로 자신의 문제와 경험에 대해 방어를 풀고 자신이 방어하는 진정한 의미를 깨달을 수 있다.

전문가의 한마디

저항(Resistance)은 정신분석이론의 주요 개념으로서, 정신분석이론에서는 이를 "내담자가 무의식에 눌러놓은 고통스러운 기억들을 꺼내놓기 싫어 무의식적으로 자신을 방어하는 행동"으로 간주합니다. 따라서 정신분석적 상담에서는 내담자의 저항 속에 감추어진 불안과 두려움 등에 초점을 맞추어 내담자의 저항을 적절히 해석해 줌으로써 내담자 스스로 자신의 문제에 대한 이해와 통찰에 이를 수 있도록 돕습니다. 이는 정신분석적 상담의 주요 기법인 '저항의 분석(Resistance Analysis)'의 기본원리로서, 비단 정신분석적 상담에만 유용한 것이 아니라 일반적인 상담 과정에서도 유효하게 적용됩니다.
요컨대, 코리(Corey)는 저항에 대한 정신분석적 개념을 인정하면서, 상담 과정에서 저항은 지극히 정상적인 현상이며, 저항을 처리하는 것을 치료의 일부로 보아야 한다고 강조하였습니다. 그는 상담 과정 중 내담자의 저항이 확인되면 이를 토대로 인지적 · 정서적 · 행동적인 측면에서 도움을 줄 수 있으므로, 저항은 더 이상 치료의 장애물이 아닌 단서일 수 있다고 보았습니다. 따라서 상담자는 저항을 제거하는 방법을 배우는 것이 아니라 저항을 다루는 방법을 배워야 한다고 주장하면서, 저항의 다양한 양상을 제시하고 이를 어떻게 처리하는지를 자신의 저서를 통해 설명한 바 있습니다. 이와 관련된 보다 자세한 내용은 'Corey, G., 『상담 및 심리치료의 통합적 접근』, 현명호 外 譯, 시그마프레스 刊'을 참조하시기 바랍니다.

10 아동상담에서 놀이의 치료적 기능을 3가지 쓰고, 각각에 대해 설명하시오.

6점 16, 23년 기출

심화해설

① 관계형성의 기능
놀이치료는 상담자와 아동 간의 신뢰롭고 특별한 관계가 발달할 수 있도록 돕는 데 효과적이다. 또한 아동으로 하여금 상담 상황에 친숙하고 안정된 느낌을 가질 수 있도록 한다.

② 자기노출의 기능
놀이치료는 아동으로 하여금 자신의 감정, 갈등과 문제, 관계의 어려움 등을 직접적으로 혹은 상징적으로 재연하도록 한다. 따라서 다른 방법으로 표현하지 못하는 다양한 정보들을 제공하게 되며, 이를 통해 상담자는 아동을 더 잘 이해할 수 있게 된다.

③ 치유의 기능
놀이치료는 아동으로 하여금 자신의 감정과 갈등을 자유롭게 표현하도록 하여 감정의 발산과 정화를 촉진하므로 치료적인 효과를 가진다. 또한 아동은 안전한 환경에서 새로운 행동과 적절한 대처기술을 익히게 된다.

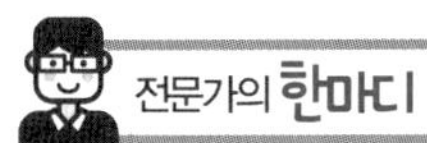

'놀이의 치료적 기능'과 '놀이의 치료적 가치'는 동일한 것일까요? 대부분의 수험생 분들이 이 문제를 2022년 1회 11번 및 2022년 3회 18번 문제와 동일한 것으로 착각한 것 같습니다. 그러나 이 두 가지는 완전히 다른 문제입니다. 이와 같이 임상심리사 시험에서는 출제자가 단어 하나를 살짝 바꿔서 정답이 다른 문제를 만드는 경우가 종종 있습니다. 이는 수험생 분들이 아는 문제라 판단하여 열심히 답안을 작성하고도 생각보다 낮은 점수를 받았다고 하소연하는 이유이기도 합니다.
참고로 '놀이의 치료적 기능'에 관한 위의 해설 내용은 브렘스(Brems)의 놀이치료에 대한 이론적 입장입니다. 이와 관련된 내용은 '신현균, 『아동 심리치료의 실제』, 학지사 刊', '김춘경, 『아동상담 – 이론과 실제』, 학지사 刊', '강정원 外, 『영유아교사를 위한 아동상담』, 정민사 刊'을 참조하시기 바랍니다.

더 알아보기 아동상담에서 놀이의 3가지 역할(이장호)

- 감정발산의 수단
  아동이 주위 사람들에게 마음속으로 느꼈던 증오와 두려움을 놀이를 통해 발산하는 것은 성인이 이야기를 통해 감정을 표현하는 것과 유사하다.
- 자신의 갈등 및 생각과 행동의 다양한 측면으로의 표출
  놀이 중인 아동을 관찰해 보면, 아동이 어떤 방식으로 환경에 대처해 나가는지를 알 수 있다. 아동 스스로도 놀이치료가 진행됨에 따라 갈등적 행동이 줄어들고 점차 안정된 행동양식을 갖추게 된다.
- 아동상담에서 중요한 의사소통의 매체
  아동은 놀이를 통해 자기 자신에 대한 의사표현을 한다. 특히 아동의 놀이를 통한 자기표현은 상담자 앞에서 놀이를 하는 동안 아동이 상담자의 존재를 어떻게 받아들이느냐에 따라 달라진다. 따라서 놀이의 내용 및 방식은 상담자에 대한 의사소통의 기능을 갖고 있다고 볼 수 있다.

11 DSM-5 진단 기준에 따른 특정공포증(Specific Phobia)의 하위유형을 3가지만 쓰고, 각각에 대해 간략히 설명하시오.

6점 19년 기출

심화해설

① 동물형(Animal Type)
거미, 곤충, 개 등 동물이나 곤충에 대해 공포감을 느낀다.

② 자연환경형(Natural Environment Type)
고공(높은 장소), 폭풍, 물 등 자연환경에 대해 공포감을 느낀다.

③ 혈액-주사-상처형(Blood-Injection-Injury Type)
바늘, 침습적인 의학적 시술 등 피를 보거나 주사를 맞는 것에 대해 공포감을 느낀다.

④ 상황형(Situational Type)
비행기, 엘리베이터, 밀폐된 장소 등 폐쇄된 공간에 대해 공포감을 느낀다.

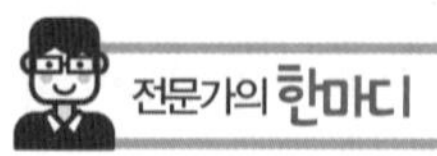

임상적 장면에 찾아오는 성인들이 나타내 보이는 특정공포증(Specific Phobia)의 하위유형으로는 '상황형>자연환경형>혈액-주사-상처형>동물형' 순으로 많은 것으로 알려져 있습니다. 참고로 'Blood-Injection-Injury Type'은 '혈액-주사-상처형', '혈액-주사-손상형', '혈액-주사-부상형' 등 다양한 명칭으로 번역되고 있습니다.
요컨대, 이 문제의 답안으로 '광장공포증(Agoraphobia)'을 생각한 분들도 있을 겁니다. 그러나 광장공포증은 특정공포증과 별도로 불안장애(Anxiety Disorders)의 하위유형으로 분류되고 있습니다. DSM-5에서도 상황형 특정공포증이 광장공포증과 임상적으로 유사한 양상을 보이고 있음을 지적하고 있는데, 만약 개인이 광장공포증 상황 중 단 한 가지 상황에 대해서만 공포감을 느낀다면 상황형 특정공포증으로, 만약 두 가지 이상의 상황에 대해서 공포감을 느낀다면 광장공포증으로 진단을 내리도록 하고 있습니다.

12 반복적으로 또래친구들을 괴롭히며 교사에게 반항하는 아동의 문제를 호소하는 초등학교 3학년 담임선생님에게 자문을 하고자 한다. 해당 아동의 문제를 해결하는 데 도움을 줄 수 있는 조언을 4가지 쓰시오. 8점 08, 14년 기출

심화해설

① 학급의 규칙을 제시하도록 한다.

학급의 규칙은 아동으로 하여금 다양한 상황에서 어떠한 행동이 기대되며, 어떠한 행동이 적절한 것으로 간주되는지에 대해 명백히 밝힐 수 있는 것이어야 한다. 특히 학급 내 행동의 가장 중요한 측면에 초점을 맞추어야 하며, 정기적으로 아동과 함께 검토가 이루어져야 한다.

② 관심과 칭찬을 제공하도록 한다.

아동이 과제에 집중하는 태도를 보이는 것에 대해 관심을 기울이도록 한다. 특히 아동이 규칙을 잘 따르거나 적절한 행동을 보이는 경우 칭찬을 하도록 한다.

③ 토큰강화나 반응대가를 사용하도록 한다.

한편으로 아동의 적절한 행동 발생 가능성을 높이기 위해 토큰을 이용한 강화를 사용하도록 하며, 다른 한편으로 아동의 부적절한 행동 발생 가능성을 줄이고 학급 중재의 효율성을 높이기 위해 아동이 습득한 토큰이나 특권을 잃도록 하는 반응대가 프로그램을 사용하도록 한다.

④ 고립을 사용하도록 한다.

고립은 아동이 부적절한 행동을 보이는 경우 일정한 시간 동안 아동을 학급 활동에서 배제한 채 후속적 관찰로써 아동을 살피는 것이다. 다만, 고립은 윤리적인 문제와 부작용을 초래할 수도 있으므로, 아동을 학급에서 내보내는 완전고립은 가급적 삼가도록 한다.

⑤ 가정과 학교 간에 알림장을 통한 의사소통이 이루어지도록 한다.

알림장은 부모와 교사 간의 의사소통을 증진시키고, 가정과 학교에서 아동의 행동을 중재하기 위한 일관성 있는 조치를 가능하게 한다. 알림장은 사용이 용이하고 작성이 간편해야 하며, 내용상 포함될 목표행동을 정하는 경우 쉽게 관찰될 수 있는 행동이어야 한다.

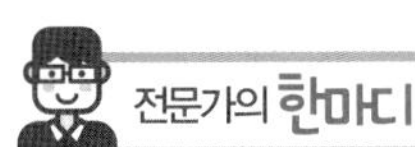

이 문제는 명확한 정답이 있는 것이 아니므로 다양한 답안이 도출될 수 있습니다. 인터넷 카페 등에서는 단순히 자문의 단계를 열거하거나 자문의 기능을 제시하는 방식으로 답안을 유도하고 있으나, 이는 출제자가 요구하는 답안과는 거리가 먼 것으로 보입니다. 더욱이 문제 자체를 보다 면밀히 살펴보면, 아동의 문제와 관련하여 가정, 학교, 지역사회 차원의 확장된 관점을 제시하기보다는 아동을 지도 · 훈육하는 담임선생님에게 아동의 부적응적인 문제 해결을 위한 심리학적 차원에서의 행동주의적 접근을 자문가로서 심리전문가의 보다 직접적인 '조언'의 형태로 제시하도록 유도하고 있습니다. 다시 말해 아동의 문제행동을 바람직한 행동으로 변화시키기 위한 기술적 조언을 요구하고 있는 것으로 볼 수 있습니다. 위의 문제 해설은 그와 같은 점에 착안하여 'Gimpel, G. A. et al., 『유아기 정서 및 행동장애』, 방명애 外 譯, 시그마프레스 刊', '강위영 外, 『정서 · 행동 발달과 문제 예방』, 대구대학교출판부 刊', 그리고 '방명애 外, 《장애학생의 문제행동 중재방안 및 사례(제15회 국내세미나)》, 국립특수교육원 刊'의 도서 및 학술세미나 자료 등을 참조하여 답안을 작성하였습니다.

13 MMPI나 BDI와 같은 객관적 자기보고형 검사의 장점과 단점을 각각 2가지씩 쓰시오.

4점 09, 17, 22년 기출

(1) 장 점

심화해설

① 검사의 시행 · 채점 · 해석이 간편하며, 응답이 용이하다.
② 부호화와 분석이 용이하므로 시간과 노력이 절약된다.
③ 검사자나 상황변인의 영향을 덜 받으며, 검사 결과의 객관성이 보장된다.
④ 검사 제작 과정에서 신뢰도 및 타당도에 대한 증거를 확보할 수 있다.
⑤ 수검자의 무응답이나 검사 목적에 부합하지 않은 응답을 줄일 수 있다.

(2) 단 점

심화해설

① 수검자의 사회적 바람직성이 응답 결과에 영향을 미친다.
② 수검자는 일정한 흐름에 따라 응답할 수 있다.
③ 수검자가 자기 이해와 관계없이 협조적인 대답으로 일관할 수 있다.
④ 검사문항이 특정 상황에서의 특성과 상황 간의 상호작용 내용을 밝히기에 한계가 있다.
⑤ 응답의 범위가 제한되어 있으므로 수검자의 진술 기회가 상대적으로 적다.

객관적 검사(자기보고형 검사)의 장점과 단점에 관한 문제는 1차 필기시험에서 다음과 같이 출제되었습니다.

투사적 성격검사와 비교할 때, 객관적 성격검사의 장점은? 16년 기출

① 객관성의 증대
② 반응의 다양성
③ 방어의 곤란
④ 무의식적 내용의 반응

답 ①

성격을 측정하는 자기보고 검사에 관한 설명으로 옳은 것은? 21년 기출

① 개인의 심층적인 내면을 탐색하는 데 흔히 사용된다.
② 응답결과는 개인의 반응 경향성과 무관하다.
③ 강제선택형 문항은 개인의 묵종 경향성을 예방하는 데 효과적이다.
④ 사회적으로 바람직하게 응답하려는 경향을 나타내기 쉽다.

해설
① 투사적 검사의 특징에 해당한다.
② 개인의 응답 방식에서 나타나는 일정한 흐름이 결과에 영향을 미치는 반응 경향성은 객관적 검사의 단점에 해당한다.
③ 자기 이해와 관계없이 협조적인 대답으로 일관함으로써 결과에 영향을 미치는 묵종 경향성은 객관적 검사의 단점에 해당한다.

답 ④

제2회 기출복원문제

더 알아보기 투사적 검사의 장점과 단점

- 장 점
  - 수검자의 독특한 투사적 검사반응이 수검자에 대한 이해에 매우 효과적이다.
  - 수검자의 의도된 방어적 반응에 적절히 대처할 수 있다.
  - 모호한 자극에 의해 수검자의 다양한 반응이 나타난다.
  - 수검자의 전의식적이거나 무의식적인 심리적 반응을 유도한다.
- 단 점
  - 검사의 신뢰도가 전반적으로 결여되어 있다.
  - 검사 결과의 해석에 대한 타당도 검증이 빈약하다.
  - 여러 상황적 요인들이 검사반응에 영향을 미친다.

14 내담자의 능력을 평가하는 지능검사를 시행할 때 내담자와 라포(Rapport)를 형성하는 것이 중요하다. 라포 형성의 구체적인 방법을 4가지 기술하시오.

4점 18년 기출

심화해설

① 성취동기가 부족하고 쉽게 포기하는 수검자로 하여금 최선을 다하도록 격려한다.
② 평가 상황에서 지나치게 긴장하고 불안해하는 수검자로 하여금 안심하고 검사에 집중할 수 있도록 돕는다.
③ 검사에 대한 수검자의 관심을 유발하고, 침착하고 차분하게 과제를 제시하며, 각 소검사들을 부드럽게 연결시켜 준다.
④ 사전에 수검자가 알아두어야 할 일반적인 사항들을 설명해 준다.

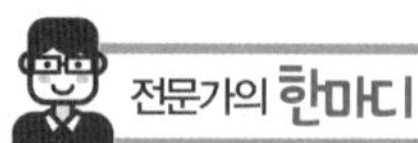

이 문제는 일반적인 상담 과정에서 상담자와 내담자 간 라포(Rapport) 형성에 관한 문제가 아닙니다. 또한 아동을 대상으로 한 지능검사에서 검사자와 수검자 간 관계형성의 방법을 묻는 지난 2012년 6번 문제와도 다릅니다. 이 문제에서는 '아동'이 전혀 언급되지 않았고, 일반적인 심리검사 대신 '지능검사'로 문제가 제시되었으며, 널리 알려진 웩슬러 지능검사의 특정 버전(예 K-WAIS, K-WAIS-Ⅳ)이 소개되지 않았다는 수험생들의 진술을 토대로, '염태호 外, 『K-WAIS 실시요강』, 한국가이던스 刊', '박영숙 外, 『최신 심리평가』, 하나의학사 刊'에 소개된 웩슬러 지능검사와 관련된 일반적인 고려사항 중 '라포(Rapport) 형성'에 관한 내용을 답안으로 작성하였습니다.

더 알아보기 지능검사를 실시할 때 숙지하여야 할 사항

- 검사 시작 전 검사의 목적, 방법, 그 밖의 일반적인 사항들을 설명해 준다.
- 새로운 소검사를 시작하기 전에 수검자에게 이를 자연스럽게 알린다(예 "이번에는 다른 종류의 검사를 해 보겠습니다.").
- 수검자의 반응이 모호하거나 분명하지 않을 때 중립적인 질문을 통해 탐색한다(예 "어떤 의미인지 좀 더 자세히 말씀해 주십시오.").
- 수검자의 다양한 반응에 민첩하고 적절하게 대처한다. 특히 검사 수행 후 수검자를 안심시키고 격려해 줄 수 있지만, 정답 여부를 직접 알려주어서는 안 된다.
- 수검자의 연령, 교육 수준, 지적 능력 등을 고려하여 수검자가 이해할 수 있는 언어로 쉽게 설명해 준다.
- 시간제한이 있는 소검사의 경우 이를 채점에 정확히 적용하는 한편, 시간제한이 없는 소검사의 경우 독촉받는 느낌을 갖지 않도록 시간적 여유를 부여한다.
- 검사는 제시된 순서에 맞게 한 번에 실시하는 것을 원칙으로 하되, 수검자의 상태로 인해 한 번에 실시하는 것이 어려운 경우 이를 나누어 실시할 수 있다.
- 수검자가 사용한 언어 반응 그대로 기록하는 것을 원칙으로 하되, 기록의 편의를 위해 일반적으로 많이 사용하는 언어에 대해서는 축약어를 사용할 수 있다.
- 검사 수행 동안 수검자가 보인 특이한 행동반응이나 언어사용 등을 면밀히 관찰하고 기록하여 이를 결과 해석에 활용하도록 한다.

15 카우프만(Kaufman)과 리히텐베르거(Lichtenberger)가 제시한 지능검사의 기본 철학을 5가지 쓰시오.

5점 22년 기출

심화해설

① 지능검사의 소검사는 개인의 학습경험을 측정한다.
지능검사의 소검사 유형에 따라 언어적 혹은 비언어적 요소의 관여 정도가 다르지만, 기본적으로 모든 과제는 개인의 문화적 · 교육적 경험이나 일상생활에서의 경험 등을 통한 학습을 반영한다.

② 지능검사의 소검사는 행동의 표집일 뿐 그 총체는 아니다.
지능검사는 제한된 시간 내에 통제된 환경에서 몇몇 과제를 수행하는 동안 수집된 특정 행동 표집에 근거한 평가이므로, 지능의 본질적인 구성요소나 실생활에서의 전반적인 성취를 총망라하여 반영할 수 없다.

③ 개인 대상의 표준화된 지능검사는 특정한 실험 환경에서의 정신기능을 평가한다.
개인은 일상생활에서 표준화된 절차나 통제된 환경하에 행동하지 않는다. 따라서 개인의 지능 수준을 보다 정확히 측정하기 위해 표준화된 절차를 엄격히 준수한다고 해도, 이는 일상생활의 조건과는 근본적인 차이가 있다.

④ 지능검사와 같은 종합검사는 이론적 모형을 토대로 해석해야 유용하다.
여러 소검사가 포함된 종합검사는 이론적 모형을 토대로 검사 자료를 조직화해야 개인의 인지기능의 장단점을 보다 명확히 파악할 수 있으며, 실용적이고 의미 있는 해석을 할 수 있다.

⑤ 검사 프로파일을 통해 도출된 가설은 다양한 출처의 자료로써 지지되어야 한다.
검사 결과에 기초하여 가설을 수립한 다음에는 해당 수검자에 대한 배경정보, 사회적 맥락, 행동관찰, 평상시 문제해결 방식 등 다양한 자료와 맥락을 통해 가설의 타당성을 검토하여야 한다.

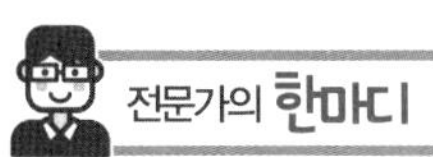

지능검사는 과학적인 검증을 거쳐 개발되기는 하였지만 어디까지나 인위적으로 표집하여 구성된 문항의 집합일 뿐 결과의 일반화에는 신중을 기해야 합니다. 또한 각 소검사는 지능의 특수한 측면에 국한하여 측정이 이루어지므로, 이를 보완하기 위해 여러 소검사를 조합한 지표점수나 요인구조로 결과를 분석하며, 다양한 행동표집 자료들을 통합하여 해석하는 것이 바람직합니다.

16 로샤 검사(Rorschach Test)의 구조적 요약에 제시되는 형태질 종류 3가지를 쓰시오.

6점 17년 기출

심화해설

① FQx

㉠ 'Form Quality Extended'를 의미하는 것으로, 모든 반응에 대한 형태질 빈도를 기입한다.

㉡ 형태를 사용한 모든 반응에 대해 각 FQ의 빈도를 계산하며, 형태를 사용하지 않은 반응의 경우 'none' 항목에 별도로 기록한다.

② MQual

㉠ 'Human Movement Form Quality'를 의미하는 것으로, 인간 운동반응에서 형태질의 분포를 기입한다.

㉡ 모든 인간 운동반응(M)의 FQ를 각각 계산하며, 형태를 포함하지 않은 Mnone 반응은 'none' 항목에 별도로 기록한다.

③ W+D

㉠ 'Common Area Form Quality'를 의미하는 것으로, 반응영역에서 전체반응(W ; Whole Response)과 함께 흔한 부분반응 또는 보통 부분반응(D ; Common Detail Response)으로 채점된 반응에 대한 형태질 빈도를 기입한다.

㉡ W와 D 영역을 사용한 반응 모두의 FQ를 각각 계산한다.

로샤(Rorschach) 반응을 기호로 바꾼 다음 각 기호의 빈도, 비율, 백분율, 점수 등을 산출하여 체계적으로 요약하고 해석을 시도하게 되는데, 이를 '구조적 요약(Structural Summary)'이라 합니다. 이와 같은 구조적 요약을 위해 수검자의 반응을 채점한 후 각 반응에 대한 기호를 '점수계열지 혹은 점수계열 기록지(Sequence of Score)'에 옮겨 적게 됩니다. 구조적 요약은 상단부와 하단부로 구성되는데, 상단부에는 주로 각 변인의 빈도를 기록하고, 하단부에는 비율, 백분율, 산출점수 및 6개의 특수지표 점수를 기록하게 됩니다. 이와 같은 자료를 근거로 수검자의 심리적 특성과 인지적 기능들에 대한 여러 가지 가설들을 세울 수 있습니다.

17 주제통각검사(TAT)의 개념을 쓰고, 대인관계법의 해석 방식에 대해 설명하시오. 4점

(1) 주제통각검사(TAT)의 개념

심화해설

① 주제(Themes)
개인의 이야기이자 공상 내용을 말하는 것으로, 개인의 내적 욕구와 환경적 압력의 관계, 생활체계와 환경과의 상호의존적 관계에서 생긴 것이다.

② 통각(Apperception)
지각에 대한 의미 있는 해석을 말하는 것으로, 외부세계에 대한 객관적인 지각 과정에 주관적인 요소가 개입된 통합적인 인식 과정이다.

③ 주제통각검사(Thematic Apperception Test)
개인에게 그림 속 인물의 주체적인 욕구와 환경이 갖는 객관적인 압력에 대한 공상적인 이야기를 만들도록 함으로써 이를 통해 개인의 역동적인 심리구조를 분석할 수 있도록 하는 검사도구이다.

(2) 주제통각검사(TAT)에 대한 5가지 해석 방식(Schneidman)

심화해설

① 표준화법(Normative Approach)
TAT 해석을 수량화하려는 입장으로, 반응상의 특징들을 항목별로 묶어 표준화 자료와 비교하여 해석하는 방법이다.

② 주인공 중심의 해석법(Hero-oriented Approach)
이야기에 나오는 주인공이나 주요 인물을 중심으로 해석하는 방법으로, 주인공 중심법, 욕구-압력 분석법, 이야기 속의 인물 분석법 등이 있다.

③ 직관적 해석법(Intuitive Approach)
정신분석에 기초한 것으로, 반응 내용 기저의 무의식적 내용을 자유연상을 통해 해석하는 방법이다.

④ 대인관계법(Interpersonal Approach)
이야기에 나오는 여러 인물의 사회적 지각 및 인물들의 상호관계를 중심으로 해석하는 방법으로, 인물 간 대인관계 사태 분석법, 수검자의 역할에 비추어 인물 간 및 인물들을 통해 표출되는 공격 · 친화 · 도피 감정을 중심으로 분석하는 방법 등이 있다.

⑤ 지각법(Perceptual Approach)
수검자의 이야기 내용의 형식을 분석하는 것으로, 도판의 시각 자극 왜곡, 언어의 이색적 사용, 사고나 논리의 특징적 양상, 이야기 자체의 기묘한 왜곡 등을 포착하는 방법이다.

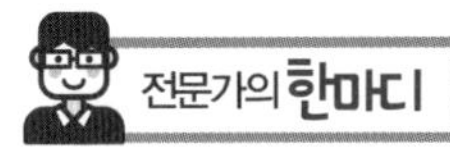

주제통각검사(TAT)는 로샤(Rorschach) 검사와 더불어 전 세계적으로 널리 사용되고 있는 대표적인 투사적 검사로, 1935년 하버드대학의 머레이와 모건(Murray & Morgan)이 『공상연구방법론 A Method for Investigating Fantasies』을 통해 처음 소개하였습니다. 머레이는 프로이트(Freud)와 융(Jung)의 정신분석을 통해 '지각(Perception)'보다는 '상상(Imagenation)'에 의한 반응이 우선한다는 점을 강조하였으며, 상상을 통해 인간 내면의 내용들을 탐구하는 새로운 검사방식으로서 주제통각검사(TAT)를 제안하였습니다. 머레이의 뒤를 이어 벨락(Bellak)은 아동을 위한 주제통각검사, 즉 아동용 주제통각검사(CAT ; Children's Apperception Test)를 고안하였는데, 벨락 또한 TAT 반응이 순수한 지각반응이 아닌 개인의 선행경험과 공상적 체험이 혼합된 통각적 과정이라 강조하였습니다.

요컨대, 이 문제에서는 슈나이드만(Schneidman)이 제시한 주제통각검사(TAT)의 5가지 해석 방식을 다루고 있습니다. 물론 문제상에서는 5가지 해석 방식 중 '대인관계법(Interpersonal Approach)'에 대해 설명하도록 요구하고 있으나, 추후 5가지 해석 방식 모두를 쓰도록 요구할 수 있으므로, 위의 해설로 제시된 5가지를 모두 기억해 두시기 바랍니다. 참고로 주제통각검사(TAT)에 대한 해석방법으로 '욕구-압력 분석법'이 널리 사용되고 있는데, 이는 위의 해설로 제시된 바와 같이 '주인공 중심의 해석법'에 해당합니다.

18 임상적 면접은 그 필요성과 상황, 목적에 따라 다르게 구분된다. 다음 보기의 내용과 연관된 임상적 면접의 종류를 쓰시오. 3점

환자 개인을 보다 정확히 이해하기 위해서는 그의 과거력을 아는 것이 중요하다. 임상심리사는 환자의 과거력을 중심으로 면접을 하게 되며, 이때 환자가 당면한 심리적 문제나 병적 증후는 크게 문제 되지 않는다. 그것보다는 환자의 생활 전반에 대한 평가가 중요하므로, 환자의 아동기 경험, 부모나 형제와의 관계, 학교생활이나 결혼생활 등에 관한 정보를 얻는다. 이를 위해 환자의 부모, 형제, 배우자 혹은 평소 가깝게 지내던 사람들을 면접하기도 한다.

심화해설

사례사 면접(혹은 생활사 면접)

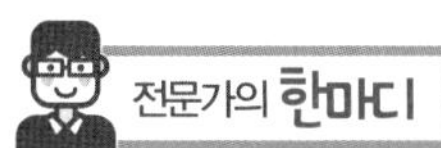

이 문제는 정확한 복원이 이루어지지 않아 실제 문제와 차이가 있을 수 있습니다. 수험생들의 의견에 따르면, 이 문제는 임상적 면접의 종류를 단답식으로 쓰는 것으로, 보기의 예시가 주어지고 그 내용에서 특히 환자의 과거력, 부모 · 형제 등 환자와 관련된 중요인물에 대해서도 면접이 이루어질 수 있다는 점이 부각되었다고 합니다.

일반적으로 '임상적 면접'이라 하면 환자가 왔을 때 그들의 치료에 대한 요구와 동기, 치료에 대한 소개 등을 다루는 접수 면접, 환자의 진단을 위해 필요한 제반 사항들을 면접하는 진단 면접이 널리 알려져 있습니다. 그러나 임상적 면접은 그 구체적인 목적에 따라 다양한 형태로 나타나는데, 위의 해설로 제시된 사례사 면접이나 정신상태검진 면접 이외에도 자문 면접, 위기 면접, 검사 전 면접, 이송 면접, 퇴원 면접, 선발 면접 등 여러 종류가 있습니다.

요컨대, 사례사 면접(혹은 생활사 면접)이 환자의 핵심문제나 핵심정서를 다루기보다 환자의 과거력, 즉 과거 사건과 사실에 주로 초점을 맞추는 이유는 객관적 보고가 가능한 것들에 중점을 둠으로써 환자 개인을 보다 정확히 이해하기 위함입니다. 이러한 사례사 면접은 환자 스스로 자신의 정신병적 증후를 밝히기를 꺼리거나 비협조적인 태도를 보이는 경우, 정도가 심한 정신병 환자나 우울증 환자, 함구증 환자, 연소한 아동이나 의사소통이 어려운 노인 환자를 대상으로 하는 경우 유용하게 사용될 수 있습니다.

더 알아보기 임상적 면접의 주요 종류

구분	내용
진단 면접 (Diagnostic Interview)	• 환자를 진단 · 분류하기 위한 것으로, 환자의 증상을 중심으로 그것이 어떠한 장애 범주에 해당하는지 장애 유형을 구분한다. • 정신질환자를 진료하는 임상장면에서 주로 사용하는 방법으로, 환자의 증상이 무엇인지, 언제부터 증상이 나타났는지, 과거력 및 경과는 어떠한지 등을 면접한다.
접수 면접 (Intake Interview)	• 환자가 도움을 받고자 내원했을 때 내원한 기관에 대한 소개 및 환자의 치료 동기에 대하여 면접한다. • 환자의 요구와 임상장면에 대한 기대, 임상장면의 특징에 대한 소개(예 치료기관, 치료절차 등), 치료적 동기와 대안적 치료방법 등에 초점을 둔다.
사례사 면접 (Case-history Interview)	• 환자의 개인적 혹은 사회적 과거력을 중심으로 환자와 환자의 문제의 배경 및 맥락을 파악하기 위한 것이다. • 환자의 핵심문제나 핵심정서를 다루기보다는 환자의 과거 사건과 사실에 주로 초점을 맞추는 것으로, 환자의 아동기 경험, 부모 · 형제와의 관계, 학교 및 직장생활, 결혼생활, 직업적 흥미와 적응 정도 등에 관한 정보를 얻는다.
정신상태검진 면접 (Mental Status Examination Interview)	• 진단 면접 시 부수적으로 사용하는 방법으로, 환자의 인지 · 정서 · 행동상의 문제점을 평가한다. • 직접 관찰이나 질문, 간단한 형태의 검사를 사용하여 환자의 정신병적 증후나 뇌 기능의 손상을 평가한다. 다만, 환자의 성격이나 신경증적 상태를 이해하기 위한 방법으로는 적합하지 않다.

제3회 임상심리사 2급 실기 기출복원문제 및 해설

01

다음은 상담장면에서 상담자가 내담자에 대한 비밀보장을 할 수 없는 예외적인 경우에 해당한다. 각각의 질문에 답하시오. 6점 19년 기출

(1) 상담자는 내담자가 스스로 자살할 계획을 가지고 있음을 알게 되었다. 그에 대한 대처방법을 3가지 쓰시오.

심화해설

① 내담자의 가족이나 가까운 사람에게 알려야 한다.
② 내담자로 하여금 혼자 있지 못하게 하며, 자살을 시도할 수 있는 위험한 물건이나 상황에 가까이 있지 않게 한다.
③ 정신건강의학과 전문의를 포함한 자살 예방 전문가를 만나게 한다.

(2) 상담자는 내담자가 타인을 살해할 계획을 가지고 있음을 알게 되었다. 그에 대한 대처방법을 3가지 쓰시오.

심화해설

① 내담자에게 비밀보호가 불이행되는 상황에 대해 재차 인식시킨다.
② 내담자의 위험성을 진단하며, 잠재적 피해자 및 그 가족에게 그와 같은 사실을 알린다.
③ 해당 분야의 전문가나 관련 기관에 의뢰하여 적절한 도움을 받도록 한다.

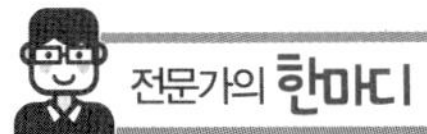

정신건강 영역의 종사자들에게는 '경보조치의 의무(Duty to Warn and Protect)'가 있습니다. 특히 미국에서는 전문상담자 혹은 치료자 등 관련 전문가가 내담자의 위험성을 진단하거나 예측하는 데 실패했을 경우, 폭력의 피해를 입을 잠재적 피해자에게 경보를 알리는 데 실패했을 경우, 위험한 개인을 다른 전문체계로 위임하는 데 실패했을 경우, 위험한 개인을 병원에서 성급하게 퇴원조치 하는 경우, 전문가로서의 이중적 의무를 유기한 것으로 간주되어 소송의 대상이 되기도 합니다.

요컨대, 경보조치의 의무와 관련하여 타라소프(Tarasoff) 판례가 유명합니다. 1969년 캘리포니아 대학의 학생상담센터에서 상담을 받고 있던 포다르(Poddar)라는 학생이 자신의 여자 친구인 타라소프(Tarasoff)를 살해할 계획이라고 상담자에게 말하였고, 이후 그의 여자 친구는 살해되었습니다. 타라소프의 부모는 이 상황을 자신의 딸에게 알리지 않았다는 이유로 캘리포니아 대학 이사회를 상대로 소송을 제기하였고, 상담자는 비밀보호의 의무를 지킨 것이므로 죄가 없다고 주장하였습니다. 타라소프 부모가 제기한 소송은 지방법원에서 기각되었으나 1976년 캘리포니아 주 대법원은 타라소프 부모의 항소를 수용하여 원고승소 판결을 내렸습니다. 주 대법원에서는 예상되는 피해자를 폭력으로부터 보호할 수 있는 합리적인 조치를 취해야 할 의무, 즉 내담자가 제삼자에게 해를 끼치는 상황이 예견될 경우 내담자에 대한 정보를 제삼자에게 제공하는 일종의 '보호차원의 행위'를 해야 할 책임이 있다고 결론을 내렸습니다.

02 상담에서는 상담자의 비언어적 태도로서 신체언어가 중요하다. 이건(Egan)은 상담자의 경청하는 자세와 관련하여 'SOLER'라는 명칭의 머리글자를 조합해서 만든 용어를 사용하였는데, 이때 'SOLER'가 의미하는 바를 각각 쓰시오. 5점

- S :
- O :
- L :
- E :
- R :

심화해설

① S(Squarely) – 내담자를 정면으로 마주본다.
상담자가 내담자에게 관여하고 있다는 자세를 취하는 것이다. 이러한 자세를 통해 '나는 당신과 함께 있다, 당신에게 도움이 되고 싶다'는 뜻을 전달하게 된다.

② O(Open) – 내담자에게 개방적인 자세를 취한다.
상담자가 내담자에게 마음의 문을 열고 있다는 자세를 취하는 것이다. 이러한 자세를 통해 '나는 당신을 도울 태세가 갖추어져 있다'는 뜻을 전달하게 된다.

③ L(Leaning) – 내담자 쪽으로 약간 몸을 기울인다.
상담자가 내담자의 말에 관심을 기울이고 있다는 자세를 취하는 것이다. 이러한 자세를 통해 '나는 당신과 당신이 하는 말에 관심이 많다'는 뜻을 전달하게 된다.

④ E(Eye contact) – 적당한 거리에서 내담자와 지속적으로 시선을 접촉한다.
상담자가 내담자에게 좋은 시선 접촉을 유지하는 자세를 취하는 것이다. 이러한 자세를 통해 '나는 당신에게 관심을 느끼고 있다, 당신이 하는 말을 듣고 싶다'는 뜻을 전달하게 된다.

⑤ R(Relaxed) – 내담자를 편안하고 자연스럽게 대한다.
상담자가 내담자에게 편안하고 이완된 자세를 취하는 것이다. 이러한 자세를 통해 '나는 편안하고 자연스러운 상태에서 당신의 말을 들을 준비가 되어 있다'는 뜻을 전달하게 된다.

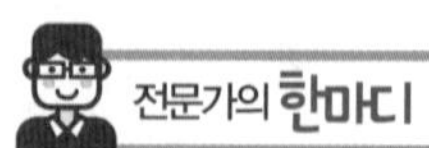

이 문제는 상담자의 비언어적 태도로서 올바른 경청의 자세에 관한 것으로, "상담장면에서 '생산적인 경청'을 하는 상담자가 보이는 구체적인 태도"를 쓰도록 한 2023년 2회 6번 문제, "내담자의 말을 경청하는 데 있어서 좋은 상담자가 되기 위한 구체적인 방법"을 쓰도록 한 2020년 3회 3번 문제와 유사하나 동일한 문제는 아닙니다. 즉, 이 문제는 특정 학자[→ 이건(Egan)]를 언급하고 그가 제시한 구체적인 방법으로서 상담자의 비언어적 태도를 쓰도록 요구하고 있다는 점에서 이전 문제들과 달리 비교적 명확한 정답을 가진 것으로 볼 수 있습니다. 특히 이 문제에서는 'SOLER'라는 두문자가 제시되고 그 의미를 쓰도록 요구하고 있으므로, 답안 작성 시 가급적 각각의 두문자에 해당하는 영문 단어를 병기하도록 합니다.

03 얄롬(Yalom)이 제시한 집단상담의 치료적 요인을 6가지 기술하시오.

6점 09, 12, 13, 14, 17, 18, 19, 21, 24년 기출

심화해설

① 희망의 고취(Instillation of Hope)

집단은 집단성원들에게 문제가 개선될 수 있다는 희망을 심어주는데, 이때 희망 그 자체가 치료적 효과를 가질 수 있다.

② 보편성(Universality)

참여자 자신만 심각한 문제, 생각, 충동을 가진 것이 아니라 다른 사람들도 자기와 비슷한 갈등과 생활경험, 문제를 가지고 있다는 것을 알고 위로를 얻는다.

③ 정보전달(Imparting Information)

집단성원들은 집단상담자에게서 다양한 정보를 습득함으로써 자신의 문제에 대해 보다 명확하게 이해하며, 동료 참여자에게서 직·간접적인 제안, 지도, 충고 등을 얻는다.

④ 이타심(Altruism)

집단성원들은 위로, 지지, 제안 등을 통해 서로 도움을 주고받는다. 자신도 누군가에게 도움을 줄 수 있고, 타인에게 중요할 수 있다는 발견은 자존감을 높여준다.

⑤ 1차 가족집단의 교정적 재현(The Corrective Recapitulation of the Primary Family Group)

집단은 가족과 유사한 점이 있다. 다시 말해 집단상담자는 부모, 집단성원은 형제자매가 되는 것이다. 집단성원은 부모형제들과 교류하면서 집단 내에서 상호작용을 재현하는데, 그 과정을 통해 그동안 해결되지 못한 갈등상황에 대해 탐색하고 도전한다.

⑥ 사회기술의 발달(Development of Socializing Techniques)

집단성원으로부터의 피드백이나 특정 사회기술에 대한 학습을 통해 대인관계에 필요한 사회기술을 개발한다.

⑦ 모방행동(Imitative Behavior)

집단상담자와 집단성원은 새로운 행동을 배우는 데 좋은 모델이 될 수 있다.

⑧ 대인관계학습(Interpersonal Learning)

집단성원과의 상호작용을 통해 자신의 대인관계에 대한 통찰과 자신이 원하는 관계형성에 대한 아이디어를 가질 수 있으며, 대인관계 형성의 새로운 방식을 시험해 볼 수 있는 장이 된다.

⑨ 집단응집력(Group Cohesiveness)

집단 내에서 자신이 인정받고, 수용된다는 소속감은 그 자체로 집단성원의 긍정적인 변화에 영향을 미친다.

⑩ 정화(Catharsis)

집단 내의 비교적 안전한 분위기 속에서 집단성원은 그동안 억압되어온 감정을 자유롭게 발산할 수 있다.

⑪ 실존적 요인들(Existential Factors)

집단성원과의 경험 공유를 통해 자기 자신이 다른 사람에게 아무리 많은 지도와 후원을 받는다고 해도 자신의 인생에 대한 궁극적인 책임은 스스로에게 있다는 것을 배운다.

04 상담자가 내담자에 대한 심리치료 및 상담을 종결할 수 있는 상황을 3가지 쓰시오.

6점 23년 기출

심화해설

① 내담자가 더 이상 심리학적 서비스를 필요로 하지 않는 경우
② 내담자에 대한 계속적인 서비스가 도움이 되지 않을 경우
③ 상담자나 내담자가 내담자 또는 내담자와 관계가 있는 제3자의 위협을 받는 경우
④ 상담자나 내담자가 심리학적 서비스 과정에서 위험에 처하게 될 경우

전문가의 한마디

이 문제는 2019년 1회 13번 문제, 즉 "상담 종결 상황의 3가지 유형"을 쓰는 문제와는 다른 문제입니다. 2019년 1회 13번 문제는 상담이 종결되는 상황을 조기 종결과 목표 달성에 따른 종결로 구분하여 '상담자에 의한 조기 종결', '내담자에 의한 조기 종결', '성공적인 결과 후의 종결' 등 상담 종결 상황의 일반적인 유형을 쓰도록 한 반면, 이 문제는 상담을 종결할 수 있는 구체적인 상황을 쓰도록 요구하고 있습니다. 따라서 이 문제는 정확한 정답이 있는 것으로 볼 수 없으며, 다양한 상황들이 답안으로 제시될 수 있습니다. 또한 2023년 3회 실기시험(2번)에서는 4가지를 쓰도록 요구한 바 있으므로, 가급적 위의 해설로 제시된 4가지를 기억해 두시기 바랍니다. 참고로 위의 해설 내용은 한국심리학회 윤리규정에 근거한 것으로, 이와 관련된 내용이 임상심리사 2급 2021년 3회 필기시험에 출제된 바 있습니다.

제64조 (치료 종결하기)

1. 심리학자는 내담자/환자가 더 이상 심리학적 서비스를 필요로 하지 않거나, 계속적인 서비스가 도움이 되지 않거나 오히려 건강을 해칠 경우에는 치료를 중단한다.
2. 심리학자는 내담자/환자 또는 내담자/환자와 관계가 있는 제3자의 위협을 받거나 위험에 처하게 될 경우에는 치료를 종결할 수 있다.

(출처 : 한국심리학회 윤리규정)

상담자가 내담자에 대한 치료를 중단 또는 종결할 수 있는 경우에 해당하지 않는 것은? 21년 기출

① 내담자가 제3자의 위협을 받는 등 중대한 사유가 있는 경우
② 내담자가 치료과정에 불성실하게 임하는 경우
③ 내담자에 대한 계속적인 서비스가 도움이 되지 않을 경우
④ 내담자가 더 이상 심리학적 서비스를 필요로 하지 않는 경우

답 ②

05 행동치료에서 치료자들은 내담자의 행동을 간접 측정하기보다는 직접 측정하는 것을 선호한다. 이와 같이 행동을 직접 측정하는 경우 일반적으로 포함시키는 특성 6가지를 쓰시오. 6점 15년 기출

심화해설

① 움직임의 형태(Topography)

'움직임의 형태'는 특정 반응이 나타나는 형태를 의미한다. 예를 들어, 교사가 발달장애아에게 수업 중 질문을 할 때는 팔을 높이 들어야 한다고 알려주고 그 행동을 조형하기를 원한다고 가정할 때, 교사는 팔을 들어 올리는 위치를 정하여 이를 단계별로, 즉 〈팔을 책상 위로 약간 떨어뜨리기 → 턱 높이로 올리기 → 눈 높이로 올리기 → 머리 위로 올리기〉의 순서로 조형해 나간다.

② 양(Amount) – 빈도와 지속기간

행동의 전체 양(Amount)을 측정하는 2가지 일반적인 방법으로 '빈도(Frequency)'와 '지속기간(Duration)'을 들 수 있다. '빈도'는 주어진 일정 시간 내에 발생하는 행동의 수를 말한다. 예를 들어, 피겨스케이트 선수가 연습을 통해 수행상의 개선이 있는지를 알아보기 위해, 그 선수가 수행한 점프와 회전의 빈도를 기록할 수 있다. 반면, '지속기간'은 어떤 기간 내에 행동이 일어나는 시간의 길이를 말한다. 예를 들어, 장시간 TV를 보는 습관이 어느 정도 개선되었는지 알아보기 위해, 가로축에 날짜, 세로축에 TV 시청시간 항목이 있는 차트에 TV를 시청한 누적 시간을 기록할 수 있다.

③ 강도(Intensity)

'강도'는 반응의 강도 혹은 힘을 측정하는 것을 의미한다. 이와 같은 강도를 평가할 경우 기계를 자주 사용하게 된다. 예를 들어, 목소리의 크기와 관련된 행동의 경우 소리측정기(Voice Meter)를 이용하여 소리의 데시벨(dB) 수준을 측정할 수 있다.

④ 자극통제(Stimulus Control)

'자극통제'는 어떤 자극이 있을 때 어떤 행동이 발생하는가를 나타내는 데 사용된다. 예를 들어, 중증도 이상의 지적장애를 가진 사람의 행동을 측정하기 위한 객관적 행동평가를 통해 중증도 지적장애자의 자기 돌보기 기술, 가사 기술, 직업학교에서의 동작성 기술, 작업수행 등의 자극통제를 평가할 수 있다. 즉, "양말을 신어라"라는 언어적 지시와 촉진자극에도 불구하고 아무런 수행을 보이지 않는 경우, 언어적 지시와 촉진자극이 행동의 모델링과 함께 제시된 후 수행을 보이는 경우, 언어적 지시와 촉진자극 후에 수행을 보이는 경우, 다른 촉진자극 없이 언어적 지시만으로 적절히 수행이 이루어지는 경우로 구분하여 행동평가점수를 기록할 수 있다.

⑤ 잠재기간(Latency)

'잠재기간'은 자극이 발생하여 반응을 하기까지의 시간을 말한다. 예를 들어, 어떤 아이는 비록 능률적으로 과제를 수행하지만, 그 전에 비교적 긴 잠재기간을 보인다. 즉, 과제에 착수할 시간에 이를 바로 시작하지 않고 한참을 빈둥거리다가 수행하는 것이다. 이와 같은 잠재기간은 지속기간(Duration)과 마찬가지로 시계를 가지고 평가한다.

⑥ 질(Quality)

'질'은 앞서 언급된 특성들에 부가되는 것이 아닌 그 특성들이 개선된 것이라 할 수 있다. 예를 들어, 움직임의 형태(Topography)를 토대로 질의 차이를 판단할 수 있는데, 피겨스케이트 선수는 점프를 할 때 두 발로 착지하는 경우보다 한 발로 착지하는 경우 더 잘한 것으로 평가된다. 또한 빈도(Frequency)를 토대로 질의 차이를 판단할 수 있는데, 작업자의 업무능력은 그가 주어진 기간 내에 얼마나 많은 행동을 수행하는가에 따라 평가된다.

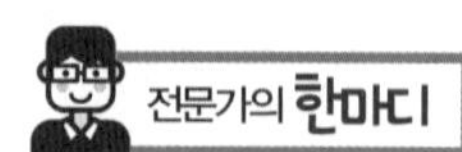

이 문제는 직접적 행동평가의 기록 내용 및 방법에 관한 것으로서, 기록 행동의 6가지 특징을 기술하는 문제에 해당합니다. 특히 행동의 전체 양(Amount)을 측정하는 방법에 '빈도(Frequency)'와 '지속기간(Duration)'이 포함된다는 점을 반드시 기억해 두시기 바랍니다.

06 아동심리치료에 있어서 고려해야 할 아동의 특성을 3가지 쓰시오.

6점 17년 기출

심화해설

① 인지능력, 대처능력 부족

아동은 덜 발달된 자아로 인해 현실을 객관적으로 파악하기 어려우며, 대처능력 또한 미숙할 수밖에 없다. 아동은 자신이 겪고 있는 어려움에 대해 잘 인식하지 못하므로 자발적인 치료 동기를 갖기 어렵다.

② 행동화 경향

성인을 대상으로 하는 심리치료는 대화를 통해 이루어지는 경우가 대부분이다. 그러나 아동은 언어발달 및 인지능력이 미숙하고 특히 행동화하려는 경향이 있으므로, 대화를 주된 방법으로 하는 심리치료를 하는 것이 어려운 경우가 많다. 따라서 이와 같은 아동의 특성을 고려하여 놀이나 게임, 예술 활동 등을 위주로 하는 심리치료를 수행하는 것이 바람직하다.

③ 보호자 통제의 영향

아동의 삶은 상당 부분 보호자에 의해 통제되고 영향을 받는다. 이는 아동의 심리적인 문제를 이해하고 치료하는 데 있어서 부모를 포함한 보호자의 역할 및 참여가 중요하다는 점을 시사한다.

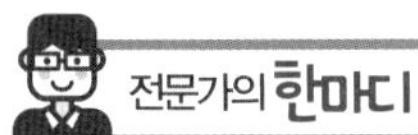

이 문제는 아동기의 일반적인 특성을 기술하는 문제가 아닙니다. 따라서 2023년 1회 3번 문제와 같이 전조작기, 구체적 조작기 및 형식적 조작기에 이르는 아동 및 청소년의 특성을 기술하거나, 아동기의 신체발달, 인지발달, 정서발달, 사회성 발달 등 아동발달의 일반적인 내용을 답안으로 작성하는 경우 오답처리 됩니다.

더 알아보기 아동심리치료자가 가져야 할 기본적인 태도(Landreth)

- 온화하고 일관된 방식으로 아동을 대함으로써 안정적 · 보호적인 환경을 제공한다.
- 아동의 말과 행동에 대해 관심을 보여주면서, 아동의 관점을 이해하고 인정하며 수용하도록 노력한다.
- 아동으로 하여금 자신의 감정을 수용하면서 정서를 표현하도록 격려한다.
- 놀이도구의 선택과 사용법 등 치료 과정에서 아동이 스스로 선택할 수 있도록 허용적인 환경을 제공함으로써 자기 책임감과 의사결정 능력을 향상시킬 수 있도록 격려한다.
- 아동 스스로 다양한 사건들과의 상호작용 경험을 통해 자기통제력을 발달시키고 사건들을 통제할 수 있는 기회를 제공한다.
- 치료자가 아동의 감정과 행동을 경험하고 관찰한 것을 언어로 표현해 줌으로써, 아동으로 하여금 자신의 내적 동기, 정서, 상호작용 패턴 등을 통찰하도록 돕는다.

07 자기표현훈련이 필요한 내담자의 특성을 5가지 쓰시오.

5점 10, 18, 21년 기출

심화해설

① 남의 시선을 회피한다.
② 상대방의 잘못에 대해 지적하거나 언급하기를 두려워한다.
③ 모임이나 회의에서 습관적으로 구석자리를 찾는다.
④ 자기를 비난하는 소리를 듣고만 있는다.
⑤ 불만이나 적개심 등의 표현을 주저한다.
⑥ 지나치게 변명하고 사과하는 태도를 보인다.
⑦ 지배적인 인물에 대해 전혀 반박하지 못한다.
⑧ 좋아하거나 사랑하는 대상에게 애정을 표시하지 못한다.
⑨ 남을 칭찬할 줄도 남에게서 칭찬을 받을 줄도 모른다.
⑩ 친한 사람의 비합리적인 요구를 차마 거절하지 못한다.

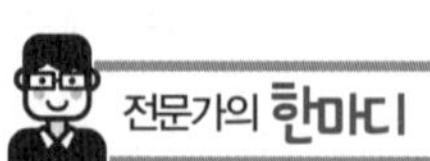

이 문제와 관련하여 2021년 3회(8번) 및 2018년 3회(3번) 실기시험에서는 자기표현훈련이 필요한 내담자의 특성과 함께 자기표현훈련을 통해 내담자가 인식해야 할 사항을 쓰는 문제가 출제된 바 있으므로, 해당 문제의 해설을 함께 살펴보시기 바랍니다. 참고로 위의 문제 해설은 자기표현훈련이 필요한 내담자에게서 나타나는 구체적인 행동적 특성의 예를 열거한 '이장호, 『상담심리학』, 박영사 刊'을 참조하였습니다.

08 사회기술훈련을 집단으로 시행하는 경우의 장점을 3가지 쓰시오.

6점 08, 18년 기출

심화해설

① 사회기술훈련을 집단으로 시행하는 경우 정신장애인 간의 사회적 반응이 쉽게 일어나므로 다양한 사회기술을 자연스럽고 자발적으로 연습할 기회를 가지게 된다.
② 집단이 공개토론 장소로 이용되므로 치료자가 참여자의 사회기술 습득 및 진행 정도를 자연스럽게 평가할 수 있다.
③ 치료자는 물론 다른 참여자들이 칭찬이나 인정을 해 주므로 학습한 기술의 강화 효과가 증폭된다.
④ 참여자들이 적절한 시범연기를 보다 실감나게 보여줄 수 있으므로, 치료자를 포함하여 보다 많은 시범연기자들을 확보할 수 있다.
⑤ 참여자들이 친구가 되어 주어진 과제를 완수하도록 격려 혹은 촉구함으로써 서로에게 도움을 준다.
⑥ 많이 호전된 참여자가 집단에 처음 참석한 다른 참여자를 격려함으로써 그로 하여금 사회기술훈련에 계속 참여하도록 동기를 부여한다.
⑦ 치료자 외에도 계속 참석하고 있는 참여자들이 처음 참석한 참여자에게 사회기술훈련에 대한 오리엔테이션을 해 주며, 바람직한 기대감을 심어줄 수 있다.
⑧ 집단 내의 우호적인 관계가 참여자의 증상 호전에 긍정적인 영향을 미친다.
⑨ 집단치료 방식은 한 명의 치료자가 보통 4~8명 정도의 참여자들을 동시에 지도할 수 있으므로 개인치료보다 시간이나 비용 면에서 효율적이다.

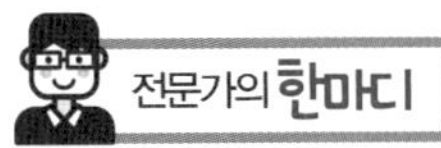

사회기술훈련의 집단적인 시행에 따른 장점 및 단점은 교재에 따라 약간씩 다르게 제시되고 있습니다. 특히 이 문제는 단순히 집단상담의 장점(이점)을 묻는 문제와는 근본적으로 출처가 다르므로, 이점 감안하여 학습하시기 바랍니다. 참고로 위의 문제 해설은 '김규수 外, 『정신장애인의 사회통합』, 학지사 刊'을 참조하여 답안을 작성하였습니다.

09 재활치료를 받고 있는 정신과 환자들을 대상으로 한 환자 교육 방법 중 2가지를 쓰고, 각각에 대해 설명하시오.

4점 20년 기출

① 증상관리 교육

㉠ 증상관리 교육은 환자들에게 문제 증상이 일상생활에 미치는 영향을 최소화하는 방법을 교육시킴으로써 스스로 증상을 관리하여 재발과 입원을 막도록 돕는 교육 프로그램이다.

㉡ 치료자는 환자로 하여금 자신들의 증상에 대해 숙련된 관찰자가 되도록 함으로써 치료 과정에서 스스로 영향력 있는 참여자가 되도록 돕는다.

㉢ 일반적으로 조현병의 증상 · 징후, 조현병의 원인 · 발병 · 경과, 지속증상에 대한 대처방법, 재발증상 등이 교육의 내용에 포함된다.

② 약물관리 교육

㉠ 약물관리 교육은 환자들에게 약물에 대한 올바른 지식과 함께 적절한 투약방법을 교육시킴으로써 약물을 더 잘 복용하고 재발을 막도록 돕는 교육 프로그램이다.

㉡ 치료자는 환자로 하여금 정신과 질환의 재발 가능성을 인식시킴으로써 약을 계속 복용하도록 촉구하며, 약물 부작용의 관리법을 주지시킨다.

㉢ 일반적으로 약물의 이해, 약물복용 이유에 대한 이해, 정신과 약물의 종류 및 특성, 약물 부작용 등이 교육의 내용에 포함된다.

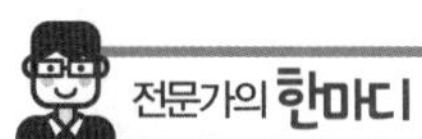

정신과 환자들을 대상으로 한 환자 교육 방법은 여러 가지가 있고, 전공교재에서도 여러 가지 방법들이 언급되고 있는 만큼, 이 문제는 다양한 답안이 도출될 수 있습니다. 다만, 이 문제는 비교적 정확한 출처가 있고 출제자 또한 해당 출처를 토대로 정답지를 마련하였을 것이므로, 가급적 위의 해설로 제시된 2가지를 답안으로 작성하시기 바랍니다.

요컨대, 이 문제는 재활치료의 구성요소 중 '환자 교육'에 관한 것입니다. '안창일, 『임상심리학』, 시그마프레스 刊'에서는 재활치료의 구성요소를 '사회기술훈련', '환자 교육', '가족교육 및 치료', '직업재활', '지역사회 지지서비스', '다양한 주거 프로그램'으로 구분하고, 특히 환자 교육의 구체적인 방법으로 '증상관리 교육' 및 '약물관리 교육'을 제시하고 있습니다. 반면, 일부 수험서에서는 이 문제의 답안으로 '사회기술훈련', '직업재활' 등을 제안하고 있는데, 이는 '환자 교육'의 구체적인 방법이라기보다는 단지 재활치료의 구성요소에 해당하는 바, 출제자가 요구하는 정답이라고 보기 어렵습니다.

사실 '환자 교육'은 환자로 하여금 자신의 병을 빨리 극복하여 재기할 수 있도록 돕는 것으로, 여기에는 증상관리 교육, 약물관리 교육 외에도 자기 보살피기, 성 교육, 대인관계 교육 등 다양한 교육 방법들이 포함됩니다. 다만, 증상관리 교육과 약물관리 교육이 여러 교재들에서 가장 중요하게 언급되고 있으므로, 위의 해설에 제시된 2가지를 반드시 기억해 두시기 바랍니다.

10 직업재활을 해야 하는 이유를 3가지 쓰시오.

6점 20년 기출

심화해설

① 생계의 수단 – 경제생활 유지

㉠ 직업은 생계의 수단이라는 경제적 의미를 지닌다. 개인은 직장을 구해 일을 함으로써 일정한 수입을 얻고 경제생활을 유지할 수 있다.

㉡ 경제활동은 인간의 욕구를 충족시키는 한 가지 방법으로, 각 개인은 직업을 통해 얻어지는 소득으로써 자신의 삶을 윤택하게 할 수 있다.

② 사회적 기여의 수단 – 사회적 욕구충족

㉠ 직업은 사회적 기여라는 사회적 의미를 지닌다. 개인은 사회활동을 통해 자신의 욕구를 충족시키는데, 직업은 사회활동의 가장 중요한 수단이자 사회봉사의 수단이기도 하다.

㉡ 모든 직업은 사회가 필요로 하기 때문에 존재하는 것이며, 따라서 존재하는 모든 직업은 소명을 가지고 봉사할 만한 가치가 있다.

③ 자아실현의 수단 – 자기성취와 자기발전

㉠ 직업은 자아실현이라는 심리적 의미를 지닌다. 개인은 직업을 통해 자신의 능력을 발휘하고 일하는 보람과 삶의 보람을 느끼면서 자아실현을 할 수 있다.

㉡ 자신이 하고 싶은 일을 통해 자기목적을 성취하고 자기발전을 경험하는 것은 누구나 바라는 보람된 일이다.

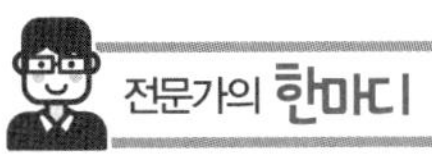

국제노동기구(ILO)는 장애인 직업재활에 관한 권고(제99호)에서 직업재활을 "직무지도와 훈련, 취업알선 등의 직업적 서비스를 포함한 연속적이고 협력적인 재활과정의 일부로 장애인이 적절한 고용을 확보하고 유지할 수 있도록 돕는 것"이라 명시하고 있습니다. 이러한 직업재활의 궁극적인 목표는 장애인이 자신의 능력과 적성에 맞는 직업을 찾아서 취업하고, 그 직무에 만족하며 적응하면서 시민으로서의 역할을 수행할 수 있도록 하는 데 있습니다. 참고로 재활 분야는 크게 의료재활, 교육재활, 직업재활, 사회재활, 심리재활로 분류되며, 최근에는 재활공학도 중요한 분야로 다루어지고 있습니다.

11 집단상담의 내담자로서 집단성원들의 적절한 자기노출을 위한 지침을 5가지 쓰시오.

5점 21년 기출

심화해설

① 집단성원들의 자기노출은 집단상담의 목적 및 목표와 관계가 있어야 한다.
② 집단성원들이 어떤 사람에 대해 계속적으로 같은 반응을 보인다면 그 문제를 공개적으로 다루도록 유도해야 한다.
③ 집단성원들은 무엇을, 그리고 어느 정도로 자신을 드러낼 것인지를 결정해야 한다.
④ 집단성원들은 자기노출을 위해 어느 정도 위험을 감수해야 한다.
⑤ 집단의 발전 단계에 따라 자기노출의 정도를 적절히 조절해야 한다.

이 문제는 일반적인 인간관계에서 의사소통을 위한 자기노출이 아닌 집단상담 장면에서 집단의 생산적인 변화를 위한 자기노출에 관한 문제이며, 더 나아가 집단상담에서 상담자의 자기노출이 아닌 내담자로서 집단성원들의 자기노출에 관한 문제입니다. 이와 같이 자기노출에 관한 문제라 하더라도 주어진 조건에 따라 답안이 달라지므로, 이점 유념하시기 바랍니다. 참고로 자기노출(Self-disclosure)은 '자아개방' 혹은 '자기개방'으로도 널리 불리고 있습니다.

집단상담에서 상담자의 자기노출 문제에 관한 지침(Corey & Corey)

- 상담자가 자신의 개인적인 문제를 탐색하고 싶다면 자신을 위한 치료집단을 찾도록 한다. 즉, 상담자로서의 역할과 집단원으로서의 역할을 혼동하지 않도록 한다.
- 상담자가 자신의 사생활을 밝히고자 한다면 스스로 그 이유에 대해 자문해 보도록 한다.
- 상담자는 집단 내 상호작용과 관련이 없는 개인적인 사항을 밝히기보다 집단에서 진행되는 일과 관련하여 자기노출을 하도록 한다.
- 상담자는 앞으로 만나게 될 사람들에게 어느 정도 사생활을 공개하고 싶은지 자문해 보도록 한다.

12 가족을 하나의 유기체로 보는 벡바와 벡바(Becvar & Becvar)의 가족치료의 기본전제를 3가지 기술하시오.

6점 19년 기출

심화해설

① 사람들 간의 관계에 대한 주목

가족치료는 개인과 개인의 문제를 별개로 보는 시각에서 벗어나 사람들 간의 관계와 관계 문제에 대해 주의를 기울인다.

② 관찰자와 관찰대상 간의 상호작용 맥락에 대한 고려

가족치료는 전일적 관점에서 관찰자와 관찰대상 간의 상호의존을 강조하므로, 그 둘이 상호작용하는 맥락을 고려한다.

③ '왜(Why)'보다는 '무엇(What)'에 대한 강조

가족 혹은 다른 체계에 대한 이해는 상호작용 패턴에 대한 사정을 필요로 하며, '왜(Why)' 일어나는지보다는 '무엇(What)'이 일어나고 있는지를 강조한다.

전문가의 한마디

벡바와 벡바(Becvar & Becvar)는 가족치료의 권위자로서, 체계이론적 가족치료의 틀을 제시한 학자들입니다. 그들은 가족치료에 대한 기존의 개인심리학 접근의 한계를 지적하였습니다. 개인심리학 접근은 서구 로크주의(Lockean) 전통의 가정들에 기초한 것으로서, 로크주의는 세상을 주체와 객체로 분리하고 실재(Reality)를 우리의 마음 밖에 존재하는 것으로 간주하며, 환원주의를 통해 실재에 관한 몇 가지 절대적 진실에 도달할 수 있다고 주장합니다. 그러나 그와 같은 개인주의적 · 환원주의적 · 기계론적인 세계관은 새로운 패러다임, 즉 유기체론적 세계관의 출현과 함께 혁신적인 변화를 경험하게 됩니다. 유기체론적 세계관의 확산에 따라 개인의 증상은 개인의 심리내적 요인에 의한 것이라기보다는 개인이 유기적인 관계를 맺고 있는 체계인 가족의 역기능적 상호작용을 반영하는 것이며, 따라서 개인의 증상 해결을 위해서는 가족의 역기능적 상호작용에 개입할 필요성이 있음을 인식하기에 이른 것입니다. 벡바와 벡바는 유기체론적 세계관에 기초하여 체계이론적 가족치료를 제안하였으며, 그것이 이론 중의 이론, 즉 메타이론이 되기를 내심 염원하였습니다.

더 알아보기 개인치료 및 가족치료 인식론의 비교

구 분	개인치료	가족치료
세계관	기계론적 세계관 (Mechanistic World View)	유기체론적 세계관 (Organismic World View)
주요 특징 (기본가정)	• '왜(Why)'라는 질문 • 선형적 인과성(직선적 인과관계) • 주체/객체의 이원론 • 이분법적(이것 아니면 저것) • 결정론적/반응적 • 법칙 및 법칙과 같은 외재적 실재 • 역사(과거사)에 초점 • 개인주의적 • 환원주의적 • 절대적	• '무엇(What)'이라는 질문 • 상호적 인과성(순환적 인과관계) • 전체성, 전일성(Holism) • 변증법적(이것과 저것 모두) • 선택의 자유/능동적 • 패 턴 • '여기-지금'에 초점 • 관계적 • 맥락적 • 상대적

13 심리평가의 목적을 크게 3가지로 구분하시오.

3점 | 13, 21년 기출

심화해설

① 임상적 진단

임상적 진단을 명료화 · 세분화하며, 증상 및 문제의 심각성 정도를 구체화한다.

② 자아기능 평가

성격 및 정신병리에 대한 이해를 위해 내담자의 자아기능, 자아강도, 인지기능 등을 측정 및 평가한다.

③ 치료전략 평가

적절한 치료유형, 치료전략, 치료적 개입에 의한 효과 등을 평가한다.

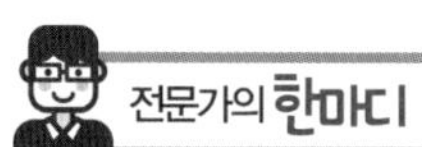

심리평가의 목적에 관한 내용은 교재에 따라 약간씩 다르게 제시되어 있으나 내용상 큰 차이는 없습니다. 다만, 이 문제에서는 심리평가의 목적을 크게 3가지로 구분하여 제시할 것을 요구하고 있으므로, 보다 구체적인 목적들을 임상적 진단, 자아기능 평가, 치료전략 평가의 3가지 관점으로 축약하여 제시할 필요가 있습니다. 그러나 보다 일반적인 문제 유형으로서 심리평가의 목적을 제시할 것을 요구하는 경우, 다음과 같이 심리평가의 보다 구체적인 목적들을 작성하면 됩니다.

- 임상적 진단을 명료화 · 세분화한다.
- 증상 및 문제의 심각도를 구체화한다.
- 자아강도를 평가한다.
- 인지적 기능을 측정한다.
- 적절한 치료유형을 제시한다.
- 치료전략을 기술한다.
- 환자를 치료적 관계로 유도한다.
- 치료적 반응을 검토하고 치료효과를 평가한다.

참고로 위의 문제 해설은 '안창일, 『임상심리학』, 시그마프레스 刊', '박영숙, 『심리평가의 실제』, 하나의학사 刊'을 토대로 답안을 작성하였습니다.

14 심리검사 도구 선정 시 고려사항을 3가지 쓰시오.

6점 10년 기출

심화해설

① 심리평가의 목적을 분명히 하여 그 목적에 부합하는 적절한 검사도구를 선정한다.
② 표준화된 검사를 사용하는 경우 반드시 신뢰도와 타당도를 검토한다.
③ 검사 시행 및 채점의 간편성, 검사 시행 시간, 검사지의 경제성 등 심리검사의 실용성을 고려한다.

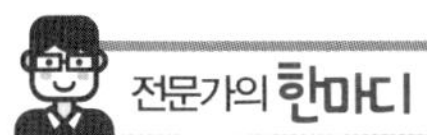

심리검사 도구 선정 시 고려사항에 대한 내용은 교재마다 다양하게 제시되어 있으나 내용상 큰 차이는 없습니다. 심리검사는 상담 과정의 일부분으로서 상담의 효과를 높이기 위한 것이지만, 경우에 따라 상담 과정 및 결과에 부정적인 영향을 미치기도 합니다. 이를테면 내담자(수검자)가 능력검사에서 실패를 두려워하여 불안해한다거나, 성격검사에서 자신의 성격적 약점 혹은 결함이 드러날 것을 우려하여 왜곡된 반응을 보일 수도 있습니다. 검사도구 선정 시 내담자를 포함시키는 이유는 내담자로 하여금 검사의 목적이 내담자를 평가하기 위한 것이 아닌 내담자 스스로 자신을 더 잘 이해할 수 있도록 돕기 위한 것임을 알려줄 수 있기 때문입니다. 내담자는 검사의 유용성에 대해 확신을 가지게 되면서, 능력검사에서 최대한 노력하고, 성격검사에서 보다 솔직하게 응답하게 됩니다.
참고로 이와 유사한 내용으로, 심리검사의 선정기준에 관한 문제가 1차 필기시험에 출제된 바 있습니다.

심리검사 선정기준으로 틀린 것은? 21년 기출

① 신뢰도와 타당도가 높은 검사를 선정한다.
② 검사의 경제성과 실용성을 고려해 선정한다.
③ 수검자의 특성과 상관없이 의뢰 목적에 맞춰 선정한다.
④ 객관적 검사와 투사적 검사의 장 · 단점을 고려하여 선정한다.

답 ③

더 알아보기 심리검사 도구 선정 시 주요 고려사항

- 다양한 심리검사의 내용 및 특징 등에 대한 정확한 정보를 토대로 검사 내용상 검사 목적에 가장 잘 부합하는 심리검사를 선정하여야 한다.
- 타당성, 신뢰성, 객관성, 경제성, 실용성 등을 종합적으로 고려하여 검사도구를 선정하여야 한다.
- 검사로 인해 발생할 수 있는 결과에 대해 명확히 알고 있어야 한다.
- 검사 사용 시 발생할 수 있는 편향을 감소시키기 위해 필요한 과정들에 대해 명확히 알고 있어야 한다.
- 특정 검사의 특징과 함께 해당 검사의 사용과 관련된 폭넓은 지식을 가지고 있어야 한다.
- 검사도구 선정 시 내담자를 포함시키는 것이 바람직하다.

15 지능을 평가할 때의 주요 쟁점으로 임상적 접근과 개념적 접근에 대해 설명하시오.

4점 18, 21년 기출

심화해설

① 임상적 접근

지능평가의 합리성을 강조하는 것으로, 지능이 측정 가능한 구체적인 실체라고 가정하는 입장이다. 따라서 심리학자는 현재 주로 사용되는 지능검사 도구들을 가지고 어떻게 지능을 측정할 것인가의 실용적인 측면에 초점을 두게 된다.

② 개념적 접근

지능을 가설적 혹은 이론적 구성개념으로 가정하면서, 지능의 구성개념이 매우 복잡하므로 현재 사용되는 지능검사로는 완전히 측정될 수 없다고 보는 입장이다. 따라서 심리학자는 지능의 정의와 분석방법을 연구하는 데 초점을 두는 반면, 현재 주로 사용되는 지능검사의 활용에 대해서는 그다지 관심을 가지지 않는다.

전문가의 한마디

지능의 평가와 관련된 두 가지 접근방법으로 '임상적 접근'과 '개념적 접근'은 오랫동안 논쟁이 되어 온 문제이기도 합니다. 다만, 이와 같은 두 가지 접근은 서로 무관할 수 없다고 보는 것이 타당합니다. 임상가는 어떤 구성개념이 정의되기 이전에는 이를 적절히 평가할 수 없으며, 연구자 또한 기존의 지능에 대한 경험적 정의가 없다면 지능을 평가하는 데 사용되는 도구의 타당도를 적절히 평가할 수 없을 것입니다. 참고로 이 문제는 지능에 관한 임상적 접근과 개념적 접근의 논쟁을 다루고 있으므로, 위의 해설과 같이 그 두 가지 접근의 대비되는 특징을 기술하여야 정답으로 인정받을 수 있습니다.

더 알아보기 지능에 대한 임상적 평가를 하는 데 있어서 유념해야 할 사항

- 지능의 본질이나 정의와 연관된 문제들을 인식하고 있어야 한다.
- 지능검사 결과를 무비판적으로 타당한 측정치로 받아들여서는 안 된다.

16 MMPI 임상척도 중 9번 척도의 T점수가 27점일 때 임상적 양상을 2가지 쓰시오. 4점 17년 기출

심화해설

① 무감동, 무기력, 피로감
무감동적이고 기운이 없으며, 의욕이 없고 만성적인 피로감이나 무력감을 호소한다.

② 우울증상
척도 2 D(Depression, 우울증)의 점수가 높지 않더라도 우울증상을 호소한다.

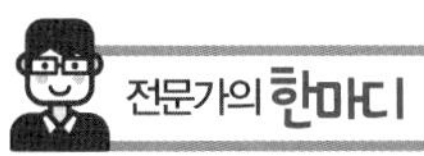

척도 9 Ma(Hypomania, 경조증)에서의 과도하게 낮은 점수는 많은 경우에 있어서 우울장애에서 나타나는 정신운동성의 지체를 반영하는 것으로 알려져 있습니다. 따라서 척도 9에서 매우 낮은 점수를 보이는 경우 척도 2의 점수가 비교적 정상범위에 있다고 하더라도 우울할 가능성을 고려해 보아야 합니다. 이는 척도 2가 우울의 정서 상태를 반영하는 반면, 척도 9는 우울의 행동적 표현을 반영하기 때문입니다. 그로 인해 척도 9의 점수가 매우 낮은 사람은 소극적 · 통제적인 성향을 보이며, 정서적 표현을 삼가는 경향이 있습니다. 참고로 척도 9의 점수가 70T 이상인 경우 외향적 · 충동적 · 과대망상적 성향, 사고의 비약 등을 반영하며, 특히 80T를 넘어서는 경우 조증 삽화의 가능성이 있습니다. 이와 관련하여 1차 필기시험에 출제된 다음의 문제를 풀어보시기 바랍니다.

다음 중 MMPI의 9번 척도 상승과 관련된 해석으로 가능성이 가장 높은 것은? 04, 13년 기출

① 과잉활동
② 사고의 혼란
③ 정서적 침체
④ 신체증상

답 ①

17 기질 및 성격검사(TCI)는 4가지 기질과 3가지 성격을 측정하는 척도들로 구성되어 있다. 그중 기질척도를 3가지만 쓰고, 각각에 대해 설명하시오.

6점 18, 24년 기출

심화해설

① 자극추구(NS ; Novelty Seeking)

㉠ 새로운 자극이나 보상 단서에 이끌려 행동이 활성화되는 유전적 성향과 연관된다. 특히 두뇌의 행동조절 시스템 중 행동활성화 시스템(BAS ; Behavioral Activation System)과 밀접한 관련이 있다.

㉡ 이 척도에서 높은 점수를 받은 사람은 충동적이고 호기심이 많으며, 신기한 것에 쉽게 이끌리고 빨리 흥분하는 경향이 있다. 반면, 낮은 점수를 받은 사람은 성미가 느리고 절제되어 있으며, 새로운 자극에 별다른 흥미가 없거나 오히려 저항적인 태도를 보이면서 익숙한 것을 더욱 편안하게 느낀다.

② 위험회피(HA ; Harm Avoidance)

㉠ 위험하거나 혐오스러운 자극에 대해 행동이 억제되고 위축되는 유전적 성향과 연관된다. 특히 두뇌의 행동조절 시스템 중 행동억제 시스템(BIS ; Behavioral Inhibition System)과 밀접한 관련이 있다.

㉡ 이 척도에서 높은 점수를 받은 사람은 조심성이 많고 세심하며, 겁이 많고 잘 긴장하는 경향이 있다. 반면, 낮은 점수를 받은 사람은 매사 낙천적이고 걱정이 없으며, 자신감이 있고 역동적이다.

③ 사회적 민감성(RD ; Reward Dependence)

㉠ 사회적 보상 신호, 즉 타인의 표정 및 감정 등에 대해 강하게 반응하는 유전적 성향과 연관된다. 특히 두뇌의 행동조절 시스템 중 행동유지 시스템(BMS ; Behavioral Maintenance System)과 밀접한 관련이 있다.

㉡ 이 척도에서 높은 점수를 받은 사람은 감수성이 풍부하고 공감적이며, 타인에게 헌신적이고 사회적 접촉을 좋아하는 경향이 있다. 반면, 낮은 점수를 받은 사람은 타인의 감정에 둔감하고 무관심하며, 혼자 있는 것에 만족하고 타인에게 자신의 감정을 잘 드러내지 않는다.

④ 인내력(P ; Persistence)

㉠ 지속적인 강화가 없더라도 한 번 보상된 행동을 일정 시간 동안 꾸준히 지속하려는 유전적 성향과 연관된다. 특히 두뇌의 행동조절 시스템 중 행동유지 시스템(BMS ; Behavioral Maintenance System)과 밀접한 관련이 있다.

㉡ 이 척도에서 높은 점수를 받은 사람은 근면하고 끈기가 있으며, 좌절이나 피로에도 불구하고 꾸준히 노력하는 경향이 있다. 반면, 낮은 점수를 받은 사람은 게으르고 비활동적이며, 일관성과 끈기가 부족하여 좌절이나 장애물에 부딪치면 쉽게 포기한다.

18

바이너(Weiner)는 심리검사를 객관적 검사와 투사적 검사로 구분하고 로샤 검사(Rorschach Test)를 투사적 검사로 분류하는 것에 대해 불만을 제기하였다. 그 이유를 2가지 기술하시오. 4점 18년 기출

심화해설

① 주관적 검사로의 오명

로샤 검사를 객관적 검사가 아니라고 분류함으로써 검사자와 수검자에 따라 해석이 달라지는 주관적 검사라는 오명을 쓰게 된다는 것이다. 사실 주관적 해석은 검사 기법에서 비롯되는 문제라기보다는 검사자가 로샤 검사에 미숙하다는 의미이다.

② 비투사 반응에 대한 해석

투사적 검사는 반응 과정에서 반드시 투사가 작용하며, 그와 같은 투사의 작용으로써 유용한 정보를 얻을 수 있다는 것을 의미한다. 그러나 로샤 검사에서는 항상 투사가 일어나는 것도 아니고, 투사가 검사의 가장 중요한 핵심도 아니다. 수검자는 투사된 자료 없이도 로샤 카드에 반응할 수 있으며, 검사자는 투사된 자료가 없는 프로토콜을 해석할 수도 있다.

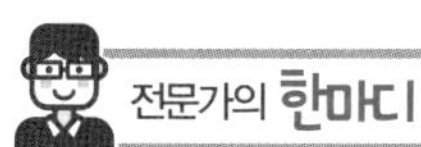

로샤 검사의 창시자인 로샤(Rorschach)는 이른바 '심리학적 실험'으로써 객관적인 절차를 강조하였으며, 1921년 발표한 자신의 논문 《Psychodiagnostics : A Diagnostic Test Based on Perception》에서 "지각에 의한 진단검사"를 부제로 한 것에서 알 수 있듯이 근본적으로 지각을 측정한다는 믿음을 가지고 있었습니다. 그는 표준절차에 따라 수검자의 잉크반점에 대한 반응을 분류하는 구체적인 기준을 마련하였으며, 자신이 관찰한 환자집단과 비환자집단 간의 차이를 기초로 몇 가지 요약점수를 만들고 이를 토대로 성격 특성을 추론할 수 있는 해석지침을 마련하기도 하였습니다.
요컨대, 로샤는 본인 스스로 로샤 검사의 본질에 대해 단정적인 결론을 내리는 것을 조심스러워했습니다. 그는 초창기 자신의 검사를 주의, 지각, 기억, 의사결정, 논리적 분석 등을 포함하는 인지구조화 과제로 본 반면, 자신의 검사가 무의식을 탐구하는 도구로 오인되어서는 안 된다고 주장하기도 하였습니다. 그러나 1922년 급작스럽게 세상을 떠나기 직전에는 로샤 검사와 정신분석에 관한 연구성과를 발표하기 위해 논문을 집필하고 있었으며, 이 논문을 통해 로샤 검사 반응이 수검자의 무의식에 대한 깊이 있는 통찰을 제공해 줄 수 있다고 주장하기도 하였습니다. 그의 이와 같은 상반된 견해는 이후 로샤 검사를 연구한 많은 학자들에 의해 논쟁거리가 되었으며, 한때 진단의 부정확성, 신뢰도 및 타당도에 관한 부정적인 결과들이 제시되면서 잊히기도 하였습니다. 그러나 엑스너(Exner)를 비롯한 몇몇 학자들의 지속적인 연구에 힘입어 로샤 검사에 대한 관심이 다시 부활하게 되었으며, 특히 엑스너의 종합체계를 통한 실증적 접근은 로샤 검사의 효용성을 부각시켰습니다.

19 틱(Tic) 장애를 평가하는 척도를 2가지 쓰시오.

4점 16년 기출

심화해설

① 예일 틱 증상 평가척도 또는 예일 전반적 틱 심각도 척도(YGTSS ; Yale Global Tic Severity Scale)
② 뚜렛 증후군 심각도 척도 또는 뚜렛 증후군 증상 평가척도(TSSS ; Tourette Syndrome Severity Scale)
③ 뚜렛 증후군 전반적 척도 또는 뚜렛 증후군 평가척도(TSGS ; Tourette Syndrome Global Scale)
④ 뚜렛 증후군 증상목록(TSSL ; Tourette Syndrome Symptom List)
⑤ 뚜렛 증후군 설문지(TSQ ; Tourette's Syndrome Questionnaire)
⑥ 운동성 틱, 강박사고 및 강박충동, 음성 틱 평가조사표(MOVES ; Motor Tic, Obsessions and Compulsions, Vocal Tic Evaluation Survey)
⑦ 오하이오 뚜렛 조사 설문지(Ohio Tourette Survey Questionnaire)
⑧ 틱 전조감각 충동 척도(PUTS ; Premonitory Urge for Tics Scale)
⑨ 샤피로 뚜렛 증후군 심각도 척도(STSSS ; Shapiro Tourette Syndrome Severity Scale)
⑩ 전반적 틱 평정척도(GTRS ; Global Tic Rating Scale)
⑪ 뚜렛 증후군-전반적 임상 인상척도(TS-CGI ; Tourette Syndrome-Clinical Global Impression)
⑫ 홉킨스 운동성 틱/음성 틱 척도(HMVTS ; Hopkins Motor and Vocal Tic Scale)
⑬ 뚜렛 장애 척도(TODS ; Tourette's Disorder Scale)
⑭ 틱 통합 평정척도(UTRS ; Unified Tic Rating Scale)
⑮ 상파울루 대학 감각 현상 척도(USP-SPS ; University of São Paulo's Sensory Phenomena Scale)

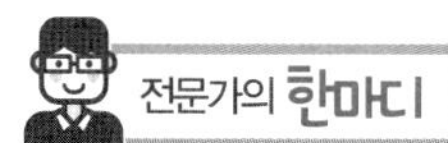

틱(Tic) 장애를 평가하는 척도는 그 종류가 매우 많습니다. 다만, 국내에서 가장 널리 알려지고 신뢰도 및 타당도 검증을 통해 한국판으로도 발행된 대표적인 척도는 '예일 틱 증상 평가척도(YGTSS)'입니다. 참고로 틱 장애를 평가하는 척도로 'Tsai, L. Y., 『자폐 및 정서 · 행동장애 아동의 약물치료에 대한 이해』, 이상복 外 譯, 시그마프레스 刊'에서는 '예일 틱 증상 평가척도 또는 예일 전반적 틱 심각도 척도(YGTSS)', '뚜렛 증후군 심각도 척도(TSSS)', '뚜렛 증후군 전반적 척도(TSGS)'를 제시하고 있으며, '조수철 外, 『틱장애』, 서울대학교출판부 刊'에서는 역시 '예일 틱 증상 평가척도(YGTSS)'와 함께 '뚜렛 증후군 증상목록(TSSL)'을 제시하고 있습니다. 그 밖에 위의 해설로 제시된 다양한 척도들은 'Martino, D. et al., 『Tourette Syndrome』, Oxford 刊'에 소개된 것입니다.

더 알아보기 **예일 틱 증상 평가척도(YGTSS ; Yale Global Tic Severity Scale)**

- 1989년 레크먼(Leckman) 등에 의해 개발된 것으로, 숙련된 평가자가 다양한 정보원들과의 반구조화된 면담을 통해 작성한다.
- 일주일 동안 관찰된 틱 증상에 관한 자가평가 설문지와 평가자의 직접 관찰을 통해 평가가 이루어진다.
- 틱 증상의 심각도는 운동성 틱과 음성 틱 각각에 대해 '개수, 빈도, 심한 정도, 복합성, 방해'의 5가지 차원에서 6점 순위척도로 평가한다.
- 5가지 차원에 따라 운동성 틱과 음성 틱에 대해 각각 동일한 방식의 순위척도가 사용되며, 장해도(현재 틱 증상의 심한 정도)에 대해서는 틱의 종류와 무관하게 별도의 채점을 하도록 되어 있다.
- 특히 장해도의 평가는 틱 장애가 일주일 동안 개인에게 미친 영향(예 자기에 대한 인식, 자신감, 가족성원들과의 관계, 사회 또는 또래관계, 학업 또는 직업적 상황에서의 수행정도 등)에 초점을 두며, 마찬가지로 6점의 순위척도에 기반을 둔다.
- 최종적으로 전체 점수는 운동성 틱에 대한 점수, 음성 틱에 대한 점수, 장해도를 합한 값으로 한다.
- 한국판 검사도구는 1999년 정선주 등에 의해 그 신뢰도와 타당도가 검증된 바 있다.

20 아동 평가에서 특정 문제영역이 아닌 전반적인 광범위한 문제영역에 대해 보호자의 보고를 토대로 평가할 수 있는 평정척도가 있다. 그에 해당하는 평정척도를 2가지 쓰시오.

2점 12, 17, 20년 기출

심화해설

① 아동 · 청소년 행동평가척도(K-CBCL 혹은 CBCL)

② 아동인성평정척도(KPRC)

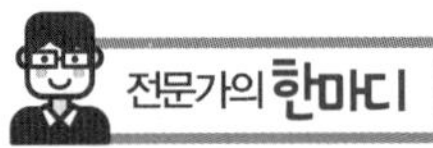

행동평정척도는 아동 및 청소년의 행동 특성에 관한 종합적인 판단을 부모, 교사 등 그들을 잘 알고 있는 정보제공자에게서 표준화된 형태의 척도를 이용하여 얻는 방식입니다. 즉, 대상 아동 및 청소년에게서 어떤 행동이 존재하는지를 면담자의 직접적인 행동관찰이나 구조화된 행동면접을 통해 일차적으로 측정하는 것이라기보다는 특정 행동에 대한 정보제공자의 지각을 측정하는 것으로, 특정 행동의 유무에 대한 응답만을 하는 단순 체크리스트와 달리, 특정 증상의 유무와 그 정도에 대해서도 평정할 수 있도록 합니다.

요컨대, 행동평정척도는 여러 가지가 있으므로, 위의 해설로 제시된 2가지 외에 다른 답안도 가능합니다. 다만, 행동평정척도의 명칭과 관련하여 일부 논란이 있을 수 있으므로, 이점 간략히 설명해 드립니다. 우선 'K-CBCL'은 1991년 만 4~18세 아동 및 청소년을 대상으로 개발된 'CBCL 4-18'을 오경자 등이 국내 표준화한 것으로, 이후 'CBCL 4-18'이 만 6~18세 아동 및 청소년을 대상으로 한 'CBCL 6-18'로 개정됨에 따라 우리나라에서는 국내 표준화 버전을 '한국판 CBCL 6-18' 혹은 'CBCL 6-18'의 명칭으로 부르고 있습니다. 그럼에도 불구하고 위의 해설에서 정식 명칭이 아닌 'K-CBCL' 혹은 'CBCL'로 제시한 이유는 개정 이후 버전보다는 개정 이전 버전에 대한 연구가 보다 많이 이루어진 데다가, 해당 명칭이 최근에도 학술논문이나 청소년상담사 등 각종 국가자격시험에서 널리 사용되고 있기 때문입니다.

따라서 답안 작성 시 개정판 정식 명칭인 '한국판 CBCL 6-18'이나 'CBCL 6-18'로 작성해도 혹은 간단히 'K-CBCL'이나 'CBCL'로 작성해도 정답으로 인정됩니다. 또한, 아동인성평정척도(KPRC)는 아동용 인성검사(KPI-C)를 수정 · 보완한 것입니다. 따라서 답안 작성 시 'KPRC'를 제시해도 혹은 'KPI-C'를 제시해도 정답으로 인정됩니다.

제○○회 임상심리사 2급 2차 실기시험 답안지

시험과목	

답안지 작성 시 유의사항

1. 답안지는 **총20쪽**(표지제외, 양면사용)이며 교부받는 즉시 페이지번호, 매수 등 이상여부를 반드시 확인하여야 하며 1매라도 분리하거나 훼손하여서는 안 됩니다. (1인 1부만 지급)
2. 답안지를 받는 즉시 표지의 “시험회차”, “1쪽” 상단의 “수험번호”, “성명”을 정확하게 기재하여야 합니다.
3. 답안 작성 시에는 문제번호 순서에 관계없이 답안을 작성하여도 무방하나, 반드시 문제번호 및 문제를 기재하여야 합니다. (문제가 긴 경우에는 요약 기재 가능)
4. 답안은 가로쓰기로 작성하여야 하며, 주어진 네모박스 안에만 기재하여야 합니다.
5. 수험자 인적사항 및 답안작성은 반드시 검정색 또는 청색필기구 중 한 가지 필기구만을 계속 사용하여야 하며 연필, 굵은 사인펜, 칼라펜 등으로 작성된 해당문항은 0점 처리됩니다.
6. 답안 정정 시에는 정정할 부분을 두 줄(=)로 긋고(횟수제한 없음) 그 위에 수정할 내용을 다시 기재합니다. (수정테이프, 수정액 사용불가)
7. 답안지에 답안과 관련 없는 특수한 표시를 하거나, 특정인임을 암시하는 답안은 0점 처리됩니다.
8. 답안지는 페이지 순으로 작성(양쪽면 활용)하시기 바라며, 전문용어는 원어로 기재하여도 무방합니다.
9. 각 문제의 답안작성이 끝나면 바로 옆에 “끝”이라고 쓰고, 다음 문제는 두 줄을 띄워 기재하여야하며, 최종 답안작성이 끝나면 줄을 바꾸어 중앙에 “이하여백”이라고 써야 합니다.
10. 수험자는 시험시간이 종료되면 즉시 답안작성을 멈춰야 하며, 감독위원의 답안지 제출요구에 불응할 때에는 당회 시험을 무효로 처리합니다.
11. 시험문제, 답안지, 채점기준은 일체 공개하지 않습니다.

※부정행위처리규정은 뒷면 참조

※ 비번호란은 수험자가 기재하지 않습니다.

※본 2차시험 답안지는 모의샘플 답안지로 세부사항은 실제 답안지와 차이가 있을 수 있습니다. 답안을 작성하는 페이지는 2페이지까지만 제공하여 드립니다.

답안지 작성 시 유의사항

다음과 같은 행위를 한 수험자는 OOO국가자격시험의 부정행위자로 처리하고 당회 시험을 무효로 합니다.

1. 시험 중 다른 수험자와 시험과 관련된 대화를 하는 행위
2. 답안지를 교환하는 행위
3. 시험 중에 다른 수험자의 답안지 또는 문제지를 엿보고 자신의 답안지를 작성하는 행위
4. 다른 수험자를 위하여 답안을 알려주거나 엿보게 하는 행위
5. 시험 중 시험문제 내용과 관련된 물건을 휴대하여 사용하거나 이를 주고받는 행위
6. 시험장 내외의 자로부터 도움을 받고 답안지를 작성하는 행위
7. 사전에 시험문제를 알고 시험을 치른 행위
8. 다른 수험자와 성명 또는 수험번호를 바꾸어 제출하는 행위
9. 대리시험을 치르거나 치르게 하는 행위
10. 그 밖에 부정 또는 불공정한 방법으로 시험을 치르는 행위

수험번호	성 명
감독확인	㊞

수험번호	성 명

감독확인	㉂

수험번호	성 명

감독확인	㊞

수험번호	성 명
감독확인	㉧

좋은 책을 만드는 길, 독자님과 함께하겠습니다.

2025 시대에듀 핵심유형 100제 임상심리사 2급 2차 실기합격 한권으로 끝내기

개정8판1쇄 발행	2025년 04월 15일 (인쇄 2025년 02월 14일)
초 판 발 행	2016년 09월 05일 (인쇄 2016년 07월 05일)
발 행 인	박영일
책 임 편 집	이해욱
저 자	심리상담연구소
편 집 진 행	박종옥 · 김희현
표지디자인	박종우
편집디자인	장성복 · 김혜지
발 행 처	(주)시대고시기획
출 판 등 록	제10-1521호
주 소	서울시 마포구 큰우물로 75 [도화동 538 성지 B/D] 9F
전 화	1600-3600
팩 스	02-701-8823
홈 페 이 지	www.sdedu.co.kr

I S B N	979-11-383-8498-8 (13180)
정 가	22,000원